무한과 하나님:
칸토르의 수학과 신학
God and the Infinite:
The Mathematics and Theology of Georg Cantor

현 우 식

무한과 하나님

- 칸토르의 수학과 신학

지은이 현우식
펴낸곳 연세대학교 대학출판문화원
주 소 서울시 서대문구 연세로 50
전 화 02)2123-3380~2
팩 스 02)2123-8674
등 록 1955년 10월 13일(제9-60호)
인 쇄 ㈜동국문화

2019년 3월 28일 1판 1쇄
ISBN 978-89-6850-273-6 (93200)

값 18,000원

이 저서는 2015년 정부(교육부)의 재원으로 한국연구재단의 지원을 받아 수행된 연구임(NRF-2015S1A6A4A01015039)

무한과 하나님

GOD AND THE INFINITE

현우식 지음

연세대학교 대학출판문화원

일러두기

1. 라틴어, 그리스어, 고전어 표기는 이탤릭으로 표시한다.
2. 성서의 인용은 대한성서공회의 새번역(표준새번역 개정판)을 따른다.
3. 인명과 지명 등의 표기는 발음법과 표기법을 고려하여 저자의 판단에 따른다.

차례

제 1 장 왜 칸토르인가

제 2 장 초한 집합론의 수학과 신학

제 3 장 부분과 전체의 수학과 신학

제 4 장 대각화 논증으로서의 수학과 신학

제 5 장 칸토르와 로마 가톨릭 신학자의 토론

제 6 장 연속체 가설로서의 수학과 신학

제 7 장 초한 수학과 초한 신학

제 1 장

왜 칸토르인가

1.1 칸토르의 생애와 업적

1.1.1 칸토르는 누구인가

게오르크 칸토르(Georg Cantor 1845~1918). 현대 수학의 아버지로 불리는 다비드 힐베르트(David Hilbert 1862~1943)는 1925년 뮌스터(Münster)에서 행한 강연에서 칸토르의 업적을 기리며 다음과 같은 역사적인 선언을 남겼다.

> "우리를 위해 칸토르가 창조한 파라다이스로부터 그 누구도 우리를 쫓아낼 수 없을 것입니다."[1)]

힐베르트의 강연 제목은 "무한에 관하여(Über das Unendliche)"였으며, 그는 수학의 '해석학'이 무한의 교향곡에 해당한다고 정의했다.[2)] 여기에서 힐베르트는 무한의 본질에 가장 깊은 통찰력을 제공한 인물이 게오르크 칸토르라고 확언한다. 무한의 본질에 대한 가장 깊은 통찰력은 칸토르가 창안한 집합론을 통하여 확보될 수 있

---

1 "Aus dem Paradies, das Cantor uns geschaffen, soll uns niemand vertreiben können." D. Hilbert, "Über das Unendliche," *Mathematische Annalen* 95 (1926), 161-190. 이 시점이 집합론의 모순에 대하여 수학적 공격을 받은 이후인 점을 감안하면, 힐베르트의 강조는 더욱 강력한 의미를 내포하고 있다.

2 여기에서 '해석학'(analysis)은 수학적 해석학을 말한다. 예를 들면, 미분, 적분, 연속함수를 다루는 연구가 해석학에 해당된다. 해석학의 특징은 무한의 개념을 사용한다는 점에서 발견할 수 있다. 그래서 해석학은 집합론을 통하여 20세기 초에 이르러 정밀한 기초와 체계를 갖출 수 있게 되었다.

었기 때문이었다.[3] 힐베르트의 입장에서 보면 현대수학의 기초가 되는 파라다이스는 바로 칸토르가 창안한 '초한 집합론(transfinite set theory)'과 '무한의 수학적 개념화'를 함의했다. 이런 입장에서 볼 때, 현대 수학자들에게 칸토르는 무한을 수학적으로 다룰 수 있는 파라다이스를 선사한 수학자임에 틀림없다. 힐베르트에 의하면, 칸토르가 제공한 파라다이스 위에서 현대 수학은 찬란한 꽃을 피울 수 있으며 또한 풍성한 열매를 맺을 수 있다.[4] 칸토르가 무한

---

3 D. Hilbert, "On the Infinite," *From Frege to Gödel : A Source Book in Mathematical Logic, 1879-1931*, J. van Heijenoort (ed.) (Cambridge : Harvard University Press, 1967), 369-392.

4 칸토르와 무한 사상을 다룬 연구는 다음을 참조하라. 홍성사, "무한과 수학," 『현대학문의 조류와 전망』 연세춘추사편 (서울 : 연세대학교출판부, 1978), 118-119; 김용운, "Cantor 집합론의 배경으로서의 무한론 사상," 『한국수학사학회지』 6 (1), (1990) : 1-16; 박창균, "Cantor의 무한관," 『한국수학사학회지』 10 (1), (1997) : 33-37; 무라다 다모쯔, "수학에서의 무한과 유한-칸토르에서 코헨까지," 『무한과 유한』 다께우찌 게이 편, 김용준 옮김 (서울 : 지식산업사, 1989), 93-132; A. Aczel, *Mystery of Aleph*, 『무한의 신비 : 수학, 철학, 종교의 만남』 신현용·승영조 옮김 (서울 : 승산, 2002); D. Berlinski, *Infinite Ascent*, 『수학의 역사』 김하락·류주환 옮김 (서울 : 을유문화사, 2007); S. Feferman, "Infinity in Mathematics : Is Cantor Necessary?" *In the Light of Logic* (Oxford : Oxford University Press, 1998), 28-73; R. Rucker, *Infinity and the Mind : The Science and Philosophy of the Infinite* (Princeton : Princeton University Press, 1995); H. Putnam, & P. Benacerraf, *Philosophy of Mathematics* (Cambridge : Cambridge University Press, 1983); E. Bell, "Paradise Lost : Georg Cantor," *Men of Mathematics* (New York : Simon and Schuster, 1986), 555-579; Sheppard, B., *The Logic of Infinity* (Cambridge : Cambridge University Press, 2014); J. Barrow, *The Infinite Book : The Short Guide to the Boundless, Timeless and Endless* (New York : Vintage Books, 2005); J. Stillwell, *Roads to Infinity : The Mathematics of Truth and Proof* (Massachustts : A K Peters, 2010); E. Steinhart, "A Mathematical Model of Divine

에 관한 현대적 이론의 창시자였다면, 우리는 그를 현대 수학의 창시자라고 부를 수 있다.

현대 수학의 기초와 토대로서 칸토르의 집합론은 완전한 모델인가?[5] 버트란드 러셀(Bertrand Russell)은 칸토르의 집합론이 포함하고 있는 패러독스(paradox)를 증명하고 그 위험성을 지적했다. 자신을 포함하지 않는 모든 집합으로 이루어진 집합이 존재한다고 할 때, 그 집합은 집합의 정의에 의해 자신을 포함하며 동시에 포함하지 않는다. 그러므로 패러독스가 발생한다는 것이다. 따라서 패러독스가 있다는 것은 집합론 내에 결정적 약점이 있다는 것을 보여준다. 그럼에도 불구하고 러셀은 칸토르에 대하여 다음과 같은 공헌을 높이 평가했다.[6]

(1) 칸토르는 '연속(continuity)'이란 말에 정확한 의미를 부여하여 수학자나 물리학자들에게 필요한 개념임을 보여주었다.

Infinity," *Theology and Science* 9 (1), (2009), 261-272; K. Solin, "Mathematics and Religion : On a Remark by Simone Weil," *Logic In Theology,* B. Brozek, A. Loszewski, M. Hohol (eds.) (Krakow : Copernicus Center Press, 2013), 219-236; S. Lavine, *Understanding the Infinite* (Cambridge : Harvard University Press, 1994); M. Heller, & W. Woodin (eds.) *Infinity : New Search Frontiers* (Cambridge : Cambridge University Press, 2011); E. Mao, *To Infinity and Beyond: A Cultural History of the Infinite* (Boston : Birkhäuser, 1987).

5 이 문제에 관하여 제6장과 제7장에서 논의할 것이다.

6 B. Russell, *History of Western Philosophy* (London : Routledge, 2004), 738-739.

(2) 칸토르는 '무한수(infinite numbers)'와 관련하여 오랫동안 수학자들을 괴롭힌 논리적 문제를 풀었다.[7)]

수학사학자 다우번(J. W. Dauben)은 초한 집합론을 만든 칸토르가 수학의 역사상 가장 상상력이 풍부하고 논쟁의 중심에 있는 인물 가운데 한 사람이라고 평가하고 있다.[8)] 실무한(the actual infinite)의 개념과 관련하여 혁명적인 생각과 결과를 입증하여 보여준 칸토르는 같은 시대의 수학자들의 반대에 직면하여 여러 가지 어려움을 겪었다. 예를 들면, 칸토르의 수학 교수였던 크로네커(L. Kronecker)가 칸토르에게 보여주었던 분노와 공격은 수학계에서 회자되는 유명한 이야기이다. 심지어 프랑스의 수학자 푸앵카레

7 예를 들면, 모든 외연은 내포에 환원될 수 있으나 내포는 외연에 환원될 수 없는 경우가 있다. 내포는 원소를 정의하는 속성에 대한 규정과 관련된다. 무한수에 대한 외연적 정의는 불가능하므로, 칸토르의 내포적 정의는 매우 중요한 공헌이다.

8 칸토르의 생애와 업적에 관한 최고의 전문가로 평가받는 다우번의 탁월한 소개는 다음을 참조하라. J. Dauben, *Georg Cantor : His Mathematics and Philosophy of the Infinite* (Princeton : Princeton University Presss, 1979); J. Dauben, "Conceptual Revolutions and the History of Mathematics : Two Studies in the Growth of Knowledge," *Revolutions in Mathematics,* D. Gilles (ed.) (Oxford : Oxford University Press, 1992), 49-71; J. Dauben, "Georg Cantor and Pope Leo XIII : Mathematics, Theology and the Infinite," *Journal of the History of Ideas* 38 (1), (1977) : 85-108; J. Dauben, "Georg Cantor, Paper on the 'Foundations of a General Set Theory," *Landmark Writings in Western Mathematics 1640-1940*, I. Grattan-Guinness (ed.) (Amsterdam : Elsevier, 2005), 600-612; J. Dauben, "The Development of Cantorian Set Theory," *From Calculus to Set Theory, 1630-1910,* I. Grattan-Guinness (ed.) (Princeton : Princeton University Press, 1980), 181-219.

(H. Poincare 1854~1912)는 칸토르의 집합론을 논평하면서 제거해야할 수학의 질병으로까지 비판하였다.

칸토르의 수학과 신학을 탐구하는 학제적 작업을 시작하면서, 칸토르의 독창성과 위대함을 세 가지로 집약하여 전제할 것이다.[9]

---

9 칸토르의 수학과 신학에 대한 학제적 연구를 위해서 다음을 참조하였다. R. Thiele, "Georg Cantor (1845~1918)," *Mathematics and the Divine : A Historical Study*, T. Koetsier and L Bergmans (eds.) (Amsterdam : Elsevier, 2005), 523-547; R. Russell, "The God Who Infinitely Transcends Infinity : Insights from Cosmology and Mathematics," *Cosmology From Alpha to Omega* (Minneapolis : Fortress Press), 56-76; R. Russell, "God and Infinity : Theological Insights from Cantor's Mathematics," *Infinity : New Search Frontiers,* M. Heller and W. Woodin (eds.) (Cambridge : Cambridge University Press, 2011), 275-289; S. Shapiro, "Theology and the Actual Infinite : Burley and Cantor," *Theology and Science* 9 (1), (2011), 101-108; S. Voss, "Mathematics and Theology : A Stroll through Garden of Mathaphors," *Theology and Science* 4 (1), (2006) : 33-48; E. Steinhart, "A Mathematical Model of Divine Infinity," *Theology and Science* 9 (1), (2009), 261-272; J. Zycinski, "Between Mathematics and Transcendence," *Spiritual Information : 100 Perspectives on Science and Religion*, C. Harper Jr. (ed.) (Philadelphia : Templeton Foundation Press, 2005), 208-212; C. Tapp, "Infinity in Mathematics and Theology," *Theology and Science* 9 (1), (2011), 91-100; E. Nelson, "Rejecting the Realm of Numbers," *Spiritual Information : 100 Perspectives on Science and Religion,* C. Harper Jr. (ed.) (Philadelphia : Templeton Foundation Press, 2005), 213-216; M. Livio, "Is God a Mathematician?" *Spiritual Information : 100 Perspectives on Science and Religion,* C. Harper Jr. (ed.) (Philadelphia : Templeton Foundation Press, 2005), 217-220; M. Hellner, "From Now to Infinity," *Spiritual Information : 100 Perspectives on Science and Religion*, C. Harper Jr. (ed.) (Philadelphia : Templeton Foundation Press, 2005), 228-231; A. McGrath, "Mathematics and trans-traditional rationality," *A Scientific Theology 2 : Reality* (Cambridge : Eerdmans, 2002), 78-85; J. Bradley, "Theology and Mathematics - Key

(1) 언어적 차원에서 칸토르가 창안한 집합론은 현대 과학과 학문의 발전을 위한 위대한 업적이다. 칸토르에 의해서 시작되고 발전된 집합론은 현대 수학의 언어이다.[10] 현대 수학이 현대 과학의 언어라면, 집합론은 현대 수학의 언어이다. 그러므로 칸토르는 20세기 현대의 수학자들에게 새로운 언어를 창제하여 제공한 위인이며 동시에 현대의 과학자들에게 새로운 언어를 제공한 위인이다.[11] 집합론은 수학이라는 학문의 분야를 넘어서서 과학 전반에서 사용되고 있는 현대 과학의 언어학이다.

(2) 논리적 차원에서 칸토르는 역사상 최초로 무한의 개념을 수학적으로 정의하고 체계적으로 다룰 수 있는 방법을 보여주었다. 칸토르를 통하여 무한에 대한 개념은 혁명적으로 발전되었다고 평가될 수 있다.[12] 단지 수학의 역사에 국

Themes and Central Historical Figures," *Theology and Science* 9 (1), (2011), 5-26; W. Achtner, "Infinity as a Transformative Concept in Science and Theology," *Infinity : New Search Frontiers*, M. Heller & W. Woodin (eds.) (Cambridge : Cambridge University Press, 2011), 19-51; R. Collins, *The Sociology of Philosophies : A Global Theory of Intellectual Change* (The Belknap Press of Harvard University Press, 1998).

10 칸토르의 초한집합론에 의해 전통 수학은 통일화되었고 새로운 수학이 등장했다.

11 공간의 개념과 관련하여, 집합론은 기하학과 해석학의 기초 개념에 새로운 혁신을 가져왔고 '추상 공간'을 생각하여 다룰 수 있는 위상수학의 탄생과 성장에 지대한 공헌을 했다. 예를 들면, 기하학은 점에 적용되는 관계들의 집합에 대한 연구로 정의될 수 있다.

12 S. Hawking (ed.), *God Created the Integers : The Mathematical Breakthroughs*

한되지 않고 전체 사상의 역사에서도 무한에 대한 이해는 칸토르를 기점으로 구분되고 있다. 칸토르야말로 사상 최초로 무한 이해의 정상에 등극했으며, 인간 사유의 역사에서 획기적인 사건을 이루어낸 주인공이다. 칸토르의 무한에 대한 사상과 업적은 신학과 철학을 포함하여 관련 학문 분야에 지대한 영향을 주고 있다.

(3) 학제적 차원에서 칸토르는 수학의 주제와 신학의 주제를 체계적으로 연결하여 합리적으로 해석할 수 있음을 보여주었다. 칸토르에 의하면 수학적 무한을 이해하는 일은 곧 신학적 신을 이해하는 일을 시작하는 것이며, 신을 이해하는 작업은 곧 무한을 이해하는 작업과 분리될 수 없다. 칸토르에게 수학적 집합론은 신학적 무한을 이해하기 위해 필요한 조건이다. 칸토르의 수학과 신학은 분리될 수 없는 인지시스템이며, 수학과 신학의 방법론은 무한의 문제를 풀어내기 위해 상호작용하는 인지과정이다.

1.1.2 칸토르의 가족과 종교

칸토르의 공식적 이름은 게오르크 페르디난드 루드비히 필리프 칸토르(Georg Ferdinand Ludwig Phillipp Cantor)이다.[13] 칸토르는 아

---

that Changed History (London : Running Press, 2005), XII. 호킹은 칸토르의 업적이 무한에 대한 사람들의 생각에 혁명을 불러일으킨 것으로 평가한다.

버지 게오르크 발트마르 칸토르(Georg Waldmar Cantor 1813-1863)와 어머니 마리아 안나 뵈메(Maria Anna Böhme 1819-1896)의 맏아들로 태어났다. 칸토르의 출생일은 1845년 3월 3일이고, 출생지는 러시아의 상트 페테르부르크(St. Petersburg)이다.

칸토르의 부모는 1842년 4월 21일 러시아의 상트 페테르부르크의 루터교 교회에서 결혼했다.[14] 어린 시절 칸토르는 루터교회에서 세례를 받았으며, 아버지로부터 상당히 열정적이고 엄격한 신앙교육을 받으며 자랐다고 알려져 있다.[15] 칸토르의 종교적 배경을 충분히 이해하기 위해서는 아버지의 종교 교육에 주목할 필요가 있다.

칸토르의 아버지는 상업과 주식 증권 중개업에 성공한 루터교회의 교인이었다. 한편 칸토르의 어머니는 상트 페테르부르크 출신의 로마 가톨릭 교인이었다. 칸토르는 아버지와 어머니의 종교적 배경으로 인하여 어려서부터 자연스럽게 프로테스탄트 교회와 로마 가톨릭 교회의 문화를 모두 경험할 수 있었다. 어머니의 일가는 로마 가톨릭 배경을 가진 음악가 가족이었다. 비엔나 콘서바토

---

13 칸토르의 가족과 종교에 관한 정보는 다음을 참조하였다. J. Dauben, *Georg Cantor : His Mathematics and Philosophy of the Infinite* (Princeton : Princeton University Presss, 1979); R. Thiele, "Georg Cantor (1845~1918)," *Mathematics and the Divine : A Historical Study*, T. Koetsier and L Bergmans (eds.) (Amsterdam : Elsevier, 2005), 523-547; I. Grattan-Guinness, *The Search for Mathematical Roots, 1870~1940 : Logics, Set Theories and the Foundations of Mathematics from Cantor through Russell to Gödel* (Princeton : Princeton University Press, 2000), 75-126; A. Aczel, *Mystery of Aleph*, 『무한의 신비 : 수학, 철학, 종교의 만남』신현용·승영조 옮김 (서울 : 승산, 2002).

14 '루터교회'는 독일의 신학적 표현상 '복음주의교회'와 동의어이다.

15 J. Dauben, *Georg Cantor,* 274.

리의 지휘자 조세프 뵈메(Joseph Böhme)는 칸토르의 외삼촌이다.

칸토르의 할아버지 야콥 칸토르(Jakob Cantor)는 코펜하겐에서 살았던 유대인 사업가로 알려져있다. 할아버지의 가족은 코펜하겐으로부터 상트 페테르부르크로 이주했다. 이주를 하게 된 정확한 이유는 알 수 없지만, 영국의 공격으로 삶의 터전을 잃고 이주했을 가능성이 비교적 높다.[16] 칸토르의 아버지 게오르크 발트마르 칸토르는 어린 시절에 루터교 선교 단체에서 교육을 받으며 성장했다. 칸토르의 부친은 루터교회의 배경 속에서 성장했고 신실한 루터교인으로 생활했다. 또한 그는 맏아들 칸토르에게도 자신의 종교적 신앙과 소명을 물려주고자 노력했다. 이러한 종교와 교육적 배경은 훗날 칸토르가 격렬한 논쟁 속에서도 자신의 초한 집합론이 옳다는 신앙적 확신을 버리지 않고 자신을 지탱하는데 영향을 주었을 것이다.

칸토르의 어머니가 보여준 가톨릭 신앙과 의식도 훗날 칸토르가 무한의 본질에 대하여 가톨릭 교회의 지도자들과 신학적 논의를 시도할 수 있었던 중요한 환경이 되었다. 부모의 종교적 생각과 말과 행동은 칸토르의 세계관과 가치관과 신앙관에 결정적인 영향을 줄 수 있는 문화적 배경이 되었다고 보는 것이 타당하다.

1.1.3 칸토르의 수학 전공 선택

칸토르의 부모는 1856년에 독일의 프랑크푸르트로 이주했다.

16 J. Dauben, *Georg Cantor,* 272.

당시 이주를 했던 주요 이유는 아버지의 병환 때문이었다.[17] 칸토르의 가족은 러시아를 떠난 후, 독일의 비스바덴(Wiesbaden)에서 잠시 살다가, 프랑크푸르트에 정착하였다.

칸토르는 다름슈타트(Darmstadt)의 중등 실업학교(Realschule)를 졸업했다. 이 때의 학업성취 보고서에 의하면, 칸토르의 성실함과 열정은 모범적이었으며, 기본 수학적 지식은 매우 우수했다고 한다.[18] 아버지는 다음과 같은 편지를 칸토르에게 보냈다.

> "사랑하는 게오르크에게,
> 선하시고 전능하신 하나님, 우주를 창조하시고 모든 생명의 아버지이신 하나님께서 너의 모든 미래에 영향을 주게 될 지금의 시간들을 축복해 주시길 기원한다. …
> 아빠는, 독일에 있는 엄마와 모든 가족들은, 러시아와 독일과 덴마크에 살고 있는 모든 가족들은 맏이인 너를 주목하고 있단다. …
> 하나님께서 허락하시면, 훗날 과학의 지평선 위에 빛나는 별이 될 거야.
> 하나님께서 너에게 강한 힘을 주시고, 인내력, 건강, 좋은 성격, 그리고 최고의 축복을 주시길 기도한다!
> 너는 하나님의 길을 따르거라."[19]

칸토르의 아버지는 아들이 '과학의 지평선 위에 빛나는 별'이 되는 것을 직접 보지 못하였으나 '과학의 지평선 위에 빛나는 별'이 되기를 기대하며 기도하고 있었다.

---

17 칸토르의 아버지는 폐결핵으로 1863년 6월 운명한다.

18 J. Dauben, *Georg Cantor,* 277.

19 J. Dauben, *Georg Cantor*, 274-276에서 재인용.

그림 1 할레대학 시절의 젊은 칸토르

칸토르는 중등 학교 졸업후 고등 실업학교(Gewerbeschule)에 진학했다. 이때 칸토르는 영재로 여겨졌고, 동시에 매우 성실한 학생이라는 평가를 들었다. 그런데 1862년 봄에 칸토르는 실용적 학문 분야를 떠나서 순수 이론적 학문인 수학을 공부하기로 결심한다. 칸토르의 이러한 결정은 아버지의 기대와 권유와 다른 방향의 결정이었다. 아버지는 오래 전부터 칸토르가 공학을 전공하기를 원했다. 1862년 봄에 아버지에게 칸토르는 다음과 같이 편지를 썼다.

> "사랑하는 아빠에게,
> 아빠의 편지가 저를 얼마나 행복하게 했는지 모르실 거예요. 아빠의 편지는 저의 미래를 결정해 주었어요. 지난 며칠 동안은 의구심과 불확실 속에 보냈어요. 어떠한 결론에도 도달하지 못했어요. 저의 의무감과 저의 소원이 계속 서로 싸우고 있었어요."[20]

결국 아들은 아버지의 기대와 다른 길을 선택했다. 그리고 아들이 수학을 전공으로 선택했지만, 아버지는 칸토르의 선택을 존중하고 전적으로 지원했다. 아버지는 수학은 물론이고 물리학까지

---

20 J. Dauben, *Georg Cantor*, 277에서 재인용.

열심히 공부해 보라고 칸토르를 격려했다. 뜻밖에 아버지의 허락과 동의에 상당히 놀라고 감격한 칸토르는 수학 공부에 안심하고 전념할 수 있게 되었다.

칸토르는 취리히의 공과대학(Polytechnikum)에서 수학을 본격적으로 공부하기 시작했다. 칸토르는 수학을 선택한 지 일 년 정도가 지난 1863년 6월에 사랑하는 아버지의 갑작스런 부고를 듣게 되었다. 이후 칸토르는 수학의 대가들에게 배우기 위해 베를린 대학으로 전학하여 1867년에 박사학위를 받았다. 칸토르가 그의 평생의 직장 할레 대학에서 수학 교수로서 일하게 된 1868년에 그의 나이는 23세였다.

1.1.4 칸토르의 건강 논란

그림 2 칸토르와 구트만

칸토르는 1874년에 누이 동생의 친구인 발리 구트만(Vally Guttmann 1849~1923)과 결혼했고 다섯 명의 자녀를 두었다. 칸토르가 몸담고 있던 할레 대학에서 받는 수입만으로는 칸토르 부부와 다섯 자녀가 정상적인 생활을 하기에는 경제적 어려움이 있었다. 칸토르는 그의 모교인 베를린

그림 3 말년의 칸토르

대학으로 이직을 원했다.

당시 칸토르의 초한수에 대한 수학적 업적은 인정을 받기에 조금도 부족함이 없는 놀라운 성과였다. 그러나 실무한을 수용하는 문제에 대하여 수학자들의 견해는 찬반으로 나누어졌다. 이 점이 큰 문제가 되었다. 가령, 바이어슈트라스는 칸토르의 업적을 높이 평가했지만, 크로네커는 칸토르의 업적을 전혀 인정하지 않았다. 오히려 그는 적극적으로 칸토르를 반대했다.

크로네커의 반대와 방해로 인해 결국 칸토르는 베를린 대학의 교수직을 얻는 일에 성공하지 못한다. 아울러 수많은 공격에 공개적으로 노출되면서 칸토르는 본의 아니게 수학계 내에서 논쟁의 중심에 있는 인물이 되었다. 크로네커를 위시한 일부 수학자들의 극심한 반대 속에서 칸토르는 논문 발표 등의 활동에도 갖가지 제약을 받기에 이르렀다.

집합론에 대한 공격, 연구와 이직 등과 관련된 스트레스와 정신적 압박의 증가는 칸토르의 신경쇠약증과 우울증을 설명할 수 있는 주요 원인으로 해석될 수 있다. 최근의 연구에 의하면, 칸토르의 불행이 크로네커 등의 공격등으로부터 기인한 것이라기 보다는, 칸토르의 심한 우울증이 그 주요 원인이라고 해석될 수 있다.[21]

---

21 I. Gratttn-Guinness, "Towards a Biography of Goerg Gantor,"*Annals of Science* 27 (1971), 345-391; J. Dauben, *Georg Cantor*.

다른 한편으로 할레의 병원에 있는 치료기록에 의하면, 작고한 칸토르의 아버지가 칸토르의 삶에 지속적으로 일정한 역할을 하고 있었다는 정신분석적 진단도 있었다.[22)]

1884년 5월에 처음으로 심각한 정신쇠약증상이 칸토르에게 나타났고 4년 이상을 병원에서 지내야 했다. 이후 정신질환을 간헐적으로 겪었으며, 만년의 칸토르가 다음과 같은 주장을 했다는 이야기는 세상에 널리 알려져 있다.[23)]

> 윌리암 세익스피어(William Shakespeare)의 실제 인물은 프랜시스 베이컨(Francis Bacon)이다.

정신적 질환으로 인하여 칸토르가 수학자로서의 전성기를 계속 유지하지 못한 것은 개인은 물론이고 수학계로서도 불행한 일이었다. 칸토르는 약25년의 여생 동안에 정신건강을 돌보기 위해서 필요할 때마다 병원의 도움을 받아야만 했다. 칸토르의 정신과 육체의 건강은 호전되지 못하고 시간이 지날수록 악화되었다. 칸토르는 1917년 할레의 대학병원인 네르벤 클리닉에 마지막으로 입원했는데, 할레의 자택으로 돌아가지 못하고 1918년 1월 6일 심장마비로 작고했다. 칸토르는 할레의 기에비첸슈타인(Giebichenstein) 묘지에 묻혔다.

---

22 N. Charraud, *Infini et inconscient : Essai sur Georg Cantor* (Paris : Anthropos, 1994).

23 칸토르가 러셀에게 보낸 1911년 9월 19일자 편지 등에 언급되어 있다.

1.2 칸토르의 수학적 배경

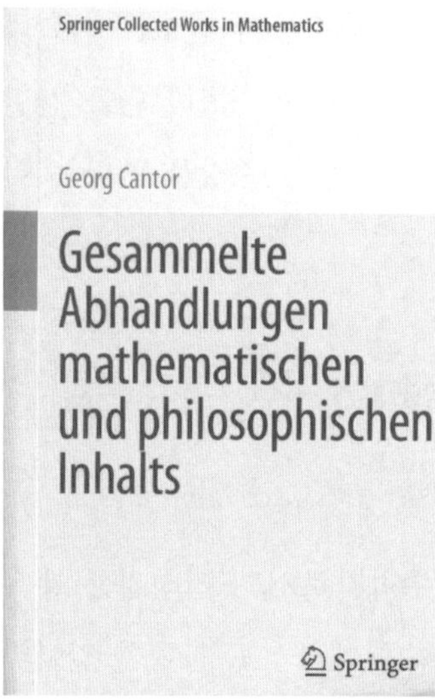

그림 4 칸토르의 논문선집

칸토르는 1891년 독일 수학회(Deutsche Mathematiker-Vereinigung)의 초대 회장으로 선출되었다. 그가 초대 회장으로 선출된 것은 독일 수학회의 창설을 위해 헌신적으로 공헌한 결과였다. 1915년 독일 수학회는 칸토르의 70세 탄생을 기념하기 위한 축하행사를 계획했다. 그러나 세계대전의 발발로 인하여 탄생기념 축하행사는 실현되지 못했다.[24] 1.2에서는 칸토르의 수학적 배경에 대하여 간략히 살펴볼 것이다.

1.2.1 수학도 칸토르

칸토르는 중요한 시기에 베를린 대학에서 수학을 공부했다. 베를

24 19세기의 수학과 철학적 배경에 관하여 다음을 참조하라. F. Klein, *Vorlesungen über die Entwicklung der Mathematk im 19. Jahrhundert*, 『19세기 수학의 발전에 대한 강의』한경혜 옮김(서울 : 나남, 2012); V. Pechkaus, "19th Century Logic Between Philosophy and Mathematics," *The Bulletin of Symbolic Logic* 5 (4), (1999), 433-450.

린 대학에서 칸토르는 바이어슈트라스(Karl Weierstrass 1815-1893), 크로네커(Leopold Kronecker 1823-1891), 쿰머(Eranst Eduard Kummer 1810-1893) 교수를 만났고, 저명한 수학자들의 강의를 들으며 수학을 전공할 수 있었다. 칸토르는 4년 동안 수학을 공부했고, 학부와 대학원의 과정을 마치고 박사 학위를 받았다.[25] 칸토르가 라틴어로 저술한 박사학위 논문의 제목은 『2차 부정방정식에 관하여(*De aequationibus secundi gradus indeterminandi*)』이다. 이 논문은 정수론의 디오판토스 방정식에 관한 연구였다.

1.2.2 칸토르의 초기 연구

1868년 칸토르는 할레(Halle) 대학에 교수로 부임한다. 칸토르의 교수자격 논문은 3원 2차 형식의 변환에 관한 것이었고, 할레 대학은 그가 평생 몸담은 직장이 되었다.

칸토르는 할레 대학에서 향후 자신의 연구 방향과 연관이 있는 중요한 동료를 만나게 된다. 그 동료는 삼각급수의 수열에 관한 연구를 하고 있던 에두아르트 하이네(Eduard Heine) 교수였다. 하이네

25 칸토르의 수학적 업적과 그 세부 내용은 다음을 참조하라. I. Grattan-Guinness, *The Search for Mathematical Roots, 1870~1940 : Logics, Set Theories and the Foundations of Mathematics from Cantor through Russell to Gödel* (Princeton : Princeton University Press, 2000), 75-126; I. Grattan-Guinness, "Towards a Biography of Georg Cantor," *Annals of Science* 27 (1971), 345-391; J. Dauben, "Georg Cantor, Paper on the 'Foundations of a General Set Theory," *Landmark Writings in Western Mathematics 1640~1940*, I. Grattan-Guinness (ed.) (Amsterdam : Elsevier, 2005), 600-612.

교수와의 학문적 대화를 통해서 칸토르는 삼각급수의 수열 문제와 푸리에 급수의 일반화 문제에 대하여 관심을 가지게 된다. 이것이 1870년대에 칸토르의 무한에 대한 연구가 본격적으로 시작된 서막이었다고 할 수 있다.

하이네 교수의 연구 주제는 다음과 같은 형태의 삼각급수가 주어진 함수를 유일하게 표현할 수 있는 조건을 결정하는 문제였다.[26)]

$$f(x)= \frac{1}{2}a_0+ \sum_{n=1}^{\infty}(a_n \sin nx + b_n \cos nx)$$

1870년에 하이네는 $f(x)$가 연속인 경우에 유일한 표현이 존재함을 증명했다. 즉, 삼각급수가 균등 수렴한다면 그 표현은 유일하다는 것을 보였다.

이에 대하여 칸토르는 1870년에서 1872년 사이에 발표한 논문을 통해서 한층 더 일반적인 결과를 보여 주었다. 하이네가 유한개의 불연속 점들을 허용했다면, 칸토르는 무한개의 불연속 점들을 허용했다. 칸토르는 푸리에 급수가 구간 $(-\pi, +\pi)$에서 0으로 수렴할 때, 급수의 계수들이 모두 0이 되어야 함을 증명했던 것이다.[27)] 칸토르는 무한개의 불연속 점들이 특별한 방식으로 분산되어

---

26 서로 다른 삼각급수가 동일한 함수를 표현할 수 있다면 유일한 표현이 존재하는 것이다.

27 "Beweis, daß eine für jeden reellen Wert von x durch eine Reihe gegebene Funktion $f(x)$sich nur auf eine einzige Weise in dieser Form darstellen läsßt," *Journal für die reine und angewandte Mathematik* 72, 139-142, J. Dawson, *Logical Dilemma*, 42.

있을 때, 표현의 유일성이 보장됨을 보여주었다.

칸토르는 불연속인 예외적인 점들의 집합을 '제1종 집합(sets of the first species)'이라고 불렀다. 여기에서 무한 집합 P가 제1종 집합이 되는 조건이 존재한다. 극한점들의 집합 P'가 유한이면 그 조건을 만족한다. 그러나 극한점들의 집합 P'가 유한이 아닐 때, P'는 무한개의 점을 포함하고 또한 유도집합(derived set)을 포함한다. 예를 들어, n번째 유도집합을 P^n이라 하자. P^n이 유한집합인 n이 존재할 때, 집합 P는 제일종 집합이다. 곧, P^n의 유도집합 P^{n+1}이 공집합 $\varnothing$이면, 집합 P는 제1종 집합이다.

더 나아가 칸토르는 '제2종 집합(set of second species)'을 연구했다. 여기에서 제2종 집합은 모든 유도집합이 무한인 집합을 의미한다. 무한집합에서 시작해서 더 많은 무한집합을 만들어 나가는 이러한 구상으로부터 칸토르의 초한집합론(transfinite set theory)이 탄생되었다.

1.2.3 실수에 대한 연구

칸토르의 삼각급수에 대한 연구와 실수(real numbers)에 대한 연구는 획기적인 결과를 보여주었다. 1874년 칸토르는 "모든 대수적 실수 집합의 속성에 관하여"("Über eine Eigenschaft des Inbegriffes aller reellen algebraischen Zahlen," *Journal für die reine und angewandte Mathematik* 77 (1874), 258-262)[28]논문을 통해 대수적 실수의

28 G. Cantor, "Über eine Eigenschaft des Inbegriffes aller reellen algebraischen

집합이 셀 수 있는 가산 무한 집합(countably infinite set)임을 증명했다. 동시에 그는 실수 전체의 집합 R은 셀 수 없는 무한 집합임을 증명했다. 실수 전체의 집합이 자연수 전체의 집합 N보다 더 큰 무한 집합임을 보인 것이다. 이 증명의 결과는 모든 무한 집합의 크기가 동일하지 않다는 점에서 대단히 혁명적인 내용이었다. 이 연구는 집합론의 탄생으로 간주될 수 있는 역사적 업적이다.

칸토르는 1891년에 발표한 "다양체이론에 대한 논고"("Über eine elementare Frage der Mannigfaltigkeitslehre," *Jahresbericht der Deutschen Mathematieker-Vereinigung*, 1 (1891), 75-78)에서,[29] '대각화(diagonalization)'의 방법론을 도입하여 실수 전체의 집합이 비가산적 무한 집합임을 증명했다. 이제 무한의 세계 내에는 작은 무한과 큰 무한이 존재함이 밝혀졌다. 이를 도표로 정리하면 다음과 같다.

자연수의 전체 집합의 크기	실수의 전체 집합의 크기
가산적(countable) 무한	비가산적(uncountable) 무한
작은 무한	큰 무한

1878년에 칸토르는 "다양체이론에 대한 기고" ("Ein Beitrag zur Mannigfaltigkeitslehre," *Journal für die reine und angewandte Mathematik* 84 (1878), 242-258.)를 통해,[30] 차원의 불변성을 보이고자 했다.[31] 여

Zahlen," *Gesammelte Abhandlungen mathematischen und philosophischen Inhalts*, E. Zermelo(ed.) (Berlin : Springer, 1932, 2012), 115-118.

29 G. Cantor, "Über eine elementare Frage der Mannigfaltigkeitslehre," *Gesammelte Abhandlungen mathematischen und philosophischen Inhalts*, E. Zermelo(ed.) (Berlin : Springer, 1932, 2012), 278-280.

기에서 칸토르는 1-1 대응(one to one correspondence)의 개념과 방법을 제시하며, 임의의 무한 실수집합이 자연수 전체의 집합 N이나 실수 전체의 집합 R 가운데 하나와 대등하다고 주장했다. 여기에서 대등하다는 말은 동일한 기수(cardinality)를 가진다는 뜻이다.

1.2.4 초한에 대한 연구

칸토르는 1883년에 발표한 "일반 다양체이론의 기초 : 무한이론에 대한 수학-철학적 고찰"(*Grundlagen einer allgemeinen Mannichfaltigkeitslehre : Ein mathematisch-philosophischer Versuch in der Lehre des Unendlichen*)을 통하여,[32] 초한수 연구의 이정표를 세웠다. 여기에서 그는 초한 순서수(transfinite ordinal number)를 그리스어 '오메가' ω를 사용하여 표기했다. ω는 역사상 최초로 공개된 '초한수'이며, 최소의 무한 순서수이다.

---

30 G. Cantor, "Ein Beitrag zur Mannigfaltigkeitslehre," *Gesammelte Abhandlungen mathematischen und philosophischen Inhalts*, E. Zermelo(ed.) (Berlin : Springer, 1932, 2012), 119-133.

31 이 논증은 부분적으로 오류를 포함하고 있으며, 브라우베르(Brouwer)가 1911년에 완성하였다.

32 G. Cantor, "Grundlagen einer allgemeinen Mannichfaltigkeitslehre : Ein mathematisch-philosophischer Versuch in der Lehre des Unendlichen," *Gesammelte Abhandlungen mathematischen und philosophischen Inhalts*, E. Zermelo(ed.) (Berlin : Springer, 1932, 2012), 165-208; "Foundations of a General Theory of Manifolds : A Mathematico-Philosophical Investigation into the Theory of the Infinite," *From Kant to Hilbert : A Source Book in the Foundations of Mathematics*, E. Wald(ed.) (Oxford : Oxford University Press, 1996), 878-920.

칸토르는 “초한 집합론의 기초에 대한 기고” (“Beiträge zur Begrundung der transfiniten Mengenlehre,” *Mathematische Annalen* 46 (1895), 481-512.)를 발표하면서,[33] 초한 기수(transfinite cardinal number)를 정의하고, 히브리어 ‘알레프’ $\aleph$를 사용하여 표기했다. 예를 들어, $\aleph_0$는 셀 수 있는 무한 중 가장 작은 크기의 초한 기수를 나타낸다. 이 논문에서 칸토르는 연속체가설(Continuum Hypothesis)을 추측하고, 대수적으로 다음과 같이 표현했다.

$$2^{\aleph_0} = \aleph_1$$

여기에서 연속체는 실수 전체 집합의 기수를 의미한다. 위의 식에서 기수가 $\aleph_0$인 가산 무한 집합 N의 멱집합(power set)의 크기와 모든 실수의 집합 R의 기수의 크기가 대등하다. 여기에서 멱집합은 N의 부분집합들을 다 모은 집합이다. 그러므로 칸토르의 연속체가설이란 $2^{\aleph_0}$와 $\aleph_1$사이에 다른 기수가 없을 것이라는 주장이다. 즉 칸토르는 ‘수의 선(the number line)’에는 셀 수 있는 크기의 기수와 셀 수 없는 크기의 기수, 두 가지만 존재하며 그 외에 다른 크기의 무한은 없다는 것을 생각했던 것이다. 칸토르는 연속체가설이 참이라고 생각했으나, 증명에 성공하지 못했다. 이 문제는 미해결 문제로 남게 된다.

33 G. Cantor, “Beiträge zur Begrundung der transfiniten Mengenlehre,” *Gesammelte Abhandlungen mathematischen und philosophischen Inhalts*, E. Zermelo(ed.) (Berlin : Springer, 1932, 2012), 282-311; *Contributions to the Founding of the Theory of Transfinite Numbers* (New York : Dover Publications, 1955).

1.2.5 칸토르의 공헌과 과제

그림 5 노년의 칸토르

칸토르의 수학적 업적에 대하여 영국의 이론물리학자 스티븐 호킹(S. Hawking)은 칸토르가 두 가지 흥미로운 질문을 제기했다고 해석하고 있다.[34]

(1) 무한성(infinity)이란 인지될 수 있는 대상인가? 특히 자연수를 참조하지 않고 인지할 수 있는가?

(2) 다른 등급의 무한성이 존재하는가?

호킹의 질문은 1888년경 데데킨트(Dedekind)의 무한에 대한 접근과 비교해 볼 때 타당하다. 칸토르는 (1)의 질문에 대하여, 1-1 대응을 사용하여 답변했다. 즉 어떤 집합 X가 자신의 진부분집합(proper subset) A와 1-1 대응이 성립된다면, 그 집합은 무한 집합으로 정의될 수 있다.[35] 여기에서 1-1 대응은 두 가지 의미로 분석될 수 있다.

(ⅰ) 전체로서의 자기 집합 X에서 진부분집합A로의 1-1 대응

34 S. Hawking, *God created Integers*, 966.

35 부분집합이 전체집합과 같지 않을 때, 진부분집합이라고 한다.

(ii) 부분집합 A에서 전체로서의 자기 집합 X로의 1-1 대응

(i) 예를 들어, $1 \rightarrow 2$, $2 \rightarrow 4$, $3 \rightarrow 6$, $\cdots$ 이 성립되는 함수를 생각할 수 있다. 이 때 자연수는 무한 집합의 조건을 만족할 수 있다.

(ii) 반면, 진부분집합 A에서 전체로서의 자기 집합 X로 1-1 대응을 생각할 때, 자연수는 무한 집합의 조건을 만족할 수 없다. 이 문제는 뒤에서 다루게 될 선택공리(Axiom of Choice)의 문제와 관련된다.

질문 (2)에 대하여, 칸토르는 자연수와는 다른 등급의 무한이 있음을 증명했다. 칸토르에 의하면, 두 집합 사이에 1-1 대응이 존재할 때, 두 집합은 크기가 같다. 이 경우 크기가 같은 두 집합은 '대등한(equinumerous)'집합이다. 예를 들어, 양의 정수와 음의 정수는 대등한 무한 집합이다. 이를 보이기 위해 칸토르는 기수(cardinality)의 개념을 도입하여 양의 정수와 음의 정수는 동일한 기수를 가지고 있음을 증명했다.

그 다음으로 칸토르는 양의 정수와 음의 정수 사이에는 '순서-타입'에 차이가 있음을 강조했다. 예를 들어, 양의 정수의 경우에는 최초의 수 1이 존재하지만 마지막 순서수가 존재하지 않는다. 반면, 음의 정수의 경우에는 최초의 수가 존재하지 않지만 마지막 순서수 -1이 존재한다. 그러므로 기수가 동일하지만, 두 집합의 순서-타입은 다르다는 것이다.

칸토르는 기수를 히브리어 글자 알레프 ℵ로, 순서수를 그리스어 글자 오메가 ω로 표기했다. 즉 알레프로 표기되는 기수의 크기와 오메가로 표기되는 순서수의 타입이 구분될 수 있다. 칸토르는 무한 기수 ℵ와 무한 순서수 ω를 초한수(transfinite numbers)라고 생각했다.

칸토르가 정의한 대등한 집합(equinumerous set)은 기수의 크기에 의해서 증명될 수 있다. 그렇다면 정수와 실수는 대등한 집합인가? 즉 동일한 크기의 기수를 가지고 있는가? 이 질문에 대하여 칸토르는 '대각화(diagonalization)'라고 불리는 증명 기법을 사용하여 정수와 실수가 대등한 무한 집합이라고 가정하면, 모순이 발생함을 보였다. 그러므로 대등한 무한 집합이 아님을 증명했다. 이 증명으로 무한의 크기는 결코 다 동일할 수 없음이 입증된 것이다. 등급이 다른 무한이 존재할 수 있음이 증명되고 설명된 셈이다. 칸토르에 의해서 유한한 존재인 인간이 무한의 크기를 구별하고 계산할 수 있는 일이 실현되었다.

실수 전체의 부분집합에는 몇 가지의 크기가 존재하는가? 이 질문에 대하여, 칸토르는 실수의 부분집합에는 $\aleph_0$과 $\aleph_1$두 가지 크기의 기수가 존재한다고 생각했다. 즉, $2^{\aleph_0} = \aleph_1$이라는 추측이다. 그러나 칸토르는 자신의 주장을 증명하는데 성공하지 못했다. 이 문제가 앞에서 언급한 '칸토르의 연속체 문제(Cantor's Continuum Problem)'이라고 불리는 유명한 미해결 문제이다.

연속체 가설은 증명이 되지 못했고 동시에 반증이 되지 못했다. 현재까지도 풀리지 않은 문제이다. 괴델(Kurt Gödel)에 의해서 체르멜로-프랭켈 공리적 집합론 시스템 *ZFC* 내에서 사용해도 문제가 없다는 결론이 증명되어 있다. 다른 한편, 코헨(Paul Cohen)에 의해서 ZFC 내에서 사용하지 않아도 문제가 없다는 결론이 증명되어 있다. 결론적으로, 괴델과 코헨에 의해서 연속체가설은 ZFC와 관련하여 독립된 문제로 남게 된 것이다.

1.2.6 수학 기호와 의미

이 저술에서 자주 사용되는 수학 기호와 의미를 다음과 같이 일러둔다.[36)]

1.2.6.1 A, B는 명제(proposition)나 논리식 또는 정식(*formulas*)을 나타내는 문자이다.

1.2.6.2 $A(x)$는 x의 명제함수(propositional function)를 나타내거나, 자유변수 x를 가진 논리식을 나타낸다.

1.2.6.3 논리곱 Conjunction ("A 그리고 B") : $A.B$, $A \wedge B$, $A \& B$ (논리곱문)

1.2.6.4 논리합 Disjunction ("A 또는 B") : $A \vee B$ (논리합문)

36 기호와 용어를 옮길 때, 정주희, 『수리논리와 집합론 입문』 (서울 : 경문사, 2012)과 J. Dawson Jr., *Logical Dilemmas:The Life and Work of Kurt Gödel,* 『논리적 딜레마 : 쿠르트 괴델의 생애와 업적』 김병한 박창균 현우식 옮김 (서울 : 경문사 : 2016)을 기준으로 삼았다.

1.2.6.5 부정 Negation ("A 부정") : $\neg A$ (부정문)

1.2.6.6 함의 Conditional implication ("A이면, B") : $A \supset B$, $A \to B$ (함의문)

1.2.6.7 양방향함의 Biconditional implication ("A 이면이 B") : $A \equiv B$, $A \leftrightarrow B$, $A \sim B$ (양방향함의문)

1.2.6.8 전칭한정 Universal quantification ("모든 x에 대하여 $A(x)$") : $(x)A(x)$, $(\forall x)A(x)$ (전칭한정문)

1.2.6.9 존재한정 Existential quantification ("$A(x)$를 만족하는 x가 존재한다") : $(\exists x)A(x)$ (존재한정문)

1.2.6.10 증명가능성 관계 Provability Relation ("A는 시스템 S내에서 증명가능하다.") : $S \vdash A$ (증명가능성 관계문)

1.2.6.11 만족관계 Satisfaction Relation ("A는 M내에서 만족된다." "A는 M내에서 참이다." "M은 A의 모델이다.") : $M \vDash A$ (만족관계문) 모델은 다음과 같이 정의된다.[37]

---

37 현우식 · 김병한, "신학과 수학에서의 진리와 믿음 : 사영결정공리의 신학적 함의," 『신학사상』 123집 (2003) : 279-280을 참조하라.

1.2.6.12 모델 Model. $M=<S,E>$.

여기에서 S는 공집합이 아닌 집합이고, E는 S에서의 관계, 즉 $S\times S=\{<x,\ y>|x,\ y\in S\}$의 부분집합이다.

$M=<S,\ E>$이 모델이고, $\varphi(x_1,\ \cdots,\ x_n)$은 논리식, $a_1,\ \cdots,\ a_n$은 S의 원소들일 때, φ가 모델 M에서 $a_1,\ \cdots,\ a_n$으로 만족된다는 것을 기호로는 $M\vDash[a_1,\ \cdots,\ a_n]$이라 표현하고 다음과 같이 재귀적으로(recursively) 정의한다.

(M1) φ가 $x=y$인 경우; $a=b$일 때, $M\vDash x=y[a,\ b]$.

(M2) φ가 $(\neg\psi)$ 인 경우; $M\vDash\psi[a_1,\ \cdots,\ a_n]$이 아닐 때, $M\vDash(\neg\psi)[a_1,\ \cdots,\ a_n]$.

(M3) φ가 $(\psi\wedge\chi)$인 경우; $M\vDash\psi[a_1,\ \cdots,\ a_n]$이고 $M\vDash\chi[a_1,\ \cdots,\ a_n]$일 때, $M\vDash(\psi\wedge\chi)[a_1,\ \cdots,\ a_n]$.[38]

(M4) φ가 $(\psi\rightarrow\chi)$인 경우; $M\vDash\psi[a_1,\ \cdots,\ a_n]$이고 $M\vDash\chi[a_1,\ \cdots,\ a_n]$일 때, $M\vDash(\psi\rightarrow\chi)[a_1,\ \cdots,\ a_n]$.[39]

(M5) φ가 $\exists x_i\psi$ 인 경우; $M\vDash\psi[a_1,\ \cdots,\ a_{i-1},\ b,\ a_{i+1},\ \cdots,\ a_n]$인 b가 M에 있을 때, $M\vDash\exists x_i\psi$라 정의한다.

---

38 논리합 연결기호 $\vee$에 대해서도 같은 방식으로 정의한다.

39 양방향함의 연결기호 $\leftrightarrow$에 대해서도 같은 방식으로 정의한다.

임의의 논리식 $\varphi(x_1, \cdots, x_n)$ 가, 임의의 모델 $M=< S, E>$ 내에서 참의 진리값을 가진다는 말은 S의 임의의 원소 $a_1, \cdots, a_n$에 대해서도 $M \vDash [a_1, \cdots, a_n]$인 경우를 의미한다. 모델이 해석된 명제의 성질을 가지면, 그 명제는 그 해당 모델에서 참의 진리값을 가진다. 그렇지 않은 경우에 그 명제는 거짓의 진리값을 가진다.

1.3 칸토르의 신학적 배경

1.3.1 프로테스탄트와 로마 가톨릭의 배경

칸토르의 아버지 발트마르 칸토르는 독실한 루터교 신자였다. 아버지의 영향으로 칸토르는 어릴 때부터 프로테스탄트 루터교회와 학교를 다니며 루터교인으로 성장했다. 루터교의 신앙과 문화가 칸토르에게 미쳤던 영향은 여러 가지 측면에서 자명해 보인다. 칸토르는 일생을 루터교회의 신자로 살았고, 루터교회의 신자로서 세상을 떠났다. 칸토르의 아버지는 늘 신앙교육을 중시했고 또한 그렇게 실천하고자 노력했던 신앙인이었다. 그래서 신에 대한 믿음과 신이 주는 영감의 필요성을 늘 아들에게 강조했던 것이다.[40] 프로테스탄트로서 배경과 가치관은 칸토르에게 정신적인 세계의 토대가 되었다고 할 수 있다.

칸토르의 어머니 마리아 뵈메는 독실한 가톨릭 신자였다. 그래서 칸토르는 가톨릭 신자인 어머니를 통해서 로마 가톨릭 교회의 신앙과 문화를 어린 시절부터 자연스럽게 경험할 수 있었던 것이다. 어머니를 통하여 칸토르는 가톨릭과 관련된 일정한 지식과 접할 수 있었다. 후에 그가 수학자로서 활동하면서 가톨릭 교회의 유력 인사들과 적극적으로 대화할 수 있었던 것은 어머니의 종교적 영향과 칸토르의 가정 배경과 무관하다고 볼 수 없다.[41]

---

40 J. Dauben, *Georg Cantor*, 288-291.

41 R. Thiele, "Georg Cantor (1845~1918)," 527, 543.

어린 시절부터 칸토르는 구교와 신교를 포함하는 기독교 환경 속에서 성장했다. 가톨릭과 프로테스탄트를 공유할 수 있었던 기독교 배경은 칸토르의 기독교 이해와 칸토르의 신학 범위를 형성하는 데 중요한 요인이 되고 있었다. 칸토르의 연합적 기독교 환경을 고려할 때, 그를 특정 교파에 속한 기독교인이라고 규정하고 이해하려는 접근은 제약이 될 것이다. 오히려 초교파 에큐메니칼 기독교인으로서의 칸토르를 고려하는 것이 타당하다.

1.3.2 아우구스티누스, 칸토르 신학의 배경[42)]

칸토르는 실무한(the actual infinite)에 대한 긍정적 해석을 4세기의 위대한 기독교 사상가 아우구스티누스(St. Augustinus 354-430)에게서 발견했다.[43)] 칸토르에 의하면 아우구스티누스는 정수 수열의 전체를 실무한의 양으로 여기고 다루었다. 칸토르는 『신국(*De civitate dei*)』XII.19에서 그 해석의 근거를 찾았는데, 이 가운데 칸토어가 특히 강조한 부분은 다음과 같다.

(1) "또한 각각의 수는 자기 고유의 속성에 의해서 정의되어 있으므로 그 어느 수도 다른 수와 동일할 수 없다. 그러므

42 이 절의 일부는 다음의 연구를 기반으로 하여 심화 및 확대한 것이다. 현우식, "아우구스티누스의 수학신학," 『한국조직신학논총』40 (2014), 245-274.

43 G. Cantor, "Mitteilungen zur Lehre vom Transfiniten [1887]," *Gesammelte Abhandlungen mathematischen und philosophischen Inhalts*, E. Zermelo (ed.) (Berlin : Springer-Verlag, 1932/2013), 401.

로 수들은 서로 같지 않고 상이하며, 개체의 수는 유한하고, 전체의 수는 무한하다(*Ita vero suis quisque numerus proprietatibus terminatur, ut nullus eorum par esse cuicumque alteri possit. Ergo et dispares inter se atque diversi sunt, et singuli quique finiti sunt, et omnes infiniti sunt*)."[44)]

여기에서 아우구스티누스는 수의 유한과 수의 무한을 구별한다. 이것에 대하여 칸토르는 개체의 수는 무한할 수 없고, 전체의 수는 유한할 수 없다는 것으로 해석한다.

(2) "그분의 [절대적] 지성은 무한하다(*cuius intelligentiae [absolutae] non est numerus*)."[45)]

이것은 신의 지혜는 헤아릴 수 없다는 구약성서의 시편 147편 5절에 대한 아우구스티누스의 수학적 해석이다. 이것에 대하여 칸토르는 [절대](*absolutae*)라는 자신의 의미 해석을 추가하고 있다. 무한한 수를 셀 수 있는 [유한의](*finitus*) 수는 없지만, 무한은 하나님의 절대 지성 안에 있다는 것이다. 그러므로 수의 무한은 신이 파악하지 못할 대상이 아니라는 것이다.

(3) "신이 선행하던 것과는 같지 않고 새로운 후속의 대상을 만들고자 한다면, 언제나 신은 질서 없이 갑자기 만들지 않는다.

---

44 G. Cantor, "Mitteilungen zur Lehre vom Transfiniten [1887]," 401.

45 G. Cantor, "Mitteilungen zur Lehre vom Transfiniten [1887]," 401-402.

또 가장 가까운 시간으로부터 준비하는 것이 아니라 영원한 선행적 지혜로 대상을 형성할 것이다(*quaecumque nova et dissimilia consequentia praecedentibus si semper facere vellet, inordinata et inprovisa habere non posset, nec ea provideret ex proximo tempore, se aeterna praescientia contineret*)."[46]

칸토르는 하나님이 질서 없이 갑자기 새로운 것을 만들지 않는다는 아우구스티누스의 주장에 동의하고 있다. 그리고 그 준비는 시간의 무한을 전제하고 있는 질서와 관련되어 있다고 해석했다.

칸토르는 아우구스티누스의 무한을 분석하면서 세 가지 결론에 도달했다.

(i) 초한(the transfinite)에 대하여 아우구스티누스보다 더 단호하게 주장될 수 없다.

(ii) 초한에 대하여 아우구스티누스보다 더 완전하게 증명될 수 없다.

(iii) 초한에 대하여 아우구스티누스보다 더 잘 대변될 수 없다.

아우구스티누스는 집합 개념에 대한 전체적이고 직관적인 지각을 신으로부터 오는 "어떤 형언할 수 없는 방식"이라고 생각했다.

46 G. Cantor, "Mitteilungen zur Lehre vom Transfiniten [1887]," 401-402.

아우구스티누스는 집합을 실무한적 총체로서의 형상(*formaliter*), 즉 초한으로 인정한 것으로 해석될 수 있다. 이를 근거로 칸토르는 아우구스티누스의 논리를 따를 수밖에 없다는 결론에 도달했다.[47]

칸토르가 신학적으로 가장 중요한 영향을 받은 아우구스티누스는 기독교 역사에서 가장 위대한 사상가의 한 사람으로 평가받는 인물이며, 기독교 신학의 논리적 기초를 놓은 인물이다. 특히 수학적 질서와 합리성이 우주의 최고의 특징이라는 현대 과학자들의 가정을 아우구스티누스만큼 설득력있게 주장했던 고대의 인물을 찾기란 어려운 일이다.[48] 아우구스티누스는 칸토르가 누구보다 깊은 영향을 받은 신학자였다.[49] 그러므로 칸토르의 신학적 세계를 이해하기 위해서는 먼저 아우구스티누스의 수학과 신학에 대한 생각과 주장을 살펴보는 과정이 필요하다.[50]

아우구스티누스는 북아프리카의 누미디아주의 타가스테에서 태어나, 마다우라와 카르타고에서 체계적인 교육을 받았다.[51] 당시에

---

47 G. Cantor, “Mitteilungen zur Lehre vom Transfiniten [1887],” 402.

48 H. Chadwick, *Augustine : A Very Short Introduction* (Oxford : Oxford University Press, 2001), 4-5. 채드윅에 의하면, 아우구스티누스는 ‘최초의 현대인’(the first modern man)으로 불리기에 손색이 없다.

49 J. Dauben, *Georg Cantor*, 229.

50 아우구스티누스의 수학과 신학에 대한 이해를 위해서 다음의 연구 결과를 보완하였다. 현우식, “아우구스티누스의 수학 신학” 『한국조직신학논총』 40 (2014), 245-274.

51 아우구스티누스의 삶과 사상에 관한 훌륭한 소개는 신재식, 『아우구스티누스와 아퀴나스 : 신앙과 이성 사이에서』(서울 : 김영사, 2008); J. O’Donnell, “Augustine : his time and lives,” *The Cambridge Companion ot Augustine*, E. Stump & N. Kretzmann, (eds.) (Cambridge : Cambridge University Press, 2001), 8-25, F. Copleston, *A History of Philosophy 2 : Mediaeval Philosophy*

아우구스티누스가 훈련받은 교육은 수학과 언어 교과로 구성되어 있었다.[52] 여기에서 수학교과란 기하학, 산술학, 천문학, 음악으로 구성되었고, 언어교과란 문법, 수사학, 논리학으로 구성되었다. 수학교과(mathematical arts)를 4교과(*quadrivium*)라고 하고, 언어교과(verbal arts)를 3교과(*trivium*)라고 표현하기도 한다.[53] 수학과 언어의 교과영역을 합하여 7개의 교양학문(liberal arts)이라고 불렀고, 이러한 교육과 교과 체계는 서양 중세의 학문적 토대를 이루었다. 고대의 기준으로 보면 아우구스티누스는 수학적 기하학, 수학적 산술학, 수학적 천문학, 그리고 수학적 음악을 섭렵한 것이다. 현대의 기준으로 본다면 아우구스티누스는 기하학(Geometry)과 산술학(Arithmetic)을 전공한 것과 같다.[54]

> "저는 교양학문의 모든 책을 구하여 읽고 혼자의 힘으로 이해할 수 있었습니다. … 주님, 당신이 아시는 대로 저는 수사학, 논리학, 기하학(*dimensionibus figurarum*), 음악, 산술학(*numeris*)에 관한 모든 것을 다른 사람들의 도움을 받지 않고도 별 어려움 없이 다 이해하

Augustine to Scotus (Westminster, The Newman Press, 1962), 68-80를 참조하라.

52 아우구스티누스 시대에 수학(*mathemata*)이란 말은 후대의 수학이란 용어의 기원이지만, 그 의미를 구별해야 한다. 아우구스티누스 시대의 수학은 '배워야할 것'을 의미하는 '보편적이고 통일적인 의미로서의 학문'이라는 개념으로 사용되었다. 따라서 현대적 의미에서 분화되고 전문화된 수학과는 상당히 대조적인 개념이었다.

53 수학의 4교과는 사모스의 피타고라스(Pythagoras 585-500 B.C.)로부터 유래된 학문과 교육의 시스템으로 볼 수 있다. M. Kline, *Mathematics : The Loss of Certainty* (New York : Oxford University Press, 1980), 14.

54 수와 수의 계산을 다루는 산술학은 현대 대수학(algebra)의 선조에 해당한다.

였습니다."(*Confessiones* IV. 16)[55]

『고백록』(*Confessiones*)에는 아우구스티누스가 가지고 있었던 기하학과 산술학에 대한 높은 식견이 담겨있다. 예를 들어, 『고백록』(X.12)에서 아우구스티누스는 수학적 지식을 사용하여 다음과 같이 기억의 신비에 관하여 설명하고 있다.

(1) 기억은 수와 도형(*numerorum dimensionumque*)의 셀 수 없이 많은 원리와 법칙을 포함한다.

(2) 수에 관한 기억은 감각에 의한 기억이 아니다. 왜냐하면 수는 색깔, 소리, 냄새, 맛, 촉감 등의 감각에 의해서 기억될 수 없기 때문이다.

(3) 예를 들어, 소리와 소리가 표현하는 내용은 다르다. x가 내용이라고 할 때, x에 대하여 라틴어로 표현할 수 있고 그리스어로 표현할 수 있다. 이 때 라틴어 표현과 희랍어 표현은 다르다. 그러므로 내용 x는 라틴어도 그리스어도 또

55 이 저술에서 사용된 아우구스티누스의 라틴어 논저는 Augustinus, *Sancti Aurelii Augustini Opera Omnia* (Parisiis, 1838)를 참조한 것이다. 『고백록』의 번역본은 다음을 함께 참조하였다. 아우구스티누스, 『고백록』 김광채 옮김 (서울 : 기독교문서선교회, 2004); 아우구스티누스, 『고백록』 선한용 옮김 (서울 : 대한기독교서회, 1990); 아우구스티누스, 『고백록』 최민순 옮김 (서울 : 성바오로출판사, 1991); Augustinus, *Confessions*, Trans. W. Watts (Cambridge : Harvard University Press, 1912); *Confessions,* Trans. V. Bourke (Washington, D. C. : The Catholic University of America Press, 1991).

는 그 어떤 언어도 아니다.

(4) 그러므로, 기술자가 그린 선과 기하학적 선은 다르다. 왜냐하면 기하학적 선은 육안으로 보는 선과는 다르기 때문이다. 예를 들어, 기하학적 선을 이해하는 사람은 어떤 대상을 보지 않아도 내면에서 기하학적 선을 인지한다.

(5) 그러므로, '세는 수'(*quos numeramus*)와 '세는 준거가 되는 수'(*quibus numeramus*)는 다르다. 세는 수는 표현된 수이다. 표현된 수는 우리가 계산할 때 감각이 인지할 수 있는 이미지로서의 수이다. 반면, 셈의 준거가 되는 수는 이미지로 만들 수 없는 수이다. 세는 준거가 되는 수는 이미지로 만들 수 없지만 실재하는 수이다. 여기에서 아우구스티누스는 표현된 수와 실재의 수를 구분하고 있다.

아우구스티누스는 위의 (3)에서 그의 언어학적 지식을 활용하고 있으며, (4)에서는 기하학적 지식, (5)에서는 산술학적 지식을 발휘하고 있다. 아우구스티누스의 핵심 주장은 다음과 같이 논리적으로 설명될 수 있다.

언어 : 내용 = 표현된 수 : 실재의 수

즉, 언어와 내용의 관계는 표현된 수와 실재의 수 사이의 관계와 같다. 이런 수학적 차이를 깨닫지 못하는 사람이 아우구스티누스를 조롱할 수 있지만, 아우구스티누스는 오히려 자신을 조롱하는 사람들을 불쌍히 여길 수밖에 없다고 하였다. 기억은 수와 치수, 곧 실재의 수와 표현된 수를 모두 포함한다. 여기에서 아우구스티누스는 수와 치수를 구분하고 있다. 이러한 지식은 현대수학에서 개념으로서의 '수'(numbers)와 표상으로서의 '숫자'(numerals)의 차이를 구분하는 것과 다름없는 수준의 이해이다.

아우구스티누스에게 '수'와 '수의 의미'는 이성을 가진 사람들에게 성서의 진리를 설명하기 위해서 유익한 도구였다. 그는 다음과 같이 주장했다.

> "7 더하기 3은 10입니다. 지금만 그런 것이 아니라 언제나 그렇습니다. 7 더하기 3이 10이 아니던 때는 없었습니다. 7 더하기 3이 10이 아닐 미래도 결코 없을 것입니다. 그러므로 나는 '수의 불변하는 진리'(*incorruptibilem numeri*)가 나에게 그리고 이성을 가진 모든 사람들에게 공통적인 것이라고 말합니다." (*De libero arbitrio* II. 8. 21)[56)]

아우구스티누스는 '수의 법칙과 진리'(*ratio et veritas numeri*)가 이성을 가진 모두에게 공통적으로 나타날 수 있다고 생각했다. 수의 법칙과 진리는 이성을 가진 모두가 공통으로 가지고 있는 어떤 것이라고 본 것이다. 그렇지만 수의 법칙과 진리는 신체의 감각기관에 속하는 것이 아니다. 수는 무한하고 신체 감각기관은 유한하기 때문에 신체 감각기관을 가지고 모든 수를 파악할 수는 없다.

56 다음의 번역본을 함께 참조하였다. 아우구스티누스, 『자유의지론』 성염 옮김 (왜관 : 분도출판사, 1998); *The Free Choice of the Will.* Trans. R. Russell (Washinton, D. C. : The Catholic University of America Press, 1991).

또한 수의 개념은 감각이 제공해 줄 수 없는 것이다.

이 주장에 대하여 아우구스티누스는 다음과 같이 논리적 증명을 시도한다. 만약 주어진 물체가 수많은 부분들로 이루어졌다는 것을 알기 위해서는 그것을 인지하기 전에 먼저 1이라는 수의 개념을 가져야 한다.[57] 그러므로 어떤 입체나 감각도 1이라는 수의 개념을 제공하지 못한다는 것이다(*De libero arbitrio* II. 8.22).

『자유의지론』(*De libero arbitrio* II. 8. 23)에서 아우구스티누스는 다음의 수학적 사례를 설명한다.

(i) 1 다음의 수는 2이다.

(ii) 2는 1의 배수이다.

(iii) 그러나 2의 배수는 2의 다음에 오는 수와 다르다. 2와 2의 배수 4 사이에는 3이 있기 때문이다.

여기에서 아우구스티누스는 배수와 관련된 법칙을 발견하고 이 법칙이 모든 수에 확대 적용될 수 있다는 것을 발견했다. 따라서 이 법칙은 불변하고 확실한 법칙이라는 것이다. 그가 말하는 법칙은 다음과 같다.

---

57 아우구스티누스 시대에 수는 자연수(natural numbers)를 의미하며, 1(*unum*)은 모든 수를 만들어 내는 수의 단위(unit)로 정의되었다. 그래서 1을 수라고 여기지 않았던 것이다.

(i) 어떤 수 x의 배수는 $2x$가 된다.

(ii) x로부터 배수 $2x$까지의 수는, 시작으로부터 x까지의 수와 같다.

이 법칙은 현재의 수학으로 표현하면 다음과 같다.

"모든 자연수 x에 대하여, $2x - x = x - 0$."

아우구스티누스는 수의 법칙과 진리는 변경되지 않고 순수한 것이 분명하다고 주장했다(*De libero arbitrio* II. 8. 23-24). 수의 법칙과 진리가 가지는 긍정적 의미에 근거하여 아우구스티누스는 성서와 수의 관계에 대하여 주목했다.

"성서에서도 지혜에 수가 결부되어 있음이 우연은 아닌 듯합니다. 거기에는 이런 말씀이 나옵니다. '나는 내 마음을 다하여, 알고 숙고하고 헤아리기로 지혜와 수를 찾아 돌아다녔노라.' "(*De libero arbitrio* II. 8. 24)[58]

아우구스티누스에 의하면 6은 완전수(perfect number)로서 다음의 두 조건을 만족한다.

(1) $1 + 2 + 3 = 6$

58 전도서 7:26(70인역)

(2) $1 \times 2 \times 3 = 6$

여기에서 1, 2, 3은 6의 약수(divisors)이다. (1)은 1, 2, 3이 더해지는 경우를 보여준다(*De civitate Dei* XI.30).[59] (2)는 1, 2, 3이 곱해지는 경우를 보여준다. 어떤 수의 약수가 존재하고 ,약수의 곱과 약수의 합이 일치될 때 그 수를 완전수라고 한다(*De Genesi ad litteram* IV. 7. 14, *De Trinitate* IV. 4, 7). 6은 완전수에 포함될 수 있는 수 가운데 최초의 수이다.[60] 이렇듯 아우구스티누스는 성서 해석을 위해서 수의 산술적 의미를 분석하고 또한 그 신학적 의미를 찾았던 것이다.

아우구스티누스는 다른 차원에서 모든 자연수로 구성된 집합(the set of all natural numbers)에 주목했다. 그는 전체 자연수의 집합과 하나님의 지식을 새로운 차원에서 연결했다. 이 점에서 아우구스티누스는 피타고라스와 플라톤의 전통을 극복하고 새로운 신학적 주장을 할 수 있었다.[61]

피타고라스와 플라톤의 수학에서는 '무한' 또는 '무한의 수'(in-

59 다음의 번역본을 함께 참조하였다. 아우구스티누스, 『신국론』 성염 옮김 (왜관 : 분도출판사, 2004); Augustinus, *The City of God*. Trans. M. Dods (Edinburgh : T & T Clark, 1993).

60 아우구스티누스의 완전수에 대한 해석에는 피타고라스로부터 유래된 산술(arithmetics)과 연속성이 있다. R. Hersh, *What is Mathematics, Really?* (Oxford : Oxford University Press, 1997), 103-106. 허쉬는 아우구스티누스를 기독교화된 피타고라스라고 생각할 수 있다고 보고 있다.

61 코플스톤은 아우구스티누스가 수를 취급하는 방법은 피타고라스와 플라톤 전통에서 이미 다루어졌던 것에 어떤 실질적인 내용도 더하고 있지 않다고 분석했다. 그러나 이러한 분석은 오류이다. F. 코플스톤, 『중세철학사 : 아우구스티누스에서 스코투스까지』 박영도 옮김 (서울 : 서광사, 1988), 113.

finite numbers)가 부정적인 의미를 가진 것으로 해석되었다. 왜냐하면 무한은 '비례'와 '형상'과 '경계'가 없는 혼돈의 상태라고 이해되었기 때문이다. 비례와 형상과 경계는 질서의 핵심이었다. 따라서 신은 무한보다는 유한과 관련된 존재로 해석되어야만 했던 것이다. 그러나 아우구스티누스는 하나님과 무한을 새롭게 연결했다.

> "그분이 모든 수(*omnis numerus*)를 알고 계심을 의심하는 것은 절대 불가합니다. 시편에서 노래하고 있듯이 '그분의 지식은 무한합니다.'[62] 비록 무한을 셀 수 있는 수는 없지만, 수의 무한성(*infinitas numeri*)은 하나님이 파악하실 수 없는 것이 아닙니다. 그분의 지식은 무한합니다." (*De civitate Dei* XII. 19)

아우구스티누스는 모든 수로 이루어진 집합이 갖는 무한성을 인지했다. 여기에서 아우구스티누스의 강조점은 다음과 같이 분석될 수 있다.

(1) 하나님은 전체의 모든 수를 알고 계시는 존재로 정의되고 있다.

(2) 아우구스티누스는 하나님의 지식도 수의 무한을 알지 못한다는 기존의 주장을 반박했다. 그리고 그는 수의 무한성은 하나님이 파악할 수 없는 무한이 아니라고 논증한다. 아우

62 *non est numerus* 시편 147:5을 의미함.

구스티누스에 의하면 하나님은 수의 무한성을 포함하고 있는 무한한 지식을 가진 존재로 설명되고 있다.

(3) 아우구스티누스의 수학과 신학에 의하면, 하나님은 세계의 유한성을 초월하는 자유로운 존재이다. 그런 의미에서 하나님은 무한의 존재라고 논증되는 것이다.

(4) 아우구스티누스에 의해서 수학적 무한은 신학적 무한과 연결되었다. 아우구스티누스에 의해서 수학과 신학 내에서 무한은 부정적인 의미로부터 긍정적인 의미로 새롭게 해석될 수 있게 되었다. 이 논증은 아우구스티누스의 수학 신학의 가장 중요한 공헌에 해당된다.[63]

아우구스티누스는 하나님께서 수를 사용하여 세계를 창조하신다고 생각했다. 수는 하나님으로부터 유래된 것이다. 인간이 수를 제정한 것이 아니다. 다만, 인간은 수와 수의 규칙을 발견할 수 있다(*De doctrina christiana* II. 38. 56). 인간이 하나님으로부터 유래된 수를 인지할 수 있기 때문에, 인간은 자연 속에서 특별하고 우수한 존재이다(*De ordine* II. 19. 49).[64]

---

63 아우구스티누스의 공헌에 의해서 기독교 신학 내에서 하나님을 무한과 연결하여 무한의 존재로 이해하는 것이 가능하게 되었다. 예를 들어, 아퀴나스는 아우구스티누스의 명제를 '오직 하나님만이 무한하시다'는 명제로까지 전개하였다.

64 다음의 번역본도 함께 참조하였다. 아우구스티누스, 『질서론』 김영국 옮김 (서울 : 소망사, 1990).

아우구스티누스에게 수는 부정될 수 없는 실재였다.

(1) 수는 보이는 세계와 보이지 않는 세계를 모두 알려준다.

(2) 수는 변하지 않는 규칙을 보여줄 수 있으므로 변하지 않는 대상에 대한 지식을 제공할 수 있다.

그러므로 아우구스티누스에게 수는 하나님에 대한 지식을 제공할 수 있는 영역으로 해석된다. 동시에 수는 영원한 진리를 이해할 수 있는 마음의 능력을 알려주고 있다.[65] 이는 인간이 수를 이해하는 모델은 인간이 마음을 통하여 영원한 진리로서의 하나님을 이해하는 모델이 될 수 있음을 함의한다.[66] 그래서 아우구스티누스에게 수의 의미를 해석하는 수학적 작업은 신학적 작업과 분리될 수 없었다.

이런 기준에서 볼 때, 아우구스티누스가 성서해석학을 논하는 『그리스도교 학문론』에서 수에 대한 무지 때문에 성서의 많은 신비를 풀지 못하고 있다고 주장한 것은 타당하다.

---

65 C. Richardson, "The Enigma of the Trinity," *A Companion to the Study of St. Augustine*, R. Battenhouse, (ed.) (New York : Oxford University Press, 1955), 235-256.

66 아우구스티누스에 의하면 외적 인간, 내적 인간, 영적 인간의 차원에서 삼위일체 하나님의 흔적을 만나는 인간의 차원은 영적 인간이다. 지향성과 관련하여 아우구스티누스의 마음의 구조와 기능에 대한 해석을 훌륭하게 풀어낸 연구로는 강응섭, "아우구스티누스의 인간론," 「한국조직신학논총」 19 (2007, 12) : 135- 156을 참조하라.

"수에 대한 무지 역시 성서에서 비유적 또는 신비적으로 표현된 여러 가지를 이해하지 못하게 합니다."(*De doctrina christiana* II. 16. 25)

인간은 수의 이해를 통해서 세계를 하나님의 작품으로 인지할 수 있다. 세계를 책이라고 한다면, 수는 세계의 언어이다. 세계의 질서, 즉 세계에 대한 수의 질서는 부분적으로 인간에게 나타난다.[67] 노출된 수의 질서와 은닉된 수의 질서가 있기 때문이다. 그러므로 인간은 세계의 질서를 제한된 범위 내에서 알 수 있다.[68]

아우구스티누스는 이 세계 속에 있는 수의 질서를 통하여 인간의 마음은 그 뒤에 계신 하나님의 '흔적'(*vestigia*)을 찾을 수 있다고 보았다(*De Trinitate* XII. 5. 5). 아우구스티누스에게 수학은 하나님을 이해하기 위한 지적인 첫 단계이며, 지혜(*sapientia*)는 지적인 마지막 단계이다(*De libero arbitrio* II. 9. 27).[69] 그러므로 인간의 마음 내에서 신학은 수학으로부터 시작하여 하나님 지혜의 조명으로 완성된다는 것이다.[70] 수학은 진리를 향한 첫 지적 단계이며,[71] 수

---

67 R. Markus, "Augustine. God and Nature," *The Cambridge History of Later Greek and Early Medieval Philosophy*, A. Amstrong, (ed.) (Cambridge : Cambridge University Press, 1970), 395.

68 아우구스티누스에 의하면 인간에게 알려진 하나님의 질서와 알려지지 않은 하나님의 질서가 있다. 여기에서 알려지지 않은 하나님의 질서는 무질서로 해석될 수 있다. 그러므로 기적(miracle)의 문제는 인간에게 알려지지 않은 질서의 차원에서 논리적으로 해결될 수 있다.

69 S. MacDonald, "The divine nature," *The Cambridge Companion to Augustine,* E. Stump & N. Kretzmann, (eds.) (Cambridge : Cambridge University Press, 2001), 87.

70 아우구스티누스는 통전적인 신학의 세계를 구축하고 이해의 영역을 확장하면

학과 신학의 연속성을 지혜 내에서 발견할 수 있다.

> "성서에도 지혜를 가리켜 말하기를 '지혜는 세상 끝까지 힘차게 펼쳐지며 모든 것을 훌륭하게 다스린다' 고 했습니다.[72] 세상 끝에서 끝까지 힘차게 펼쳐지는 저 능력이 바로 수라고 불리는 것입니다. 그리고 모든 것을 훌륭하게 다스리는 능력은 지혜라고 불립니다. 결국 둘 다 단일하고 동일한 지혜를 이룹니다." (*De libero arbitrio* II. 11. 30)

지혜는 수로부터 올 수 있으며, 수는 지혜로부터 올 수 있다. 지혜로부터 올 수 있는 수는 지혜 안에서 성립된다. 지혜는 모든 사물에게 수를 부여했다(*De libero arbitrio* II. 11. 31). 아우구스티누스에게 수는 질서로서의 수이며, 질서는 수로서의 질서이다. 결국 지혜의 수와 수의 지혜는 동일하다.[73]

아우구스티누스는 지혜서 11:20을 인용하며,[74] 하나님이 창조한

서 동시에 지속적으로 인간의 인식 공간 내에 있는 한계를 주목했다. 그래서 그는 인간의 영혼에 허락된 가장 소중한 지식은 진리로서의 신에 대한 지식의 한계를 깨닫는 지식이라는 '메타논리'(meta-logic)와 겸허한 믿음을 견지할 수 있었다.

71 아우구스티누스는 『독백록』에서 기하학적 지식과 하나님에 대한 지식 사이에 있는 차이는 대상의 차이에 의한 것이고 이해의 차이에 의한 것은 아니라고 보았다. 여기에서 지식의 확실성은 유사하다(*Soliloquia* I. 5. 11).

72 "지혜는 세상 끝에서 끝까지 힘차게 펼쳐지며 모든 것을 훌륭하게 다스린다." (지혜서 8:1 공동번역 개정판 1999).

73 에티엔느 질송, 『아우구스티누스 사상의 이해』, 253-254. 이에 대한 질송의 해석은 타당하다.

74 "주님은 모든 것을 잘 재고, 헤아리고, 달아서 처리하셨다." (공동번역 개정판 1999)

세계와 그 세계에 부여한 질서를 강조했다(*De Genesi ad litteram* I. 16. 26; *De Civitate Dei* XI. 30, XII. 4. 19, XI. 16; *Confessione* VII. 14. 20).

> "하나님은 '모든 것을 측량과 수와 무게로 처리하셨습니다.'(*omnia in mensura et numero et pondere disposuisti*)."

하나님의 창조에 사용된 질서는 수를 통하여 세계에 부여된다. 그러므로 수는 창조된 세계의 어느 곳에서나 발견될 수 있다. 하나님께서 세계를 창조하셨다. 그러므로 세계는 선하고 창조에 사용된 수도 선한 것이다. 따라서 수가 존재하지 않으면 세계도 존재하지 않는다. 여기에서 세계의 선은 수가 반영된 수학적인 선이다. 세계의 선은 수가 필요하지 않은 평균적 선이 아니라 수학적 선인 것이다.[75] 아우구스티누스에게 세계의 선은 곧 수학적인 선(mathematical goodness)을 의미한다(*De libero arbitrio* II. 20. 54).

아우구스티누스의 유명한 '씨앗 법칙'(*rationes seminales*)은 수학적 '인과 법칙'(*rationes causales*)이다. 다른 말로는 '비가시 법칙'(invisibility principle)이라고 표현될 수 있다. 비가시 법칙은 '가능상태 법칙'(potentiality principle)으로 해석될 수 있다.[76] 그러므로 아우구스티누스에게 씨앗 법칙이란 하나님이 창조하신 우주의 '변

75 세계가 선하다는 것은 측량과 수와 무게의 조건에서 좋다는 것이다. W. Mann, "Augustine on evil and original sin," *The Cambridge Companion to Augustine,* E. Stump & N. Kretzmann, (eds.) (Cambridge : Cambridge University Press, 2001), 44.

76 R. Markus, "Augustine. God and Nature," 398.

화의 법칙'을 의미한다(*De Genesi ad litteram* V. 7. 20). 씨앗 법칙은 곧 자연의 법칙이다(*De Genesi ad litteram* IX. 17. 32). 창조의 인과 법칙과 자연의 씨앗 법칙은 분리될 수 없다.

아우구스티누스의 씨앗 법칙은 다음과 같이 수학적으로 해석되고 표현될 수 있다.

$$\text{씨앗(가능상태)} \xrightarrow{\text{변화}} \text{나무(실현상태)}$$

씨앗은 하나님의 창조물이다. 나무도 하나님의 창조물이다. 여기에서 아우구스티누스는 씨앗에서 나무가 되는 '변화'라는 과정을 하나님의 창조로 해석했다. 이것이 그의 특별한 공헌이다. 아우구스티누스는 씨앗($seed$)과 나무($tree$)라는 대상을 넘어서, 씨앗과 나무를 연결하는 함수($mapping$)를 하나님의 창조 작품으로 새롭게 정의하고 있다. 따라서 변화의 함수는 하나님의 창조 작품에 해당한다.

$P_1(seed), P_1(tree)$: P_1은 한 대상의 속성(property)을 다루는 1차 술어이다.

$P_2(seed, tree)$: P_2는 두 대상의 관계(relation)를 다루는 2차 술어이다.

여기에서 아우구스티누스는 하나의 피조물이 가지는 속성을 설명하는 창조의 1차 술어(predicate) P_1를 넘어서서, 두 피조물의 '변화 관계'를 설명하는 창조의 2차 술어 P_2를 구사한다. 이것은 창조에 대하여 새로운 차원의 논리적 술어를 구사하는 것과 다름 없다.

물체의 '형상'(*forma*)은 수로부터 도출되는 결과이다. 그러므로 물체의 형상은 수에 귀속되는 결과만큼 존재를 가진다(*De libero arbitrio* II. 16. 42).[77]

> "하늘과 땅, 바다 그리고 그 안에 있는 것들을 바라보십시오. 저 위에서 반짝이는 것이든지 그 아래에서 기어 다니거나 날아다니거나 헤엄쳐 다니는 것들을 바라보십시오. 그들이 '형상'(*forma*)을 지닌 것은 다름 아닌 '수'(*numeros*)를 지녔기 때문입니다. 그들에게서 형상과 수를 제거해 보십시오. 그들은 무가 될 것입니다. 그러므로 수를 주신 분에게서가 아니면 누구에게서 존재를 받았겠습니까?" (*De libero arbitrio* II. 16. 42)

모든 수는 하나님께로부터 유래되는 수이다. 따라서 아우구스티누스는 수로부터 아름다움도 도출된다고 보았다.

> "형상을 갖춘 육체의 아름다움을 바라보십시오. '수가 공간에 자리잡고 있을 것입니다'(*numeri tenentur in loco*). 육체의 동작에서 보이는 아름다움을 바라보십시오. '수가 시간 속에 율동하고 있을 것입니다'(*numeri uersantur in tempore*)." (*De libero arbitrio* II. 16. 42)

예술 속에서는 시간과 공간을 찾을 수 없다. 왜냐하면 예술 속

---

77 *in tantum illis est esse in quantum numerosa esse*

에 있는 것은 시간과 공간이 아니라 수이기 때문이다. 따라서 수는 공간도 아니고 시간도 아니다.

> "예술가는 수를 지니고 있으며, 그 수에 자기 작품을 맞춥니다. 작품을 창작함에 있어서 손과 연장들이 움직이지만, 내면에서 비추는 수의 조명을 받아서 움직입니다."(*De libero arbitrio* II. 16. 42)

신체가 시간과 공간에 맞추어서 움직인다면, 정신은 오직 시간에 맞추어서 움직인다. 아우구스티누스는 정신을 초월할 때, '구원의 수'(*numerus sempiternus*)를 볼 수 있다고 해석했다.[78] 이상을 통해서 살펴 본 결과, 아우구스티누스에게 수학은 신학 안에서 미학의 차원과도 긴밀하게 연결되고 있다. 아우구스티누스에게 수학은 하나님의 진리와 선함과 아름다움을 다루는 신학의 필수적인 부분이다. 존재에 의해서 창조되는 것이 존재라면, 무한에 의해서 창조되는 것이 무한이고, 선에 의해서 창조되는 것이 선이다.

1.3.3 칸토르에게 있어서 신학과 수학의 관계

왜 수학자 칸토르는 신학자들과 토론을 하였는가? 칸토르는 프랑스의 동료 수학자 에르미트(C. Hermite)에게 보낸 1894년 1월 24일자 편지에서 하나님께서 수학을 떠나 신학과 철학으로 관심을

78 아우구스티누스에 의하면, 진리의 내면적인 공간으로부터 지혜가 빛을 발하고 있을 때 인간이 구원의 수를 볼 수 있다.

바꾸도록 하셨다고 밝혔다. 그리고 그는 다음과 같이 고백했다.

> "하나님께서 신학을 깊이 탐구하여 하나님을 섬기고 하나님의 거룩한 로마 가톨릭 교회를 섬기도록 하셨다고 생각합니다."[79]

칸토르는 프랑스의 수학자 미타그-레플러(G. Mittag-Leffler 1846~1927)에게 보낸 편지에서 다음과 같이 썼다.[80]

> "나는 단지 고차원적 힘의 도구이며, 그 힘은 내가 죽은 후에도 유클리드와 아르키메데스에게 계시한 것과 같이 미래에도 그 과정을 계속할 것입니다."

이 편지는 칸토르의 1883년 12월 23일자 편지이다. 여기에서 칸토르는 자신을 (i)하나님의 도구이자 (ii)하나님의 보고자로 이해하고 있다. 칸토르는 신의 도구로서의 수학자를 생각하고 있다. 그리고 그 역할은 신이 계시한 내용을 다른 학자들에게 전하는 메신저에 해당된다. 즉 기독교의 표현으로는 예언자 또는 대언자에 해당되는 것이다.[81] 칸토르는 자신을 수학적 이론의 생산자나 소유자가 아니라 보고자와 관리자로 이해했다. 이런 자의식에 근거하여 볼

---

79 G. Cantor, *Georg Cantor -Briefe*, H. Meschkowski und W. Nilson (ed.), (Berlin : Springer-Verlag, 1991), 350-351.

80 G. Cantor, "Mittag-Leffler (1883.12.23.)," *Georg Cantor -Briefe*, H. Meschkowski und W. Nilson(ed.), (Berlin : Springer-Verlag, 1991), 159-161; G. Cantor, "Mittag-Leffler (1884.1.31.)," *Georg Cantor-Briefe*, 171-172; R. Thiele, "Georg Cantor (1845~1918)," 456.

81 J. Dauben, *Georg Cantor*, 232.

때, 칸토르가 그 업적의 위대함과 중요성에 대한 확신 때문에 오만하지는 않았다는 프렌켈(Adolf Fraenkel)의 인물평에 충분히 동의할 수 있다.[82] 19세기 후반까지 해결하지 못했던 실무한의 문제를 풀어내고 무한의 풍부한 실재를 알려 주었던 칸토르는 수학의 겸허함과 동시에 신학의 겸허함을 보여주는 거장이었다.

칸토르는 무한에 관한 이론이야말로 하나님이 계시한 하나님의 법칙이라고 믿었다. 무한은 하나님이 주는 영감을 통해서 이해할 수 있다고 생각했다.[83] 그러므로 칸토르에게 무한의 문제는 단지 수학의 중요한 문제 내에 머무는 것이 아니라, 신학의 중요한 문제였다. 집합론의 정당성에 대한 칸토르의 물러설 수 없는 확신은 그의 신앙적 배경과 신학적 논거와 긴밀히 결부되어 있었다.

칸토르에게 수학의 연구는 창조에 관한 사유와 대응되는 것이다. 그러므로 칸토르에게 무한에 대한 수학적 연구의 결과는 신을 지향하는 것이다. 칸토르에게 수학은 신학의 도구가 될 수 있었고, 그의 초한 집합론은 형이상학적 신학으로 통합될 수 있었다.[84]

> "창조적으로 가능한 것의 기원에 관한 통찰을 모두 연장시키면 분명히 신에 대한 지식의 연장이 나온다." (*Archive for History of Exact Science* 2 (1965), 511.)[85]

---

82 A. Fraenkel, "Das Leben Georg Cantors," *Gesammelte Abhandlungen mathematischen und philosophischen Inhalts,* E. Zermelo (ed.) (Berlin : Springer-Verlag, 1932/2013), 480.

83 J. Dauben, *Georg Cantor*, 294-296.

84 수리물리학자 존 폴킹혼 경(Sir John Polkinghorne)은 수학이 인간의 통찰을 표현하는 작업에 가장 완벽한 매체이고 모델이라는 점을 강조한다. J. Polkinghorne, *One World : The Interaction of Science and Theology*, 45-47.

칸토르는 형이상학을 존재에 대한 과학으로 정의하고 있다. 동시에 형이상학은 과학 내에 포함되어 있다고 전제했다. 그리고 신학은 모든 형이상학적 논의에 필수적으로 포함되어 있다. 그러므로 칸토르에게 형이상학은 신학의 연장을 의미했다. 칸토르의 입장에서 보면, 그의 다음과 같은 수학적 명언은 상당히 중요한 신학적인 의미를 공유하고 있다.

> "수학의 본질은 정확히(*gerade*) 수학의 자유에 있다." (*Grundlagen* 3.4.5)

신은 법칙을 만든다. 신은 그 법칙을 우주에 부여한다. 신은 법칙에 종속되지 않은 '자유'를 가지고 우주를 창조했다. 우리는 자유로운 신이 창조한 세계 내에서 활동하고 있다. 유한한 인간도 자유를 통하여 무한을 이해할 수 있다. 여기에서 우리는 칸토르가 가지고 살았던 무한의 로고스(*logos*)와 무한의 에토스(*ethos*)와 무한의 파토스(*pathos*)를 발견할 수 있다.

칸토르는 우주의 원리로서의 신이 아니라 인격적인 신을 믿었다. 신이 자신에게 들려주는 내면의 소리에 귀를 기울이는 일과 자유로운 수학적 활동을 통하여 그 내용을 정리하고 전달하는 일은 그에게 소중한 사명이었다. 그러므로 칸토르에게 수학적 연구결과는 곧 신학적 연구결과와 공유될 수 있으며, 수학적 연구동기는 신학적 연구동기와 분리될 수 없는 것이었다.

칸토르가 창의적이고 놀라운 수학적 성과를 발표하던 1880년대

---

85 R. Thiele, "Georg Cantor (1845~1918)," 535.

에, 수학자들로부터 그는 여러 가지 비판과 공격을 받았다. 특히 크로네커 교수는 제자 칸토르를 반대하는 진영을 공개적으로 이끌다시피 했고, 상당수의 수학자들은 칸토르의 혁명적인 실무한 개념을 수용하는데 큰 부담감을 가지고 있었다. 칸토르의 혁명은 기존의 질서에 대한 반란으로 여겨졌다.

신학계의 상황은 수학계에서 벌어진 상황과 유사했다. 칸토르의 실무한에 대한 주장은 기존의 전통을 흔드는 일종의 이단처럼 여겨졌던 것이다. 대부분의 신학자들은 칸토르의 주장을 비판적으로 보거나 매우 경계했다. 그럼에도 불구하고 칸토르의 무한 연구 결과에 관심을 가지고 지지하는 소수의 신학자들이 있었다. 예를 들어, 독일의 신학자 구트베를레트(C. Gutberlet)는 칸토르의 논문과 연구 결과를 인용하였다. 특히, 구트베를레트는 무한과 신의 개념과 의미에 관하여 칸토르와 직접 서신을 통하여 일정 부분 교감을 갖기도 하였다.

무한에 대한 칸토르의 혁명은 수학계로부터 시작하여 서구 지성계 전체에 큰 파장을 불러일으켰다. 특히 19세기까지 무한에 대한 연구가 자신들의 고유 영역이라고 생각했던 신학자들과 철학자들은 칸토르의 새로운 주장에 대하여 자신들의 입장을 정리해야 하는 과제를 가지게 되었다. 칸토르와 신학자들 사이의 논리적 쟁점은 불가피했던 것이다.

칸토르에게 무한에 대한 연구의 동기는 수학과 동시에 신학 내에서 발견되고 있다. 그러므로 그가 그토록 인정받고 지지받기를 원했던 현장은 수학과 동시에 신학 내에 있었다고 할 수 있다. 불행하게도 칸토르는 수학계에서 자신이 기대하는 만큼의 지지를 얻어내지 못했다. 다행히 신학은 그에게 남은 마지막 희망의 공간이었을지도 모른다. 진리에 대한 믿음과 연구의 결과에 대한 믿음을 포기하지 않고 새롭게 강화해 나갈 수 있었던 칸토르의 확신은 신의 도우심과 신이 주신 영감에 대한 확신과 분리될 수 없었을 것이다. 칸토르가 그의 주요 논문 "초한집합론의 기초에 대한 기고"("Beiträge zur Begrundung der transfiniten Mengenlehre I" [1895])를 발표하면서 다음과 같은 성구를 서두에 인용한 것은 결코 우연이 아니다.[86)]

> "그러므로 여러분은 하나님께서 오실 때까지는 아무것도 미리 심판하지 마십시오. 하나님께서는 어둠 속에 감추인 것들을 환히 나타내시며, 마음 속의 생각을 드러내실 것입니다(*Veniet tempus, quo ista quae nunc latent, in lucem dies extrahat et longioris sevi aevi diligentia.*)"

칸토르에게 수학이 신학의 형식이었다면, 신학은 수학의 내용이었다.

86 G. Cantor, "Beiträge zur Begrundung der transfiniten Mengenlehre I (1895)," *Gesammelte Abhandlungen mathematischen und philosophischen Inhalts*, E. Zermelo (ed.) (Berlin : Springer-Verlag, 1932/2013), 282.

제 2 장

초한 집합론의 수학과 신학

2.1 초한 집합론의 수학

집합에 관한 수학적 이론은 수학자들에게 사고의 자유를 공유할 수 있도록 돕기 위한 최적화된 도구를 제공한다.[87] 집합론은 (1) 무한의 주제를 다룸에 있어서 사상 처음으로 새로운 통찰을 제공했고, (2) 20세기 현대 수학의 기초를 제공했다는 점에서 그 가치를 평가받을 수 있다. 또한 칸토르에 의해서 만들어진 집합론은 단순한 수학적 도구 이전에 인간의 생각과 개념을 다룰 수 있는 창조적 작품으로 볼 필요가 있다.

2.1.1 집합이란 무엇인가

칸토르가 생각한 집합에 관한 정의는 다음과 같다.("초한집합론의 기초에 대한 기고"("Beiträge zur Begrundung der transfiniten Mengenlehre I" [1895])

> "우리의 생각과 상상의 대상이 되는 확정적이고 구별되는 대상들 m (M의 원소라고 한다)을 하나의 전체로 모은 모임 M을 집합으로 이해한다(Unter einer 'Menge' verstehen wir jede Zusammenfassung M von bestimmten wohlunterschiedenen Objekten m unsrer Anschauung

87 칸토르 이후 집합론의 발전사에 관하여는 다음의 탁월한 소개를 참조하라. A. Kanamori, "The Mathematical Development of Set Theory from Cantor to Cohen," *The Bulletin of Symbolic Logic* 2 (1), (1996), 1-71.

oder unseres Denkens (welche die 'Elemente' von M genannt werden) zu einem Ganzen.)"[88)]

칸토르에 의하면, '집합'(Menge)이란 확정적이고 구별되는 대상들 m을 하나의 전체로 모은 모임 M을 뜻한다.[89)] 그러므로 확정적이고 구별되는 대상들의 모임이 집합의 구성 요건이다.

(i) 확정 : 대상 m과 모임 M 사이의 관계에 적용
(ii) 구별 : 대상 m과 대상 m 사이의 관계에 적용

어떤 대상이 (i)어떤 모임에 소속될 수 있는 지를 확정할 수 있어야 하고, (ii)대상과 대상 사이의 구별이 가능해야 된다는 두 가지 집합의 성립 조건을 보여주고 있다.[90)]

칸토르가 정의한 집합의 대상들은 우리들의 상상이나 사고의 대상이다. 그러므로 우리의 인지의 세계 내에서 다룰 수 있는 모든 대상을 의미하는 것이다. 그는 이러한 인지적 대상들 m을 집합 M의 '원소'(elements)라고 부른다. 그리고 칸토르는 집합과 대상의 관계를 다음과 같이 기호로 표현했다.

$$M = \{m\}$$

88 G. Cantor, "Beiträge zur Begründung der transfiniten Mengenlehre," *Gesammelte Abhandlungen mathematischen und philosophischen Inhalts,* 282.

89 독일어 Menge는 우리말로는 '집합'으로 표현하고 영어로는 'set'으로 표현한다.

90 R. Stoll, *Set Theory and Logic* (New York : Dover Publication Inc., 1963), 3.

여기에서 원소 m은 집합 M에 속하며, 다음과 같이 기호로 표현될 수 있다.

$$m \in M$$

여기에서 $\in$은 원소관계를 나타내는 술어기호에 해당된다.

‘부분집합’(subset)의 정의는 다음과 같다. 집합 M_1의 모든 원소가 집합 M의 원소이면, 집합 M_1을 집합 M의 부분집합이라고 한다. 현대 기호로는 다음과 같이 표현될 수 있다.

$$M_1 \subseteq M \text{ 또는 } M \supseteq M_1$$

칸토르에 의하면, 모든 집합은 ‘크기’(Mächtigkeit)와 ‘기수’(Kardinalzahl)을 가진다. 즉 집합은 ‘크기’(power)와 ‘기수’(cardinal number)를 가진다는 것이다(이후 ‘기수’로 통일하여 표현함). 집합 M의 기수는 다음과 같은 기호로 표현된다.

$$|M|$$

모든 개별 원소 m이 하나의 ‘단위’를 이루기 때문에, 기수 $|M|$은 단위들로 이루어진 집합이다. 칸토르는 이 기수가 우리의 마음속에 존재성을 가진다고 생각했다.[91] 그러므로 이때의 기수 $|M|$은 (i)주어진 집합 M이 투사된 것이거나 (ii)지적 능력의 이미지로서

91 G. Cantor, “Beiträge zur Begründung der transfiniten Mengenlehre,” *Gesammelte Abhandlungen mathematischen und philosophischen Inhalts*, 283.

존재하는 것으로 해석될 수 있다.

칸토르는 집합의 '기수'가 집합으로부터 나오는 보편적인 개념을 의미한다고 보았다. 예를 들어, 기수는 집합이 가진 원소의 개수를 의미한다. 그래서 집합의 기수란 원소에 해당하는 다양한 대상들에게 주어진 '본성'과 '질서'에 대한 추상화 작업을 할 때, 능동적인 인지의 능력에 의해서 이해할 수 있는 개념과 같다. 그러므로 칸토르에게 집합을 다루는 작업은 곧 개념을 다루는 작업이다. 또한 집합을 구성하는 작업은 개념화 작업과 동등하다고 볼 수 있다.

2.1.2 두 집합이 같다는 것은 어떻게 정의될 수 있는가

두 집합 M, N이 같은 원소로 구성되어 있을 때, 두 집합 M과 N은 같다고 하고 칸토르는 다음과 같이 기호로 표현한다.[92)]

$$M \sim N \text{ 또는 } N \sim M$$

이 기호는 오늘날에는 $M = N$으로 사용되고 있다. 또한 모든 원소 x에 대하여 다음과 논리적으로 동치(equivalence)이다.

$$\forall x (x \in M \leftrightarrow x \in N)$$

92 G. Cantor, "Beiträge zur Begründung der transfiniten Mengenlehre," *Gesammelte Abhandlungen mathematischen und philosophischen Inhalts*, 283.

집합에 대한 정의와 집합의 기수에 대한 정의에 근거하여 칸토르는 집합과 집합 사이의 이론을 정립해 나갔다.

2.1.3 모든 집합은 그 자신과 같다.

$$M \sim M$$

2.1.4 두 집합 M, N이 세 번째 집합 P과 같다면, 두 집합 M, N은 서로 같다.

$M \sim P$이고 $N \sim P$이면 $M \sim N$이다.

2.1.5 두 집합 M, N이 동일한 기수를 가진다면, 두 집합의 기수는 같다.

$M \sim N$ 이면, $|M| = |N|$이다.

동시에, 두 집합의 기수가 동일하다면, 두 집합은 같다.

$|M| = |N|$이면, $M \sim N$ 이다.

그러므로 집합이 같다는 것은 집합의 기수가 같다는 것과 필요충분조건의 관계에 있다. 개념이 같다는 것은 개념이 가지고 있는 기수가 같다는 것을 의미한다.

다음으로 칸토르는 기수와 관련하여, 집합의 크기를 비교한다.[93]

2.1.6 집합 M과 N이 기수 $a=|M|$과 기수 $b=|N|$을 만족한다고 하자. 그러면 두 조건이 충족된다.

(6.1) N과 같은 M의 부분은 존재하지 않는다.

(6.2) $N_1 \sim M$을 만족하는 N의 부분 N_1이 존재한다.

여기에서 N_1은 집합 N의 부분집합을 의미한다. 집합 N_1의 모든 원소가 집합 N의 원소이면, N_1을 N의 부분집합이라고 정의한다. 오늘날에는 이를 다음과 같이 기호로 표현한다.

$$N_1 \subseteq N \text{ 또는 } N \supseteq N_1$$

2.1.7 a, b가 기수일 때, 세 관계가 성립된다.

(7.1) a가 b와 같다는 관계는 $a=b$로 나타낸다.

(7.2) a가 b보다 크다는 관계는 $a>b$로 나타낸다.

93 G. Cantor, “Beiträge zur Begründung der transfiniten Mengenlehre,” *Gesammelte Abhandlungen mathematischen und philosophischen Inhalts*, 284-285.

(7.3) a가 b보다 작다는 관계는 $a < b$로 나타낸다.

a, b, c가 기수일 때, 다음이 성립한다.

$a < b$이고 $b < c$이면, $a < c$이다.

2.1.8 후속 결과

(8.1) a와 b가 임의의 기수이면, $a = b$이거나 $a < b$이거나 $a > b$이다.

(8.2) M과N이 집합이고, M이 N의 부분집합인 N_1과 같고 N이 M의 부분집합인 M_1과 같다면, M과N은 같다.

(8.3) M_1이 M의 부분집합이고 M_2가 M_1의 부분집합이면, 동시에 M과 M_2가 같으면, M_1은 M과 같고 M_2과 같다.

(8.4) N이 M과 같지 않고, 동시에 M의 부분집합과도 같지 않으면, M과 같은 N의 부분집합 N_1이 존재한다.

(8.5) M과 N이 집합이고 같지 않으면, 그리고 M과 같은 N의 부분집합 N_1이 존재하면, M과 같은 N의 부분집합은 존재하지 않는다.

이상에서의 결과를 토대로 구축하여 칸토르는 집합과 기수의 계산을 정의할 수 있게 되었다.[94]

2.1.9 기수의 합

기수 a, b에 대하여, $a=|M|$, $b=|N|$, 두 집합 M, N이 서로 공유하는 원소가 없을 때,

$$|M, N| = a + b$$

로 정의한다. 이것을 기수 a와 b의 합(cardinal sum)이라고 한다.

2.1.10 기수의 곱

기수 a, b에 대하여, $a=|M|$, $b=|N|$일 때,

$$|M \cdot N| = ab$$

로 정의한다. 이것을 기수 a와 b의 곱(cardinal product)이라고 한다.

기수의 합과 곱의 정의에 의해, 기수 a,b,c에 대하여 다음이 성립한다.

(10.1) $a \cdot b = b \cdot a$

(10.2) $a \cdot (b \cdot c) = (a \cdot b) \cdot c$

(10.3) $a(b+c) = ab + ac$

---

94 G. Cantor, "Beiträge zur Begründung der transfiniten Mengenlehre," *Gesammelte Abhandlungen mathematischen und philosophischen Inhalts*, 285-289.

2.1.11 기수의 지수

기수 a, b에 대하여, $a = |M|$, $b = |N|$일 때,

$$|N \mid M| = a^b$$

로 정의한다. 지수의 정의에 의해, 기수 a, b, c에 대하여 다음이 성립한다.

(11.1) $a^b \cdot a^c = a^{b+c}$

(11.2) $a^c \cdot b^c = (a \cdot b)^c$

(11.3) $(a^b)^c = a^{b \cdot c}$

칸토르는 집합의 기수를 정의했다. 그리고 기수의 계산을 통하여 집합을 계산할 수 있도록 만들었다. 이것은 후에 무한의 개념화와 무한의 계산을 위한 기초가 된다.

2.1.12 실수라는 무한 집합은 어떤 집합으로 해석될 수 있는가

실수(real numbers)는 유리수와 무리수를 포함하는 수로 구성된다. 계수가 정수인 다음과 같은 대수방정식이 있다고 하자.

$$a_n x_n + a_{n-1} x_{n-1} + \cdots + a_1 x + a_0 = 0$$

이때, 방정식의 근을 만족할 수 있는 수를 '대수적 수'(algebraic numbers)라고 한다. 그렇다면 유리수 전체는 대수적 수이다. 반면에, 대수적 수를 만족하지 않는 수를 '초월수'(transcendental numbers)라고 한다. 예를 들어, 자연대수 e와 원주율 π는 초월수에 포함된다. 칸토르는 ("Über eine Eigenschaft des Inbegriffes aller reellen algebraischen Zahlen" [1874])에서 대수적 수 전체의 집합은 가산적(countable) 또는 가부번(denumerable) 집합임을 보였다. 즉 대수적 수를 정수에 대응시켜 셀 수 있다는 것을 증명한 것이다.

칸토르는 모든 집합이 기수를 가진다고 전제했다. 그 다음 칸토르는 '정수들의 집합'이 '자연수의 집합'과 같은 기수를 가지고 있음을 증명했다. 여기에서 정수는 자연수를 분모와 분자로 가진 분수로 표현될 수 있는 수를 말한다. 예를 들어, a,b가 자연수 일 때, a/b는 정수이다. 그러므로 정수의 집합은 자연수의 집합보다 큰 집합처럼 보일 수 있다. 그런데 칸토르는 정수의 집합과 자연수의 집합의 기수가 같음을 증명한 것이다. 그리고 자연수 전체의 집합과 동일한 무한 기수를 칸토르는 $\aleph_0$라고 명명했다. 수학자들은 $\aleph_0$를 '알레프 제로'라고 읽는다. 표기에 사용된 알레프 $\aleph$는 히브리어의 알파벳의 첫 글자인데, 칸토르는 1895년부터 알레프 기호를 사용했다.[95]

95 G. Cantor, "Beiträge zur Begründung der transfiniten Mengenlehre," *Gesammelte Abhandlungen mathematischen und philosophischen Inhalts*, 292-296

2.1.13 가산 무한 집합과 비가산 무한 집합이란 무엇인가

칸토르는 $\aleph_0$가 가장 작은 초한수(the smallest transfinite number)임을 증명했다. 칸토르의 정의에 의하면, '가산 집합'(countable set)의 필요충분조건은 유한 집합이거나 집합의 기수가 $\aleph_0$에 해당되는 집합이다. 따라서 가산 집합은 다음의 두 가지 경우로 이해될 수 있다.

(a) 유한 집합은 셀 수 있는 가산 집합이다.
(b) $\aleph_0$를 기수로 가진 무한 집합은 셀 수 있는 가산 집합이다.

칸토르에 의하면, $\aleph_1$, $\aleph_2$, $\aleph_3$⋯라고 부를 수 있는 기수를 가진 집합은 모두 '비가산 집합'(uncountable set)이다. 즉 셀 수 없는 무한 기수를 가진 집합이라는 뜻이다. 칸토르는 무한에 대한 이해의 새로운 장을 열어준 셈이다. 칸토르에 의해 수학적 무한은 다음의 두 가지로 구분된다.

(a) 가산 무한 집합
(b) 비가산 무한 집합

비가산의 무한 집합은 자연수나 정수의 기수와 1-1 대응이 될 수 없는 집합, 즉 자연수나 정수보다 더 큰 기수를 가진 무한 집합임을 함의한다. 그러므로 칸토르는 무한 집합 사이에 크기가 다름을 증명한 것이며, 무한 집합 사이에 크기가 다른 무한 집합이 존재함을 밝힌 것이다. 칸토르에 의하면 무한은 하나가 아니다.

자연수와 정수보다 더 큰 기수를 가진 집합이 존재하는가? 칸토르는 "모든 대수적 실수의 집합의 속성에 관하여"("Über eine Eigenschaft des Inbegriffes aller reellen algebraischen Zahlen" [1874])에서 구간 $0 < x < 1$에 속하는 실수들의 전체 집합은 비가산적 집합임을 증명한다. 이 증명에서 칸토르의 대각화 방법(diagonal method)이 사용되는데, 이에 관한 논의는 제4장에서 이루어질 것이다. 칸토르의 정리에 의하면, 실수들의 전체 집합이 가산적이 아니므로 복소수들의 전체 집합도 가산적 집합이 아니다. 이는 대수적이지 않은 복소수가 존재해야 한다는 것을 함의한다. 왜냐하면 대수적 수들의 전체 집합은 가산적이기 때문이다.

2.1.14 연속체의 기수란 무엇인가

칸토르는 구간 $0 < x < 1$에 속하는 실수들의 집합이 비가산 집합임을 증명했다. 따라서 모든 구간에서 실수들의 전체집합이 셀 수 없는 무한 집합이다. 또한 모든 구간에는 무한히 많은 초월수들이 존재한다. 즉 실수는 초월수를 포함하고 있기 때문에 셀 수 없는 비가산 집합이다. 그리고 실수 전체 집합의 초한기수는 자연수 전체 집합의 기수보다 크다는 것이 증명된 것이다. 이때 자연수 전체 집합의 기수 $\aleph_0$보다 큰 실수 전체 집합의 기수를 '연속체의 기수'(cardinal number of the continuum)라고 한다.

만일 연속체의 기수가 자연수 전체 집합의 기수 $\aleph_0$ 바로 다음의 기수라면, $\aleph_0$보다 크고 연속체의 기수보다 작은 기수를 갖는 집합이 존재하지 않는다. 이러한 칸토르의 주장을 '연속체 가설'(Continuum Hypothesis)이라고 한다. 연속체 가설은 괴델(K. Gödel)과 코헨(P. Cohen)의 증명에 의해서 체르멜로-프랭켈 집합론의 공리체계와 독립적임이 밝혀졌고, 그 결과 결정불가능한 명제로 남아있다. 이에 관한 논의는 제6장에서 이루어질 것이다.

2.1.15 수란 무엇인가

칸토르에 의하면 수는 실재의 집합이다. 이 대답은 칸토르의 초한 집합론이 보여준 위대한 공헌이며 역사적 업적으로 높이 평가될 필요가 있다. 칸토르에 의해서 수를 집합으로 개념화할 수 있게 되었기 때문이다. 더 나아가 칸토르의 개념화를 확장하여 수학의 중요한 대상들을 모두 집합으로 정의하고 다룰 수 있게 되었기 때문이다. 이러한 집합으로서의 개념화 작업은 수학 외의 다른 학문 분야에 적용될 수 있다. 예를 들어, 신학의 중요한 대상들을 집합이라는 도구를 통하여 개념화 작업과 논리화 작업의 가능성을 모색하는 것은 타당하다.

엄밀히 말하면, 수는 기수가 같은 모든 집합들의 집합이다.[96] 예를 들어, 3은 세 개의 원소를 포함하고 있는 집합과 그와 같은 기

96 B. Russell, *Introduction to Mathematical Philosophy* (New York : Dover Publications INC., 1993), 11-19.

수를 가진 집합들의 집합인 것이다. 여기에서 3은 수의 예가 되지만, 삼인조 사람에서 삼인조 (trio)는 수의 예가 될 수 없다. 즉 사람들 셋을 모아 놓은 것과 수로서의 3은 다르다. 수는 어떤 집합의 수이다. 즉, 수는 동일한 개수의 원소들을 갖는 집합들의 집합이다. 이러한 의미에서 수는 집합이라고 정의될 수 있다.

2.1.16 무한 기수와 무한 순서수란 무엇인가

기수(cardinal numbers)가 원소의 개수를 기준으로 이해하는 수라면, 순서수(ordinal numbers)는 순서를 기준으로 이해하는 수이다.[97] 즉 기수는 하나, 둘, 셋, …의 기준으로 부를 수 있는 수이고, 순서수는 첫째, 둘째, 셋째, …의 기준으로 부를 수 있는 수라고 할 수 있다. 여기에서 순서수는 집합에 '순서의 구조'가 주어진 경우임을 기억해야 한다. 그래서 순서수는 순서가 있는 수열에서 수의 위치에 해당된다고 할 수 있다. 그렇다면 기수의 개념은 대응(correspondence)의 개념을 포함하고 있고, 순서수의 개념은 후속(succession)의 개념을 포함하고 있다.

칸토르는 기수의 개념을 확장하여 무한을 설명하는 동시에 순서수의 개념을 확장하여 무한을 설명했다. 그는 최초의 초한 순서수를 ω라고 명명한다. 표기에 사용된 오메가 ω는 그리스어 알파벳의 가장 마지막 글자이다. 이를 통하여 칸토르가 펼쳐 보인 무한 순서수의 세계는 다음과 같다.

97 순서수를 간단히 서수라고 표기하기도 한다.

$$1, 2, 3, \cdots,$$
$$\omega, \omega+1, \omega+2, \cdots,$$
$$\omega \cdot 2, (\omega \cdot 2)+1, (\omega \cdot 2)+2, \cdots,$$
$$\omega \cdot 3, (\omega \cdot 3)+1, (\omega \cdot 3)+2, \cdots,$$
$$\cdots$$
$$\omega^2, \omega^2+1, \omega^2+2, \cdots,$$
$$\omega^2+\omega, \omega^2+(\omega+1), \omega^2+(\omega+2), \cdots,$$
$$\cdots$$
$$\omega^3, \omega^3+1, \omega^3+2, \cdots,$$
$$\omega^\omega, \omega^\omega+1, \omega^\omega+2, \cdots,$$
$$\cdots$$
$$\omega^{\omega^\omega}, \omega^{\omega^\omega}+1, \omega^{\omega^\omega}+2, \cdots,$$
$$\cdots$$
$$\varepsilon_0, \varepsilon_0+1, \varepsilon_0+2, \cdots,$$
$$\cdots$$

여기에서 ε_0 는 무한 순서수의 수열보다 더 큰 순서수 가운데 최소의 순서수에 해당되며, '입실론 제로'라고 읽는다. 입실론 제로는 다음과 같이 정의될 수 있다.

$$\varepsilon_0 = \omega^{\omega^{\omega^{\cdot}}}$$

다음으로, 초한 기수와 집합들의 관계를 살펴보면, 다음과 같이 이해될 수 있다.

(16.1) 집합 N을 자연수 전체의 집합이라고 할 때, N의 멱집합 (power set) $\wp(N)$은 N의 부분집합 전체의 집합으로 정의된다.

(16.2) 집합 R을 실수 전체의 집합이라고 할 때, 칸토르에 의해서

$$|R| = |\wp(N)|$$

이 증명된다.

(16.3) 여기에서 집합 N에 대하여, 다음이 성립한다.

$$|\wp(N)| = 2^{|N|}$$

(16.4) 그러므로 다음이 성립한다.

$$|R| = 2^{\aleph_0}$$

(16.5) 이상으로부터 우리는 다음의 결과를 얻을 수 있다.

$$2^{\aleph_0} = \aleph_1$$

초한기수의 합에 관하여 정리하면, 다음과 같다.

(16.6) 집합 N을 자연수 전체의 집합이라고 할 때, 기수의 합의 정의에 의해서 다음이 성립한다.

$$|N|+|N|=|N|$$

(16.7) 그러므로 다음의 초한기수의 합이 성립한다.

$$\aleph_0+\aleph_0=\aleph_0=\aleph_0$$

(16.8) 기수의 합의 정의에 의해서, 셀 수 없는 집합의 초한기수 $\aleph_1$에 대하여 다음이 성립한다.

$$\aleph_1+\aleph_1=\aleph_1$$

초한기수의 곱에 관하여 정리하면 다음과 같다.

(16.9) 집합 N을 자연수 전체의 집합이라고 할 때, 기수의 곱의 정의에 의해서 다음이 성립한다.

$$|N \cdot N|=\aleph_0\aleph_0=\aleph_0$$

(16.10) 기수의 곱의 정의에 의해서, 비가산 집합 R의 초한기수 $\aleph_1$에 대하여 다음이 성립한다.

$$|R \cdot R|=\aleph_1\aleph_1=\aleph_1$$

(16.11) 기수의 지수의 정의에 의하여, 다음이 성립한다.

$$2^{\aleph_0}2^{\aleph_0}=2^{\aleph_0+\aleph_0}=2^{\aleph_0}=\aleph_1$$

2.1.17 초한 순서수의 연산과 초한 기수의 연산은 동일한 의미를 갖는가

칸토르에 의하면 모든 연산의 결과가 동일하지는 않다.

칸토르는 순서의 수를 생각하고 무한을 다루었다. 그는 초한 순서수를 표기하기 위해서 다음과 같이 ω를 도입했다.

$$\omega,\ \omega+1,\ \cdots,\ \omega\times 2,\ \cdots,\ \omega\times\omega,\ \cdots,\ \omega^{\omega},\ \ldots,\ \omega^{\omega^{\omega}},\ \cdots$$

그리고 초한 순서수에 의하여 초한 기수를 열거했다.

$$\aleph_0,\ \aleph_1,\ \aleph_2,\ \ldots,\ \aleph_{\omega},\ \aleph_{\omega+1},\ \aleph_{\omega+2},\ \cdots,\ \aleph_{\omega^{\omega}},\ \cdots$$

이 때, 초한 기수에 대하여 다음이 성립된다.

$$\aleph_0+\aleph_0=\aleph_0$$

그러나 초한 순서수에 대하여 다음이 성립된다.

$$\omega+\omega\neq\omega$$

또한 초한 순서수에서는 다음과 같이 교환법칙이 성립하지 않는 경우가 있다.

$$\omega+1\neq 1+\omega$$

이를 통하여, 초한의 세계 내에서는 순서수의 합과 기수의 합의 결과가 일치하지 않는 경우가 있음을 알 수 있다. 동일한 연산이라도 초한 순서수에 적용되는 의미와 초한 기수에 적용되는 의미가 다른 것이다.

이상에서 살펴 본 칸토르의 새로운 무한 기수 $\aleph$와 무한 순서수 ω를 '초한수'(transfinite numbers)라고 부른다. 그리고 모든 초한수의 집합, 즉 초한수 전체의 집합을 *Transfinitum* 이라고 한다. 기존의 무한 개념은 가무한이므로, 칸토르는 실무한으로서의 무한을 '초한'이라고 부른 것이다. 또한 칸토르는 무한을 표시하는 기호를 사용할 때, 가무한을 상징하는 ∞ 대신 실무한을 상징하는 $\aleph$, ω를 새롭게 사용한 것으로 볼 수 있다.

현대 수학의 기점이 되는 칸토르의 초한 집합론은 무한 연구의 과정에서 나온 수학적 도구이다. 이 도구를 사용하여 칸토르는 무한 집합 사이의 크기를 기수(cardinality)를 정의하여 비교했다. 그리고 칸토르에 의해 $\aleph_0$는 가산적 무한(the countable infinite)으로 정의되고, $\aleph_1$은 비가산적 무한(the uncountable infinite)으로 정의된다. 이를 통하여 무한에는 셀 수 있는 가산적 무한 $\aleph_0$이 있고, 반면 셀 수 없는 비가산적 무한 $\aleph_1$이 있다는 것이 입증되었다. 순서수와 기수의 정의를 통하여 칸토르는 무한에 대한 이해의 지평을 획기적으로 확장시켜 주었다.

2.2 초한 집합론의 신학

2.2.1 초한과 절대무한

칸토르의 초한 집합론은 무한을 다루는 수학적 인지체계에 혁명을 변화를 가져왔다.[98] 그리고 칸토르의 초한 집합론은 무한을 다루는 신학적 인지체계에 혁명적 변화를 예고했다. 1886년 프란첼린 추기경에게 보낸 편지에서 칸토르는 하나님과 관련하여 '절대 무한(Absolute Infinity)'을 언급하며 수학적 '초한'과는 구별했다.[99] 절대 무한은 하나님의 속성으로서 창조되지 않은 영원한 무한으로 이해해야 하기 때문이라는 것이다.

아우구스티누스의 무한 개념을 계승한 칸토르는 실무한에 대한 해석을 다음과 같이 세 가지 관계를 기준으로 정립했다.[100]

---

98 J. Dauben, "Conceptual Revolutions and the History of Mathematics : Two Studies in the Growth of Knowledge," *Revolutions in Mathematics,* D. Gilles (ed.) (Oxford : Oxford University Press, 1992), 49-71.

99 J. Dauben, *Georg Cantor*, 145.

100 G. Cantor(1885), "Über die verschiedenen Standpunkte in bezug auf das aktuelle Unendliche," *Gesammelte Abhandlungen mathematischen und philosophischen Inhalts,* E. Zermelo (ed.) (Berlin : Springer-Verlag, 1932/2013), 372-373; G. Cantor (1887), "Mitteilungen zur Lehre vom Transfiniten," *Gesammelte Abhandlungen mathematischen und philosophischen Inhalts,* E. Zermelo (ed.) (Berlin : Springer-Verlag, 1932/2013), 378; G. Cantor(1885), "Franzelin," G. Cantor, H. Meschkowski, W. Nilson, *Georg Cantor-Briefe* (Berlin : Springer-Verlag, 1991), 252-253.

(1) 세상을 초월하고 영원하고 전능한 신 내의 또는 세상을 창조한 존재 내의(*in Deo extraumndano aeterno omnipoteni sive natura naturante*) 실무한에 대하여, 절대(das Absolute)라고 지칭했다.

(2) 구체 내의 또는 창조된 세계 내의(*in concreto seu in natura naturata*) 실무한에 대하여, 초한(*Transfinitum*)이라고 지칭했다.

(3) 추상 내의 (*in abstracto*) 실무한에 대하여, 초한 또는 초한수 또는 초한 순서수 타입으로 인식했다.

칸토르에 의하면, (1)은 절대무한이며 증가가능하지 않다. 반면 (2)와 (3)의 무한은 제한적이고 증가가능한 무한이다.[101] 그는 절대무한을 연구하고 말할 수 있는 것을 규정하는 일이 신학의 일이라면, 초한에 대한 의문들은 주로 수학과 형이상학의 영역에 속한다고 보았다.[102]

칸토르는 (1)을 긍정했다. 그리고 칸토르는 (2)와 (3)의 문제를 다루면서 다음의 네 가지 입장을 정리했다. 이 분류를 통하여 우리는 칸토르의 무한에 대한 입장을 확인할 수 있다.

---

101 G. Cantor(1887), "Mitteilungen zur Lehre vom Transfiniten," *Gesammelte Abhandlungen mathematischen und philosophischen Inhalts,* E. Zermelo (ed.) (Berlin : Springer-Verlag, 1932/2013), 378.

102 G. Cantor(1887), "Mitteilungen zur Lehre vom Transfiniten," 378.

(Ⅰ) 실무한이 (2) *in concreto*에서 부정되고, (3) *in abstracto*에서 부정되는 경우 : 게르딜, 코시, 모이그노, 소위 실증주의자들, 그리고 교황 레오 13세가 1879년 8월 4일에 내린 교황 교서 '성 토마스 아퀴나스 천사 박사의 사상에 입각한 기독교 철학에 대하여'(*De philosophia Christiana ad mentem Sancti Thomae Aquinatis Doctoris Angelici in scholis catholicis instauranda*)에 의해 매우 큰 영향을 받은 신스콜라학파의 일부 등[103]

(Ⅱ) 실무한이 (2) *in concreto*에서 긍정되고, (3) *in abstracto*에서 부정되는 경우 : 데카르트, 스피노자, 라이프니츠, 로크 등

(Ⅲ) 실무한이 (2) *in concreto*에서 부정되고, (3) *in abstracto*에서 긍정되는 경우 : 신스콜라학파의 일부 등

(Ⅳ) 실무한이 (2) *in concreto*에서 긍정되고, (3) *in abstracto*에서 긍정되는 경우 : 칸토르

칸토르는 (Ⅳ)를 지지하고 있다. 그는 사실상 이 입장을 옹호하는 사람은 거의 없다고 밝히면서 다음과 같이 자신의 확고한 태도

103 아퀴나스는 중세를 대표하는 신학자이자 철학자이다. 아퀴나스에 대한 존경의 표시로 교회의 박사(*doctor ecclesiae*) 외에 천사의 박사(*doctor angelicus*)와 공통의 박사(*doctor communis*)라는 칭호가 사용되고 있다.

를 보여주고 있다.[104)]

> "이 입장을 확신을 가지고 끝까지 옹호하는 사람은 내가 처음일지도 모르지만, 이 입장을 옹호하는 사람은 결코 내가 마지막이지는 않을 것이라고 확신한다."

칸토르는 실무한을 바로 이해하기 위한 중요한 기준으로 '증가'를 새롭게 제시한다.[105)]

(2-a) 초한(*Transfinitum*) : 증가 가능한 실무한
(2-b) 절대무한(*Absolutum*) : 증가 불가능한 실무한

이 구분에는 수학적인 의미와 신학적인 의미가 공존하고 있다. 칸토르가 언급한 실무한의 예는 모두 (2-a)에 포함된다. 또한 칸토르가 오메가 ω 로 표현하는 수, 즉 가장 작은 초한 순서수도 (2-a)에 속한다. 가장 작은 초한 순서수 ω 는 증가될 수 있는 실무한이기 때문이다. 또한 가장 작은 실무한의 기수도 초한이다. 그러므로 가장 작은 기수도 증가 가능하다.

초한은 매우 다양한 형태로 나타날 수 있다. 칸토르의 분석에 의하면 초한에는 모순이 없기 때문에, 초한이야말로 제노(Zeno)부터 볼차노(Bolzano)에 이르기까지 학자들이 두려워했던 무한의 모순을 이해하고 극복할 수 있는 길이었다.[106)]

---

104 G. Cantor(1887), "Mitteilungen zur Lehre vom Transfiniten," 373.
105 G. Cantor(1887), "Mitteilungen zur Lehre vom Transfiniten," 405.
106 G. Cantor(1883), "Grundlagen einer allgemeinen Mannichfaltigkeitslehre, ein

2.2.2 절대 무한의 속성

초한은 필연적으로 어떤 절대 무한을 지시한다.[107] 그러므로 초한을 설명하기 위해서는 절대무한이 필요하다. 이 때 칸토르는 절대 무한을 '진정한 무한'(wahrhaft Unendliche)이라고 보았다.[108] 절대 무한은 더해지거나 감해질 수 없다. 그래서 양적으로 볼 때, '절대적 최대'(Maximum)로 간주되어야 한다는 것이다. 그러므로 절대무한은 인간의 이해를 넘어서는 것이다.

칸토르에게 수학적 대상으로서의 절대 무한은 분명히 존재하는 대상이다. 그러나 그 절대 무한이 수학적으로 규정될 수는 없다.[109] 가령, 모든 순서수의 클래스(class)를 생각해 볼 때, 모든 순서수의 집합은 모순이다. 그러나 존재할 수 있는 모든 순서수의 클래스는 모순이 아니다. 모든 순서수의 클래스가 존재할 때, 이 거대한 클래스가 가지는 모든 속성을 우리는 설명할 수 없다.[110]

여기에서 무한 집합의 존재를 주장할 때, 반영 원리(reflection principle)를 사용하는 배경을 관찰할 필요가 있다.[111] 반영 원리는

---

mathematisch-philosophischer Versuch in der Lehre des Unendlichen," *Gesammelte Abhandlungen mathematischen und philosophischen Inhalts,* E. Zermelo (ed.) (Berlin : Springer-Verlag, 1932/ 2013), 182; J. Dauben, "Georg Cantor and Pope Leo XIII : Mathematics, Theology, and the Infinite," 86.

107 G. Cantor(1887), "Mitteilungen zur Lehre vom Transfiniten," 405.

108 G. Cantor(1887), "Mitteilungen zur Lehre vom Transfiniten," 405.

109 절대 무한의 정의에 따르면, 인간이 절대 무한을 완전하게 설명하고 그 속성을 정형화하는 것은 불가능하다.

110 수학적 대상에 대한 존재론적 긍정과 인식론적 부정에 대한 자세한 논의는 다음을 참조하라. 현우식, "괴델의 극대 존재론," 『한국수학사학회지』27 (6), (2014) : 403-408.

모든 집합으로 구성된 '절대 전체영역'(absolute universe)이 무한할 때, 보편적인 무한 집합이 존재함을 주장하기 위해 사용되고 있다. 이 반영 원리는 어떤 절대적 속성을 설명하고자 할 때, 반드시 그 속성을 가진 대상보다 더 작은 대상이 존재함을 함의한다. 절대 대상이 너무 크기 때문에 택할 수 없으면, 결국 절대 보다 작은 대상을 다루는 것이다.[112] 예를 들어, 반영 원리에 의해서 체르멜로-프랭켈 공리체계 ZF의 임의의 유한 정리들에 대하여 모델이 존재할 수 있다. 그러므로 절대 무한에 대한 칸토르가 보여주는 신학적 존재론에 대한 긍정과 인식론적 한계에 대한 비판적 입장은 타당하다. 이 주제는 2.3에서 극대성을 다룰 때 입체적으로 논의될 것이다.

2.2.3 세 가지의 무한

초한은 이해될 수 있는 실무한이다. 이 기준으로 보면, 초한은 절대 무한과는 다른 차원의 실무한이라는 것을 확인할 수 있다.

---

111 반영 원리(Reflection Principle)는 다음과 같이 정의될 수 있다. $\psi(x_1, \cdots, x_n)$을 논리식이라고 하자. 각 모델 M_0에 대하여, 다음을 만족하는 집합 $M_0 \subseteq M$이 존재한다. 모든 $x_1, \cdots, x_n$에 대하여, $M \vDash \psi(x_1, \cdots, x_n) \Leftrightarrow \psi(x_1, \cdots, x_n)$. 여기에서 선택 공리(Axiom of Choice)를 사용하면, M이 ψ를 반영하고, $|M| \leq \max(|M_0|, \aleph_0)$를 만족하는 $M_0 \subseteq M$이 존재한다. 이 때 ψ를 반영하는 M은 가산의 무한 집합이 될 수 있다. 반영 원리는 뢰벤하임-스콜렘 정리의 대응과 같다고 볼 수 있다.

112 R. Rucker, R., *Infinity and the Mind : The Science and Philosophy of the Infinite* (Princeton : Princeton University Press, 1995), 78.

(ⅰ) 초한은 신을 인식할 때 가능한 넓은 영역을 제공할 수 있는 실무한이다.

(ⅱ) 초한은 창조된 세계 내에서 어느 정도 다양한 관계들 안에서 실현성을 가지고 존재한다.

그래서 칸토르는 초한이야말로 신학자들과 기독교를 지원하는 매우 귀중한 도구라고 제안했던 것이다.

그렇지만 바로 이 지점에서 칸토르는 로마 가톨릭 교회의 신학자들과 신학적인 토론을 벌여야 했다. 왜냐하면 하나님 안에서의 실무한을 받아들이기도 어려웠던 그 당시의 신학자들에게 세상 내의 실무한의 존재라는 대상은 도저히 받아들일 수 없는 개념이었기 때문이다.

칸토르는 인간이 접근할 수 없는 일종의 성역이었던 무한이란 대상을 신이 허락해 준 실재로 전제하고 탐구했다. 칸토르는 무한을 세 가지 실무한으로 구분하고 다음과 같이 체계화하였다.[113)]

(1) 절대적 무한(the absolute infinite)은 '신 안에서(*in Deo*)' 실현

---

113 G. Cantor(1885), "Über die verschiedenen Standpunkte in bezug auf das aktuelle Unendliche," *Gesammelte Abhandlungen mathematischen und philosophischen Inhalts,* E. Zermelo (ed.) (Berlin : Springer-Verlag, 1932/2013), 372-373; G. Cantor (1887), "Mitteilungen zur Lehre vom Transfiniten," *Gesammelte Abhandlungen mathematischen und philosophischen Inhalts,* E. Zermelo (ed.) (Berlin : Springer-Verlag, 1932/2013), 378; G. Cantor(1885), "Franzelin," G. Cantor, H. Meschkowski, W. Nilson, *Georg Cantor-Briefe* (Berlin : Springer-Verlag, 1991), 252-253.

되는 무한이다. 이는 신학적 무한 개념에 해당된다. 칸토르는 절대적 무한이 가장 완전한 형태로 실현되는 무한이고, 독립적이고 초월적인 존재인 신에 의해서 실현되는 무한이라고 생각한다. 절대적 무한은 신학자들이 연구해야하는 무한이라고 할 수 있다.

(2) 물리적 무한(the physical infinite)은 구체적인 세계 내에(*in concreto*) 있는 구체적인 무한이다. 신에 의해서 만들어진 물리적 세계는 발연적 속성(contingent property)을 가지고 있다. 즉 필연적이지 않지만 불가능하지 않다. 예를 들면, 무한히 작은 입자들로 이해되는 물리적 세계와 관련된 실무한이다. 물리적 무한은 물리학자들이 연구해야 하는 무한이라고 할 수 있다.

(3) 수학적 무한(the mathematical infinite)은 추상적 세계 내에(*in abstracto*) 있는 무한이다. 칸토르가 보여준 추상화된 초한적 실무한이 포함된다. 예를 들면, 마음의 생각으로부터 추상화되는 수학적 양과 수 등의 실무한이다. 수학적 무한은 수학자들이 연구해야 하는 무한이라고 할 수 있다.

칸토르가 정의한 무한에 따라서 주요 수학자들의 입장을 정리해 보면 다음 표와 같다.[114]

114 R. Rucker, *Infinity and the Mind*, 309.

	(1) 절대적 무한	(2) 물리적 무한	(3) 수학적 무한
칸토르 Georg Cantor	긍정	긍정	긍정
플라톤 Plato	부정	긍정	부정
브라우베르 L. E. J. Brouwer	긍정	긍정	부정
힐베르트 David Hilbert	부정	부정	긍정
러셀 Bertrand Russell	부정	긍정	긍정
괴델 Kurt Gödel	긍정	부정	긍정
로빈슨 Abraham Robinson	부정	부정	부정

칸토르 이전의 수학자와 신학자들은 오직 가무한(the potential infinite)으로서의 무한을 인정했다. 그러나 칸토르는 기수(cardinality) 개념을 사용하여 무한 집합 사이의 크기가 다름을 증명했다. 이 결과는 오직 가무한을 생각하던 사람들에게는 상상할 수 없는 결과였고 크나큰 충격이 아닐 수 없었다.

칸토르는 새롭게 초한수로서의 실무한(the actual infinite)을 정의했다. 칸토르에 의하면 초한수 $\aleph_0$는 가산적 무한(the countable infinite)의 기수로 정의되고 초한수 $\aleph_1$은 비가산적 무한(the uncountable infinite)의 기수로 정의된다. 무한에는 셀 수 있는 가산적 실무한이 있고, 다른 한편 셀 수 없는 비가산적 실무한이 있다는 것이 증명되었다. 이를 통하여 칸토르는 실무한이 존재함을 증명하고, 실무한에 대한 이해의 지평을 확장시킨 것이다.

칸토르가 실무한의 존재를 수학적으로 입증하고 보여 준 것은 초유의 사건이었다. 칸토르에 의하면 무한은 단지 유한의 부정이 아니다. 무한은 그 자체로 긍정되어야 하는 실재이다. 더 이상 무한은 질서의 파괴나 질서의 부정이 아니다. 무한은 그 자체로 엄연히 하나의 아름다운 질서이다. 무한은 실무한으로서 이해되어야 한다.

그 다음, 칸토르는 실무한을 다음의 두 가지 무한으로 구분했다.[115)]

(1) *Transfinitum* (초한)

(2) *Absolutum* (절대 무한)

여기에서 물리적 무한과 수학적 무한은 (1) 초한적 실무한에 속한다. 그리고 절대적 무한은 (2) 절대적 실무한에 속한다.[116)] 아리스토텔레스 이후 가무한으로서만 존재해야 하던 무한에게 칸토르는

115 G. Cantor, *Gesammelte Abhandlungen mathematischen und philosophischen Inhalts*, 405.

116 R. Russell, "The God Who Infinitely Transcends Infinity : Insights from Cosmology and Mathematics," *Cosmology From Alpha to Omega* (Minneapolis : Fortress Press), 56-76. 물리학자이자 신학자인 러셀은 실무한이 수학과 우주론 내에서 이해될 수 있는 가능성을 논의한다. 레셀에 의하면 초한으로서의 실무한과 자연 내에서의 무한은 숨겨진 것을 밝혀주는 베일과도 같다고 보지만, 칸토르의 절대적 무한이란 우리가 전모를 이해하기는 어려운 신비라고 해석한다.

실무한으로서의 존재 양식을 새롭게 부여해 주었다. 칸토르에 의해서 무한을 그 단위 자체로 볼 수 있는 길이 열리게 되었다. 즉 전통적 방식에 따라 유한의 부정으로 정의하고 이해하는 가무한이 아니라, 무한 자체를 정의하고 이해하는 실무한을 다룰 수 있게 된 것이다. 이런 점에서 칸토르가 보여 준 실무한은 실로 무한에 대한 혁명적 해석이 아닐 수 없다.[117)]

유한한 인간은 결코 실무한을 다룰 수 없다고 생각하던 시대임에도 불구하고, 칸토르는 그 시대를 넘어서 실무한으로서의 무한을 수학적으로 다룰 수 있음을 보여주었다. 칸토르 이후에 무한은 하나의 통합된 전체로 이해될 수 있는 가능성이 열린 것이다. 더 이상은 무한을 끝없는 불완전의 수열, 극한 등의 가무한 개념으로 이해해야할 필요가 없다. 이후 칸토르는 가무한(the potential infinite)을 '변수적 유한'(the variable finite)으로 규정했다.

칸토르는 궁극적인 무한, 즉 (2) 절대 무한(*Absolutum*)을 신의 개념과 연결했다. 그리고 그는 절대적 무한을 그리스어 대문자 오메가 Ω로 표현했다. 칸토르에게 절대적 무한은 인간의 지성에 의해서 정복될 수 없는 정상을 의미한다. 즉 절대 무한은 인간이 도달할 수 없는 무한의 정상으로서의 신을 지시한다. 따라서 신은 우리가 이해할 수 있는 어떤 대상보다도 큰 존재이다.

칸토르는 무한에 대한 수학적 해석을 통하여 하나님을 이해할

117 칸토르와 피타고라스의 공헌을 수학의 역사 속에서 혁명적 사건으로 분석하고 평가한 연구에 대해서는 다음을 참조하라. J. Dauben, "Conceptual Revolutions and the History of Mathematics : Two Studies in the Growth of Knowledge," D. Gilles(ed.) *Revolutions in Mathematics* (Oxford : Oxford University Press, 1992), 49-71.

수 있는 길을 제시해 주었고, 동시에 하나님 이해의 완성에는 도달할 수 없다는 한계를 수학으로 보여주었다. 실무한에 대한 이해를 통하여 신학의 가능성과 한계성을 동시에 고찰하고 교회가 실무한을 이해할 수 있도록 도운 칸토르의 노고는 정당하게 평가받아야 한다.

2.2.4 무한에 대한 신학적 오해

칸토르는 로마 가톨릭 교회의 추기경 프란첼린(Johannes Franzelin)과 무한과 신에 관하여 토론을 시도한 바 있다. 특히 하나님의 창조가 완전성의 필연적 결과인가에 대하여 서면을 통해 토론했다.[118] 이 때, 추기경 프란첼린은 칸토르의 초월적 무한의 가능성에 관하여 동의했다. 그러나 그는 초월적 무한의 필연성에 관하여는 동의하지 않았다. 신의 절대적인 자유에 어떤 모순을 가져올 수 있다는 신학적 우려 때문이었다.

프란첼린의 주장에 대하여 칸토르는 실무한과 절대 무한을 구분하여 생각하면 절대 무한의 자유는 훼손되지 않는다는 취지로 설득했다. 절대 무한은 연장될 수 없는 무한이기 때문이다.[119] 칸토르에 의하면, 절대 무한은 하나님과 하나님의 속성에 대응될 수 있지만, 실무한은 우주 내에서 피조물의 속성에 대응될 수 있는 개념이다.[120]

118 J. Dauben, *Georg Cantor*, 144-145.

119 G. Cantor, “Mitteilungen zur Lehre vom Transfiniten,” 385, 405.

프란첼린 추기경은 결국 칸토르의 설명에 동의했다. 특히 추기경의 제자 가운데 한 사람이었던 구트베를레트(C. Gutberlet)는 칸토르의 주장을 수용하고, 『무한, 형이상학적이고 수학적 이해』(*Das Unendliche, metaphysisch und mathematisch betrachten*, Mainz, 1878)를 저술했다. 여기에서 구트베를레트는 칸토르의 실무한 개념을 사용하여 무한의 신학적 의미를 설명했다. 구트베를레트의 저술에 대하여 칸토르는 미분으로부터 실무한의 개념을 도출하는 설명에는 오류가 있다고 알려 주었다. 가장 쟁점이 되는 부분은 토미즘과 관련되었다. 토마스 아퀴나스의 신학 내에서는 자연 세계의 실무한이 거부되었기 때문이다. 반면, 칸토르는 자연 세계 내에서의 실무한의 존재를 강조했다.

칸토르는 신학자 헤만(Karl Friedrich Heman)으로부터 다음과 같은 질문을 받는다(1888년 6월 21일자 편지).[121)]

(1) 세계와 세계의 시간은 시간의 유한 공간 이전에 시작된 것입니까? 아니면 세계의 과거 시간은 유한한 것입니까? 어떤 것이 기독교 교리에 적합하며 참된 것입니까?

(2) '실무한의 수는 존재하지 않는다.' 이것은 거짓입니다. 따라서 기독교 교리도 존재하지 않습니다.

이에 대하여 칸토르는 다음과 같은 논리로 답변하였다.

---

120 G. Cantor, "Mitteilungen zur Lehre vom Transfiniten," 110.

121 R. Thiele, "Georg Cantor (1845~1918)," 540.

"문장 (1)은 '구체적인 창조 세계'에 대한 언급입니다. 문장 (2)는 '이상적인 수의 영역'에 대한 언급입니다. 문장 (1)의 진리값은 문장 (2)의 진리값의 결과가 아닙니다."[122]

칸토르는 헤만이 오해했던 것처럼 문장(2)에 의해서 신앙의 비밀로 오인되지는 않는다고 설명했다. 여기에서 칸토르는 구체와 추상 사이를 구분했다. 플라톤주의를 인정하는 형이상학적 신학에서는 추상에서의 실무한만을 받아들일 수 있었다. 그러나 칸토르는 구체적 물리 세계 내에서 원자들이 무한 집합을 형성할 수 있다고 해석한 것이다. 칸토르와 로마 가톨릭 신학자의 토론에 대한 분석은 제5장에서 다루어질 것이다.

2.2.5 삼위일체론의 수학

칸토르의 초한 집합론에 의해서 기독교의 삼위일체론(Trinitarianism)은 다음과 같이 설명되고 표현될 수 있다.

(1) 칸토르가 정의한 초한 기수의 곱의 정의에 의해서, 무한 Ω에 대하여 다음이 성립할 수 있다.

$$\Omega \times \Omega \times \Omega = \Omega^3 = \Omega$$

여기에서 첫 번째 오메가를 성부 하나님 Ω^P이라고 하고, 두 번

122 R. Thiele, "Georg Cantor (1845~1918)," 540.

째 오메가를 성자 하나님 Ω^F이라 하고, 세 번째 오메가를 성령 하나님 Ω^S이라고 하면, 세 오메가의 곱은 하나의 하나님 오메가 Ω와 같다. 칸토르의 초한 집합론 내에서는 기독교의 가장 특징적인 교리인 삼위일체 교리 가운데 '성부와 성자와 성령이 한 분 하나님'임이 수학적으로 설명되고 표현될 수 있다는 것을 보여준다.

(2) 칸토르가 정의한 초한 순서수의 교환법칙에 의해서, 삼위일체 교리 내의 성부 하나님, 성자 하나님, 성령 하나님의 교환불가능성이 설명되고 표현될 수 있다.

$$\Omega + \Omega + \Omega \neq \Omega$$

예를 들면, 기독교의 삼위일체 교리는 '성자는 성부로부터 나옴을 긍정하지만, 성자로부터 성부가 나옴을 부정'한다. 이 내용은 다음과 같은 순서수의 교환법칙에 의해서 설명되고 표현될 수 있다.

$$\Omega^P + \Omega^F \neq \Omega^F + \Omega^P$$

(3) 초한 집합론을 만족하는 원소 Ω^P, Ω^F, Ω^S에 대하여 다음의 구조 Ω가 성립한다. 삼위일체의 하나님은 구조 Ω이며, 다음의 세 원소 성부, 성자, 성령과 '비대칭 2항관계'(asymmetric binary relation) R로 이루어진다.

$$\Omega = (\Omega^P, \Omega^F, \Omega^S, R)$$

여기에서 R은 기원 관계(*relatio originis*)로 정의한다. 순서쌍 (성부, 성자)와 순서쌍 (성부, 성령)이 구조의 관계 R^{Ω} 내에 존재할 때, 순서쌍 (성자, 성령)과 순서쌍 (성령, 성자) 중 정확히 하나만 구조의 관계 R^{Ω} 내에 존재한다. 즉 순서쌍 (성자, 성령)과 순서쌍 (성령, 성자)은 동시에 성립할 수 없다.

(4) 삼위일체 $3^0 = 1$는 집합론의 정의에 의해서 다음과 같이 정의되고 표현될 수 있다. "집합의 기수 $|0|$ 에서 집합의 기수 $|3|$ 으로의 함수는 유일하다."

$$\exists ! \kappa : |0| \to |3|$$

기수가 0인 집합과 기수가 3인 집합 사이에 특정한 함수 κ가 존재할 때, 그 특정한 함수는 유일하다는 것이다. 신약성서 빌립보서 2:7에 근거하여 해석하자면, 사랑의 자기 비움(*kenosis*)으로부터 성부, 성자, 성령으로의 함수는 유일하다는 의미로 해석가능하다.[123)]

이를 이해하기 위하여 다음과 같은 집합론의 정의가 도움이 될 수 있다. 집합 $A \subseteq X$에 대하여,

$$j_A : A \to X$$

를 부분집합 A에서 집합 X로의 포함함수(inclusion map of A in-

123 자기를 비워서 종의 모습을 취하시고 사람과 같이 되셨습니다. (새번역 빌립보서 2:7)

to X) 라 하자. 즉 A에 포함된 원소 x에서 X에 포함된 원소 x로 보내는 함수이다. 여기에서 공집합 $\varnothing$에서 X로의 함수

$$j_{\varnothing} : \varnothing \to X$$

는 포함함수임이 성립하고, 이 함수를 비움함수(empty map)라 하자. 그러면 다음이 성립한다.

(1) $\varnothing \times X = \varnothing$

(공집합 $\varnothing$과 전체집합 X의 곱은 공집합 $\varnothing$과 같다.)

(2) $\varnothing \subseteq \varnothing$

(공집합 $\varnothing$은 공집합 $\varnothing$에 포함된다.)

(3) $j_{\varnothing} = \varnothing$

(비움함수 $j_{\varnothing}$는 공집합 $\varnothing$과 같다)

그렇다면 $I_{\varnothing} : \varnothing \to \varnothing$은 공집합 $\varnothing$에서 공집합 $\varnothing$으로의 함수이다. 그러므로 여기에서 $f : God \to \varnothing$가 함수가 될 수 있는 유일한 조건은 다음과 같음을 알 수 있다.

$$God = \varnothing$$

신이라는 집합을 God라고 할 때, 그 집합이 공집합 $\varnothing$이 되는 경우에만 함수는 성립할 수 있다는 것이다.

2.3 수학신학으로서의 초한 집합론

2.3.1 무한에 대한 연구로서의 신학

20세기 전반의 과학을 선도했던 수학자이자 물리학자 헤르만 바일(Herman Weyl, 1885~1995)은 수학은 '무한에 대한 연구'라고 정의했다. 그에 의하면 수학의 목표는 인간의 유한한 수단을 사용하여 무한을 이해하는 것에 있다. 그래서 수학에서 무한이 존재한다는 것은 종교적 직관과 같은 방향을 가지고 연구하는 것을 보여준다는 것이다.[124] 바일과 같은 생각을 공유하는 수학자들에게 순수한 수학적 탐구는 인간의 마음을 고양시켜서 다른 어떠한 수단을 통하여 도달할 수 있는 것보다 더 가까이 신의 문제에 도달할 수 있도록 하는 것을 의미한다.[125]

바일에게 신학이란 '완전한 무한으로서의 신'에 대한 연구라고 정의될 수 있다.[126] 그러므로 여기에서 신은 계시를 통해서나 신비적 명상을 통해서 침범될 수 없다. 오직 인간은 기호(symbol)를 사용하는 범위 내에서 완전한 무한으로서의 신을 표상할 수 있다.[127]

124 H. Weyl, *Philosophy of Mathematics and Natural Science* (New Jersey : Princeton University Press, 1949), 66.

125 P. Davis & R. Hersh, *The Mathematical Experience* (Boston : The Brikhäuser, 1981), 108.

126 H. Weyl, "Levels of Infinity," *Levels of Infinity : Selected Writings on Mathematics and Philosophy* (New York : Dover Publications, Inc., 2012), 30.

127 이러한 바일의 입장은 '기호주의적 구성(symbolic construction)'을 강조하며 힐베르트가 주장하는 형식주의(formalism)와 브라우워가 주장하는 직관주의

무한이란 주제는 수학 내에서도 가장 신학적인 주제라고 할 수 있다. 무한의 연구는 19세기까지 사실상 신학자들과 철학자들의 고유 영역이나 다름이 없었다. 이미 수학자들이 미적분과 무한수열에서 무한이란 개념을 전제하고 또한 직접 사용도 하고 있었으나, 무한 자체를 명확하게 설명해야할 필요성을 느끼지 못하고 무한을 사용하고 있었다. 이러한 상황에서 본격적으로 무한의 연구가 가능하도록 그 문을 열어 주었던 주인공은 칸토르였다.

칸토르는 푸리에 급수의 수렴에 대한 연구를 완성시키려던 중 집합론을 주창하게 되고, 집합의 도구를 통하여 수학 역사상 처음으로 무한에 대한 정의를 정립하여 무한 집합 사이에도 크기가 다른 무한 집합이 있다는 것을 증명함으로써 수학의 역사에 획기적인 공헌을 했다.[128)]

칸토르의 구상은 너무나도 혁명적인 것이어서, 처음에는 수학자들에게도 인정되지 않고 오히려 공격의 대상이 되기도 하였다. 그러나 곧 집합론을 기초로 삼고 수학 내의 대부분의 주제들이 재정립되면서, 수학의 기초와 엄밀성을 새롭게 세울 수 있게 되었다. 이 계기가 수학의 역사에서는 고전과 현대를 구분하는 분수령으로 평가된다. 칸토르 이후 수학과 신학의 세계 내에서는 가무한으로서의 무한이 아니라 무한 자체를 하나의 단위로 다룰 수 있는 실무한으로서의 무한의 개념을 소유하게 되었다.

수학이 무한에 대한 연구 시스템이라면, 신학은 절대적 실무한

(intuitionism)를 통합하려는 노력으로 이해될 수 있다.

128 가령, 자연수의 집합은 유리수의 집합에 포함되지만 두 집합사이의 크기는 같다. 그러나 실수의 집합은 자연수의 집합과 1-1대응이 되지 않으므로 자연수의 집합의 크기보다 크다.

으로서의 신에 대한 연구 시스템이라고 할 수 있다. 절대적 실무한을 이해하기 위해서는 먼저 초한적 실무한에 대한 이해가 전제 조건이 된다. 그러므로 초한적 실무한을 경험할 수 없는 유한한 인간이 초한적 실무한을 이해하기 위해서는 먼저 초한 집합론의 언어와 시스템이 필요하다.

2.3.2 유한한 연구자가 초한적 실무한을 이해할 수 있는 시스템이 구축될 수 있는가

수학의 컴팩트 구상은 바로 초한적 실무한을 다루는 좋은 모델을 신학에 제공할 수 있다. 컴팩트 공간이란 오차의 한계를 아무리 작게 설정하더라도 적당한 유한 부분집합이 존재하여 어떠한 점이 든지 그 유한 부분 집합의 적당한 한 점과 비교했을 때 그 오차가 주어진 한계를 넘지 않는 공간이다.[129)] 여기에서 공간은 무한 공간이다. 무한 공간이지만 충분히 작은 오차를 무시할 때, 유한 공간처럼 생각할 수 있다는 것이다. 그렇다면 유한 공간에서 성립되는 여러 속성들이 거의 모두 이 컴팩트 공간에서도 성립된다.

컴팩트 정리(compactness theorem)에 의하면, 어떤 시스템의 모든 유한한 부분 집합이 모델을 가지면, 그 시스템은 모델을 가질 수 있다. 그래서 현대 수학에서는 유한이라는 개념이 컴팩트라는 개념과 서로 대응되는 상태로 인지될 수 있다. 예를 들면, 미지의 무

---

129 홍성사, "무한과 수학," 『현대학문의 조류와 전망』연세춘추사편 (서울 : 연세대학교출판부, 1978), 118-119.

한에 대한 도전을 할 때, 먼저 컴팩트 공간에서 증명해 보고 그것을 확장해 나가는 방법을 택할 수 있다. 이처럼 컴팩트라는 조건을 만들어 무한을 생각하는 작업을 '컴팩트화'(compactification)이라고 부른다.

무한의 신을 연구하는 신학은 컴팩트화로서 정의될 수 있다. 예를 들어, 한 점이 빠져 있는 원을 생각해 보자. 이 원은 한계가 없는(unbounded) 무한 즉 열린 구간(open interval)의 속성을 가진 실수의 집합이다. 그러므로 이 원은 셀 수 없는 비가산 무한 집합이다. 그러나 이 원에 한 점을 추가할 때, 닫히고 한계가 있는(closed and bound) 원이 되어서 컴팩트화가 성립된다. 오차를 무시하면 한 점이 채워진 원은 이제 셀 수 있는 유한 집합으로 볼 수 있기 때문이다. 신학의 전망에서 볼 때, 추가되는 한 점은 신에 해당한다. 즉 수학신학적으로 말하자면 추가되는 한 점은 신의 정의이다. 비유하자면, 신학이란 신의 정의로 한 점을 채워서 다룰 수 없던 원을 다룰 수 있는 원으로 바꾸어 인지하는 컴팩트화로 정의될 수 있다.

2.3.3 무한으로서의 신에 대한 이해는 가능한가

칸토르가 생각하는 절대 무한으로서의 신을 이해할 수 있는가? 절대 무한으로서의 신의 정의에 대한 신학적 함의는 무엇인가? 이 문제를 재구성하기 위해 우리는 먼저 중세의 신학과 철학을 대표하는 안셀무스(Anselmus, 1033-1109)의 『프로슬로기온』(*Proslogion*, 1078)을 고찰할 필요가 있다.[130] 『프로슬로기온』에서 제시하고 있는 안셀무스의 '이해하기 위하여 믿는다'(*credo ut intelligam*)는 유명한 명제는 이해를 추구하는 신앙의 전형으로 알려지고 있다.[131) 안셀무스는 『프로슬로기온』제1장을 마무리하며 다음과 같이 자신의 일관된 입장을 신에게 겸손히 고백한다.

> "저는 믿기 위하여 이해하려고 노력하는 것이 아니라, 이해하기 위해서 믿습니다(*Neque enim quaero intelligere ut credam, sed credo ut intelligam*). 동시에 이를 위하여 저는 믿습니다. - 제가 믿지 않는다면, 이해할 수 없을 것입니다(*nisi credidero, non intelligam*)."

『모놀로기온』(*Monologion*, 1076)에서 안셀무스가 자신에게 하는 이야기를 보여주고 있다면, 『프로슬로기온』에서 안셀무스는 신께 드리는 이야기를 보여주고 있다.[132)]

신학자 안셀무스는 서구 중세의 사상을 이해하기 위해 필수적

---

130 안셀무스의 신의 정의에 대하여 다음의 연구를 기반으로 하여 심화 및 확대한 것이다. 현우식, "현대 수학으로 보는 안셀무스의 신의 정의," 『종교연구』 75 (2) (2015) : 177-192.

131 K. Barth, *Fides Quaerens Intellectum : Anselms Beweis der Existenz Gottes im Zusammenhang seines theologischen Programms* (1931). 『이해를 추구하는 믿음 : 안셀무스의 신학적 체계와의 연관성 속에서의 신 존재 증명』 김장생 옮김 (서울 : 한국문화사, 2013).

132 이탈리아의 아오스타(Aosta) 출신의 안셀무스는 방황하던 중에 프랑스에서 란프란쿠스(Lanfrancus)를 만나면서 새로운 존재로 변화한다. 그 결과 안셀무스는 란프란쿠스의 뒤를 이어 프랑스 베크 수도원의 수도원장으로서 신의 임재를 체험하는 수도자로 살았고, 또한 영국 캔터베리의 대주교로서 교회를 수호하고 헌신하는 성직자로 살았다. 그래서 고금을 막론하고 그리스도인들은 안셀무스가 겸비한 깊은 신앙과 넓은 학문을 기리며 안셀무스를 성인이라 부르고 존경한다.

으로 이해해야할 철학자이자 논리학자이다. 철학자들이 안셀무스를 가리켜 '스콜라철학의 아버지'라고 부르는 것은 결코 과장된 표현이 아니다.[133] 신학자로서 안셀무스는 교회의 신학적 주장과 교리에 대하여 이해가능한 증명을 추구하면서 논증(*argumentum*)을 가르쳤다. 여기에서 이해가능한 증명은 논리적 증명을 포함한다. 그리고 『프로슬로기온』에서 이해라는 말은 신에 대한 '증명'과 함께 신을 향한 '기쁨'을 포함한다. 그러므로 안셀무스에게 논증은 이성과 신앙을 위한 도구이다.

안셀무스는 『모놀로기온』의 서문에서 아우구스티누스(Augustinus)의 작품과 동일하지 않은 자신의 작품은 하나도 발견될 수 없다고 밝힌다. 이를 통해 알 수 있듯이, 안셀무스에게 가장 영향을 준 교부이자 안셀무스가 사상적 스승으로 여기는 인물은 아우구스티누스이다. 이미 2장에서 살펴본 바와 같이 아우구스티누스는 수의 신학적 의미에 주목했고 수학적 지식을 신학에 사용했다. 특히, 아우구스티누스의 수학 신학은 파타고라스와 플라톤이 부정적 의미로 해석했던 '무한의 수'를 긍정적 의미로 새롭게 해석해 냈다는

133 김승욱, "안셀무스의 신 개념에 나타난 선험논리적 의미," 『중세철학』13 (2007), 69-118; 김재진, "안셀무스의 하나님 이해 - Proslogion을 중심으로," 『신학논단』 56 (2009), 129-159; H. Küng, *Does God Exist? An Answer for Today*, E. Quinn (trans.) (New York : Vintage Books, 1981); B. Leftow, "Arguments for God's Existence," *The Cambridge History of Medieval Philosophy II*, R. Pasnau (ed.) (Cambridge : Cambridge University Press), 735-748; H. Liebeschütz, "Anselm of Canterbury; the philosophical interpretation of faith." *The Cambridge History of Later Greek and Early Medieval Philosophy*. A. Amstrong (ed.) (Cambridge : Cambridge University Press, 1970), 611-639; B. Russell, *History of Western Philosophy* (London : Routledge Classics, 2004).

점에서 중요하다. 아우구스티누스에 의하면 모든 수는 신으로부터 유래하며, 셀 수 없는 무한의 수도 무한한 존재인 신에게 포함된다.

아우구스티누스 이후, 무한은 비례, 형상, 경계가 없는 혼돈의 상태가 아니라 신의 합리적이고 아름다운 질서 내에 편입된 것이다. 그러므로 '수의 법칙과 진리'(*ratio et veritas numeri*)가 이성을 가진 모든 사람들에게 공통적으로 적용된다(Augustinus *De libero arbitrio* II. 8. 21). 젊은 아우구스티누스가 물질주의적 이원론을 주장하는 마니교의 한계를 증명하고 거부하게 되는 결정은 수학적 지식에 근거한 것이었다(*Confessione* V. 3. 6). 그래서 아우구스티누스는 철학을 공부하기에 앞서 먼저 수학적 학문을 공부해야 한다고 제안하기도 한다(*De ordine* II. 15. 42-43).

아우구스티누스는 신앙과 이성의 관계에 대하여, '믿기 위하여 이해한다'(*intelligo ut credam*)는 중요한 신학적 명제를 제공했다. 여기에서 아우구스티누스는 신을 보기 위하여(*visio Dei*) 이해하려고 노력한다. 안셀무스에 의하면 아우구스티누스의 명제는 '이해하기 위하여 믿는다'(*credo ut intelligam*)로 해석될 수 있다. 안셀무스는 자신이 보는 신을 이해하기 위하여 노력하기 때문이다. 그러므로 안셀무스에게 두 명제는 논리적으로 동등하며 신학적으로 균형을 이룬다. 신앙이 없으면 이해가 불가능하다. 동시에 이해가 없으면 믿음이 불가능하다. 결국, 믿지 못하면 이해할 수 없고, 이해할 수 없으면 믿을 수 없다.

안셀무스는 『프로슬로기온』(*Proslogion*)의 제2장 '신께서는 참으로 존재하신다'(*Quod vere sit Deus*)에서 신을 다음과 같이 정의한다.

> "그러므로 어리석은 자가 자기 마음속으로 '신은 존재하지 않는다' 라고 말했기 때문에 그러한 실재가 존재하지 않을 수 있겠습니까? 그러나 확실히 이 어리석은 자도 내가 '그것보다 더 큰 것이 인지될 수 없는 어떤 것(*aliquid quo maius nihil cogitari potest*)'이라고 말하는 것을 들으면 그가 들은 것을 이해합니다."[134)]

여기에서 안셀무스는 인지의 전체 공간(total space of cognition)을 설정한다. 즉 논증의 공간으로서 인지공간(cognition space)을 보여주는 것이다. 그러므로 인지공간은 안셀무스의 논리적 우주(universe of discourse)에 해당된다.[135)] 논리적 우주란 모든 논증을 포함하는 논리적 세계의 전체 공간을 뜻한다. 안셀무스는 인간이 인지공간을 전제할 때, 인지공간 내에서 그것보다 더 큰 것을 인지할 수 없는 어떤 대상이 존재한다는 것을 이해할 수 있다는 것이다. 안셀무스는 다음과 같이 신에 대한 정의를 보여준다.

> '신 G은 그것보다 더 큰 것이 인지될 수 없는 어떤 것'(*aliquid quo maius nihil cogitari potest*)이다.[136)]

이 정의는 일정한 인지공간 내에서 신 G보다 더 큰 대상 x가 인지된다고 할 때, $x = G$가 성립된다는 것을 보여준다. 이 때, G

---

134 안셀무스는 『프로슬로기온』에서 '큰'(maius)과 '좋은'(melis)을 같은 의미로 사용한다.

135 여기에서 인지공간은 인지상태(states)들의 집합과 인지함수(mappings)로 구성되는 시스템을 의미한다.

136 안셀무스는 "*id quo nihil maius cogitari possit*" 라는 표현을 동등하게 사용한다.

는 인지공간 내에서 '최대의 대상'(the maximum)이 아니라 '극대의 대상'(the maximal object)에 해당된다. 안셀무스가 정의한 극대적 대상으로서의 신은 인지공간 내에서 인지되는 신이라는 조건을 만족해야 한다.

안셀무스에 의하면, 신에 대한 신앙이 없을 때에도 신은 존재한다. 그렇다면 신앙이 없을 때, 인간은 무엇을 통하여 신의 존재를 이해할 수 있는가? 이것이 안셀무스의 신학적 과제이다. 여기에서 안셀무스는 신앙이 없는 사람도 인지를 통해서 신의 존재를 이해할 수 있다고 보았다. 이 점에서 이해를 위한 인지는 안셀무스의 신학 내에서 보편적인 능력으로 전제되어 있다.

> "그러므로 신이 이처럼 존재하신다는 것을 이해하는 사람은 신이 존재하지 않는다고 인지할 수 없습니다(*Nullus quippe intelligens id quod Deus est, potest cogitare quia Deus non est*)" (*Proslogion, IV*)

안셀무스에 의하면 그보다 더 큰 것이 인지될 수 없는 신을 이해하면, 신 존재의 부정을 부정할 수밖에 없다. 이러한 논리적 이해가 있을 때, 신앙을 거부해도 신의 존재를 이해할 수 있다는 것이다. 동시에 신앙을 가지고 있다고 하면서도 정작 신앙공간을 가지고 있지 못한 사람을 위하여 안셀무스는 신의 존재를 이해하기 위해 필요한 인지공간을 제공하는 것이다. 여기에서 안셀무스는 인지작용을 통해서 신의 존재를 '구성'하려 한 것이 아니라, 인지를 통해서 신의 존재를 '발견'하려 한다는 입장을 견지하고 있다는 점에도 주목할 필요가 있다.

안셀무스는 신의 존재에 대한 논리적 증명을 시도했다. 그러나 이 증명이 성립되려면 인지 공간 내(*in intellectu*)의 존재가 실재 시공간 내(*in re*)의 존재를 함의할 수 있어야 함을 증명해야 한다(현우식 2013). 당시 다수의 신학자들은 안셀무스의 증명을 긍정적으로 받아들이지 않았다.[137] 특히, 13세기의 아퀴나스(Thomas Aquinas, 1225-1274)는 안셀무스의 논증을 선험적 증명이라는 이유로 거부했다.[138] 그러나 이러한 거부는 논리적 타당성에 대한 비판이라기보다는 논리적 전제의 차이에 가깝다. 예를 들면, 플라톤의 '실재에 선행된 보편(*universalia ante rem*)'의 공리와 아리스토텔레스의 '실재 내의 보편(*universalia in re*)'의 공리 사이에 있는 차이에서 유래된 것으로 해석될 수 있다. 아퀴나스의 신학을 따르는 신학계에서 안셀무스의 논증은 유효한 신학에 포함되기 어려웠다. 반면, 안셀무스의 논증은 데카르트(Descartes)와 라이프니츠(Leibniz)로 대표되는 철학자들의 주목을 받으며 철학자들 사이에서 활발하게 논의되었다.[139]

---

137 중세의 대표적인 스콜라 사상가 보나벤투라(Bonaventura)와 둔스 스코투스(Duns Scotus)는 안셀무스의 논증을 옹호하는 입장이었다. 김현태, 『철학과 신의 존재』(서울 : 철학과 현실사, 2003), 266-302.

138 안셀무스가 플라톤과 아우구스티누스의 사상적 후계자였고, 아퀴나스가 아리스토텔레스의 사상적 후계자였다는 점을 감안하면 이는 자연스러운 대조이다. 질송(E. Gilson)은 안셀무스의 증명이 견고성과 엄밀성 면에서 스승 아우구스티누스의 증명을 뛰어넘는다고 평가한다. (Gilson 1968, 49).

139 J. Hick & A McGill (eds.), *The Many-Faced Argument; Recent Studies on the Ontological Argument for the Existence of God* (New York : Macmillan Company, 1967); J. Hick, *The Existence of God* (New York : Macmillan Company, 1967); D. Turner, *Faith, Reason and the Existence of God* (Cambridge; Cambridge University Press, 2004); Flantinga, A., *God and*

칸트(I. Kant, 1724-1804)는 『순수이성비판』제2권의 3장 4절에서 안셀무스의 증명 방식에 대하여 '존재론적 증명'이라는 이름을 붙이고 이러한 방식의 증명은 불가능하다고 주장했다.[140] 칸트는 존재의 문제를 증명의 대상이 아니라 논리적 양화술어(quantifier)의 문제로 생각했기 때문이다. 그러나 칸트의 기대와는 달리 안셀무스의 논증은 헤겔과 헤겔 학파의 논리적 기초가 되었다. 안셀무스에 의해서 시작된 것으로 평가되는 신의 존재에 대한 논리적 증명은 데카르트와 라이프니츠를 통하여 계속 전개되었고, 20세기의 수학자 괴델(K. Gödel)에 의해서 완성된다.[141]

안셀무스는 신을 이해하고 표현할 때, 어떤 도구를 사용했는가? 여기에서 안셀무스의 구상을 논리적으로 해석하기 위해서는 무한을 다루는 현대 수학의 극대성 개념이 필요하다.

인지공간 C를 크기를 인지할 수 있는 순서집합 $(X, \leq)$이라고 하자.[142] 안셀무스가 인지가능한 대상들의 집합 A는 집합 X의 부

Other Minds : A Study of the Rational Justification of Belief in God (Ithaca : Cornell University Press, 1990); A. Flantinga, *The Nature of Necessity* (New York : Oxford University Press, 1979); C. Hartshorne, "What did Anselm Discover?" *The Many-Faced Argument; Recent Studies on the Ontological Argument for the Existence of God,* J. Hick & A McGill (eds.) (New York : Macmillan Company, 1967), 321-333; B. Davies, "Anselm and the ontological argument." *The Cambridge Companion to Anselm*, B. Davies & B. Leftow (eds.) (Cambridge : Cambridge University Press, 2004), 153-174.

140 존재론적 증명이란 표현은 안셀무스 자신이 사용한 것이 아니다.

141 현우식, 『신의 존재에 대한 괴델의 수학적 증명』 (서울 : 경문사, 2013).

142 여기에서 순서집합은 공집합 $\varnothing$이 아니어야 하며, 관계 $\leq$는 반사적 법칙(reflexive law), 반대칭적 법칙(antisymmetry law), 추이적 법칙(transitive law)을 만족한다. 순서집합이 일정 조건을 갖추면 반순서집합(partially ordered

분집합이고, a는 집합 A의 원소라고 하자. 집합 X에 속하는 모든 원소 a에 대하여 다음이 성립될 때,

$$a \leq x \rightarrow a = x$$

a를 집합 A의 극대 원소(maximal element of A)라고 정의한다. 여기에서 a는 인지공간 C 내에서 더 큰 것을 인지할 수 없는 대상을 의미한다. 다시 말하면 인지공간 C 내에서 극대원소 a보다 더 큰 대상은 존재할 수 없다는 것이다. 그러므로 a는 안셀무스가 더 큰 것을 인지할 수 없는 대상으로 인지되는 것이다.

안셀무스가 사용한 극대원소는 최대 원소와는 다르다. $a \in A$이고, 모든 $x \in A$에 대하여, $x \leq a$일 때, a를 A의 최대 원소(the greatest element of A)라고 한다. 인지가능한 대상들의 집합A의 모든 원소보다 큰 원소 a가 있다면 그 원소는 최대 원소라는 것이다.

논증의 공간으로서 인지공간 C내에서 가장 큰 원소를 의미하는 최대 원소의 존재는 언제나 증명될 수 있는 것이 아니다. 이것이 최대성과 극대성 사이의 가장 중요한 차이이다. 예를 들어 살펴보기위하여, 인지공간 $C = (G, \leq)$의 부분집합을 다음과 같이 정의할 때,

$$G = (\{\varnothing, \{g_1\}, \{g_2\}, \{g_1, g_2\}\}, \leq)$$
$$A = \{\varnothing, \{g_1\}, \{g_2\}\}$$

---

set)과 전순서집합(totally ordered set)으로 정의될 수 있다.

A의 극대 원소는 $\{g_1\}$, $\{g_2\}$이다. 따라서 A의 극대 원소가 존재한다. 그러나 A의 최대 원소는 존재하지 않는다. 그러므로 이 경우 인지하는 주체 안셀무스에게 극대성의 존재는 보장되지만, 최대성의 존재는 보장되지 않는다. 즉 논증의 공간으로서의 인지 공간 내에서 신에 대한 정의(definition of God)를 찾으려고 한다면, 최대성이 아니라 극대성을 선택해야 한다는 것이다. 여기에서 우리는 극대성의 논리를 통해서 안셀무스가 의도하는 신학적 메시지를 보다 더 선명하게 추적할 수 있다.

2.3.4 현대 수학 내에서 극대적 대상의 존재는 증명될 수 있는가

극대적 대상의 존재를 정당화해 주는 수학적 법칙은 극대성 법칙(maximal principles)으로 불리고 있으며 조른의 레마(Zorn's lemma, 1935), 쿠라토프스키의 법칙(Kuratowski principles, 1922), 하우스도르프의 법칙(Hausdorff principles, 1914) 등을 포함한다. 이러한 법칙들은 모두 현대 수학의 전제에 해당하는 '선택 공리'(the axiom of choice)와 논리적으로 동등한 것으로 증명된다는 점에서 큰 의의가 있다. 선택 공리는 유한한 인간이 무한을 다루는 주제와 직결되어 있으며, 특히 무한의 구조를 연구할 때 꼭 필요한 현대 수학적 도구이다.[143]

143 선택 공리란 공집합$\varnothing$이 아닌 임의의 집합 X에 대하여 선택함수 $f: \wp(X) \to X$가 존재해서 모든 부분집합 $A \subseteq X$에 대해서 $f(A) \in A$가 성립함을 보장하는

안셀무스가 정의한 신의 현대 논리적 의미를 해석하기 위해서, 먼저 안셀무스가 전제한 인지공간 C를 크기의 순서집합 $(X, \leq)$으로 정의할 필요가 있다.

(1) 크기의 순서집합 $(X, \leq)$의 모든 전순서 부분집합 A가 상계(upper bound)를 가지면, $(X, \leq)$의 극대 원소(maximal element)가 존재한다. (Zorn's lemma)

(2) 여기에서 $A \subseteq X$, $u \in X$라고 하자. 모든 $x \in A$에 대하여 $x \leq u$일 때, u를 A의 상계(upper bound of A)라고 정의한다. 즉, 상계 u는 인지공간에서 크기를 기준으로 볼 때 위의 한계를 의미한다. 이때, 안셀무스가 인지가능한 대상들의 집합 A는 '위로 유계'(bounded above)라고 한다.

(3) 안셀무스의 인지공간 C내에서 인지가능한 대상들의 집합 A가 상계 u를 가질 때, 극대 원소가 존재한다. 여기에서 안셀무스가 정의한 신 G, 즉 '그것보다 더 큰 것이 인지될 수 없는 어떤 것'은 극대 원소에 해당한다. 그러므로 극대적 대상으로서의 신이 존재한다는 증명이 성립된다.

공리이다. 단 여기에서 정의역(domain) $\wp(X)$는 공집합 $\varnothing$이 아니며 동시에 공집합 $\varnothing$을 포함하지 않는 조건을 만족해야 한다. 정주희, 『수리논리와 집합론 입문』 (서울 : 경문사, 2012); R. Smullyan, & M. Fitting, *Set Theory and the Continuum Problem* (Oxford : Oxford University Press, 1996).

이상을 통하여 안셀무스가 정의한 신의 존재, 즉 극대성을 가지는 대상으로서의 신의 존재가 논리적으로 정당화될 수 있음을 알 수 있다. 안셀무스가 신을 정의하기 위해 사용한 논리적 도구는 '최대성'이 아니라 '극대성'의 개념이다. 이런 점에서 안셀무스가 신을 최대 존재로 정의했다는 해석은 모두 오류를 포함하고 있다. 예를 들어, 가우닐로는 안셀무스의 정의를 '모든 것보다 더 큰 존재(*Aliquid, quod est maius omnibus*)'로 오해했다. 그러나 안셀무스는 '모든 것보다 크다'는 최대성을 전혀 표현하지 않았다. 이 문제에 대하여 안셀무스는 *Contra Gaunilonem(Capitulum V)*에서 가우닐로의 오해와 타당성이 결여된 논리를 반증했다.[144)]

러셀(Bertrand Russell)은 안셀무스가 정의한 신을 '생각할 수 있는 가장 큰 존재(God as the greatest possible object of thought)'라고 해석하는 우를 보였다.[145)] 여기에서 러셀은 안셀무스의 신을 최대성을 가진 대상으로 이해한 것이므로 러셀의 해석도 논리적 오류를 포함한다. 또한 신의 정의를 '완전성'(perfection)의 개념으로 이해하거나 전제한 모든 존재론적 논증은 오류를 포함하고 있다. 예를 들면, 데카르트와 라이프니츠는 완전성 개념을 사용하여 신을 정의했다. 그러므로 두 사람의 정의와 안셀무스의 정의를 직접 연결시키는 전제와 시도는 모두 논리적인 약점을 지니게 된다. 이런 점에서 하트숀(C. Hartshorne)이 안셀무스의 신의 정의에서 완전성을 구별해야 한다고 본 것은 타당하지만, 안셀무스의 신의 정의가

---

144 Anselmus, "Contra Gaunilonem(1078)," "안셀무스의 가우닐로에 대한 답변." 『신 존재 증명』 전경연 옮김 (서울 : 한들출판사, 1997), 77, 164.

145 B. Russell, *History of Western Philosophy* (London : Routledge, 2004), 388-389.

혼란스럽고 불명료하다고 결론을 내린 것은 타당하지 않다.[146] 여기에서 하트숀은 안셀무스의 신의 정의가 함의하는 극대성을 전혀 언급하지 않았기 때문이다.

2.3.5 안셀무스의 극대성이 함의하는 것은 무엇인가

안셀무스에 의하면 유한한 인간은 신을 '최대 존재'라고 정의할 수 없다. 그래서 안셀무스는 신을 '극대 존재'로 정의하고 이해해야 한다고 제시한다. 현대 수학의 입장에서 볼 때, 논증의 공간이나 인지공간 내에서 극대 원소의 존재는 보장될 수 있다. 그러나 동일한 조건하에서 최대 원소의 존재는 보장될 수 없다. 이런 점에서 안셀무스의 정의는 논리적으로 타당하고 동시에 논증을 위해 충분하다.

안셀무스에게 신을 최대 존재로 정의하는 것은 인간의 한계를 넘는 교만한 행위로 간주된다. 인간은 유한한 인지공간을 통해서 최대의 대상을 알 수 없기 때문이다. 그러나 안셀무스에 따르면 인간은 유한한 인지공간을 통해서 극대의 대상을 이해할 수 있다. 그리고 극대성을 가진 대상이 존재한다는 것을 누구나 인지할 수 있다는 것이다. 결국, 안셀무스가 믿는 신의 존재는 인간의 인지적 한계를 인정할 때 이해할 수 있는 실재이다.

---

146 C. Hartshorne, "What did Anselm Discover?" *The Many-Faced Argument; Recent Studies on the Ontological Argument for the Existence of God,* J. Hick & A McGill (eds.) (New York : Macmillan Company, 1967), 321-333.

신의 정의가 제시된 『프로슬로기온』은 안셀무스의 철학적 논문이라기보다는 안셀무스의 신앙 고백이 담긴 기도문이다. 여기에서 안셀무스는 신과 대화하면서 깊은 의미가 담긴 새로운 깨달음을 전개해 주고 있다. 안셀무스는 임재하는 신과 대화하면서 신을 이해하려고 노력하고 있는 것이다. 안셀무스가 믿는 신을 이해하는 일은 이성을 포함할 때 성립될 수 있다. 그리고 안셀무스는 이해의 결과가 논리적으로 설명될 수 있다고 생각한다. 안셀무스에 의하면 신앙을 경험하지 못한 어리석은 사람에게도 신은 존재한다. 그러므로 안셀무스에게는 신앙이 부족한 사람도 신의 존재를 이해할 수 있어야 한다. 인간의 믿음이 신 존재의 조건이 될 수는 없기 때문이다.

안셀무스에게 믿음은 하나님을 이해하는 전제이다. 또한 안셀무스에게 믿음은 하나님에 대한 이해를 함의한다. 따라서 안셀무스에게 믿음은 하나님에 대한 이해를 통해 완성되는 것이다.

제 3 장

부분과 전체의 수학과 신학

3.1 초한 수학의 부분과 전체

3.1.1 유클리드의 부분과 전체

유클리드는 『원론』(*Elements*, I.)의 제5공리에서, '전체는 부분보다 크다'라고 천명한 바 있다.[147] 즉 어떠한 부분도 전체와 같을 수 없다는 것이다. 그러나 칸토르의 무한 집합은 유클리드부터 절대적 진리로 여겨지던 전체와 부분의 관계에 대한 공리로부터 자유로운 최초의 수학적 대상이 되었다.

칸토르가 무한의 개념을 처음 수학화한 것은 아니다. 이미 칸토르 이전에 무한에 대한 수학적 개념화의 시도가 있었다. 칸토르와 가까운 시기로 보자면 데데킨트와 볼차노를 생각할 수 있고, 먼 시기로 보자면 아리스토텔레스까지 소급될 수 있다.[148] 무한을 이해하기 위한 역사 내에는 크게 두 가지 견해가 대립하고 있음을 알 수 있다.

(1) 무한은 유한으로부터 구성될 수 있다는 견해.

(2) 무한은 이미 선재하고 있으며 발견될 수 있다는 견해.

---

147 Euclid, "Selections from Euclid's Elements," *God Created the Integers : The Mathematical Breakthroughs that Changed History,* S. Hawking(ed.), (London : Running Press, 2005), 5.

148 성직자이자 수학자였던 볼차노(B. Bolzano 1781-1848)는 무한의 역설에 주목하였는데, 동심원을 가정하고 작은 동심원과 큰 동심원 사이에 일대일 대응이 성립하여 점들의 수가 일치한다고 오해했다.

데데킨트는 자연수와 1-1 대응(one-to-one correspondence)이 존재하는 집합을 무한 집합이라고 정의한다. 그렇다면 자연수를 참조하지 않고 무한성을 인지할 수 있는가? 이 질문에 대하여 칸토르는 새로운 방법을 해법으로 제시한다. 그가 제시한 방법은 무한성을 가진 대상으로서의 집합을 정의하는 것이다. 어떤 집합이 자신의 부분 집합과의 사이에 1-1 대응이 존재할 때, 그 집합은 무한 집합이라고 한다. 여기에서 부분과 전체의 기수가 같음이 무한성의 전제가 되고 있기 때문이다.

3.1.2 갈릴레오의 부분과 전체

1638년 갈릴레오(Galileo Galilei)는 『두 새로운 과학에 대한 대화』(*Discorsi e dimonstrazioni mathematiche intorno a due nuove scienze*, 첫째 날)에서 양의 정수들의 제곱과 양의 정수 사이에 1-1 대응이 가능할 수 있음에 주목했다.[149)]

$$\begin{array}{l} 1,\ 4,\ 9,\ 16,\ \cdots, n^2,\ \cdots \\ 1,\ 2,\ 3,\ \ 4,\ \cdots, n\ ,\ \cdots, \end{array}$$

제곱수들의 수열이 전체 수의 수열과 같다는 이야기가 되는 것이다. 즉 전체의 수와 같은 제곱 수들이 존재한다는 의미이다. 당

149 Galileo Galilei, *Dialogues Concerning Two Sciences*, H. Crew & A. de Salvio (trnas.) (New York : Dover Publications, 1954). 갈릴레오의 원서명에는 '수학적 증명'이란 표현이 포함되어 있다.

시에는 양의 정수가 전체라면, 양의 정수의 제곱은 양의 정수에 포함되는 부분이다. 전체는 부분 보다 크다는 유클리드의 공리가 있음에도 불구하고 전체는 부분 보다 크지 않다. 그러므로 이것은 일종의 패러독스로 여겨질 수밖에 없었다. 그래서 갈릴레오는 유한한 수와 달리 무한한 수의 경우에는 '더 크다' '더 작다' '같다'라는 속성을 서로 비교할 수 없다고 주장했다.[150]

1874년과 1897년 사이에 칸토르는 갈릴레오의 패러독스가 패러독스가 아님을 증명한다. 무한의 세계에서는 전체와 부분이 같음이 증명될 수 있다.

갈릴레오의 패러독스의 두 집합과 자연수들의 집합은

$$0,\ 1,\ 2,\ 3,\ \cdots,\ n-1,\ \cdots,$$

가산적(countable, enumerable, denumerable) 무한 집합에 속한다. 어떤 무한 집합이 가산적 집합이기 위해서는 자연수의 집합과 1-1 대응이 성립되어야 한다. 즉 첫 번째 원소와 0이 대응되고, 두 번째 원소와 1이 대응되고, 등등 계속 대응이 되어야 한다. 여기에서 자연스럽게 각 원소들은 목록(list)에 자리를 잡는 셈이다. 무한한 목록이 존재할 때, 그 집합의 '나열 또는 열거'(enumeration)라고 부른다. 자연수와 대응되는 수를 나열 원소들의 '지수'(index)라고 한다. 예를 들어, 유한 집합의 원소들은 유한의 목록 안에 주어지는 것이다. 그러므로 나열 가능한 집합, 즉 셀 수 있는 가산 집합으로서의 집합에는 나열 가능한 무한 집합과 유한 집합이 포함된다. 예

150 Galileo Galilei, *Dialogues Concerning Two Sciences*, 33.

를 들면, 유리수들의 집합은 나열 가능한 무한 집합이다.

나열 가능한 집합의 원소들에 대한 유한 수열(finite sequences)이 나열하는 도구로서 사용될 수 있다. 이 때, 다음과 같은 대수 방정식의 나열을 얻을 수 있다.

$$a_0x^n + a_1x^{n-1} + \cdots + a_{n-1}x + a_n = 0 \quad (a_0 \neq 0)$$

여기에서 각각의 방정식은 다음과 같이 계수로 표현될 수 있다는 것이다.

$$(a_0, a_1, \cdots, a_{n-1}, a_n)$$

그러므로 대수적 수(algebraic numbers)는 나열 가능한 셈이다. 결국 어떤 집합의 무한성과 유한성은 나열의 방식 즉 세는 방식으로는 결정될 수 없음을 알 수 있다. 그러나 칸토르는 무한 집합 가운데 나열할 수 있는 무한 집합과 나열할 수 없는 무한 집합, 즉 가산적 무한 집합과 비가산적 무한 집합을 결정할 수 있음을 증명한다.

3.1.3 칸토르의 부분과 전체

일일이 나열하지 않고 집합의 크기가 같음을 비교할 수 있는가? 이 문제에 대하여 칸토르는 함수의 개념을 이용하여 무한 집합의 같음을 증명할 수 있는 중요한 구상을 제시한다. 후에 이 정리는

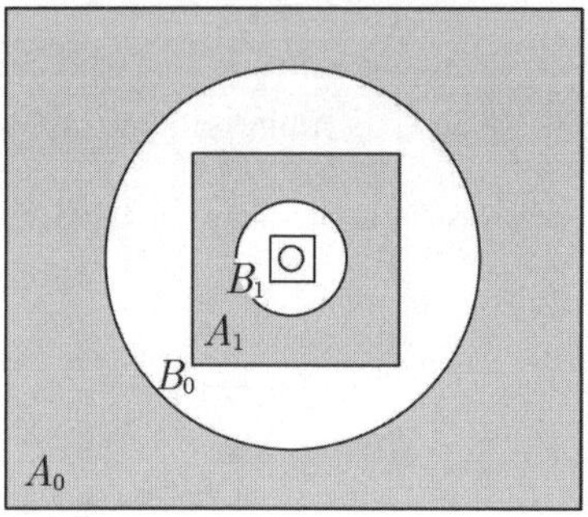

그림 5 칸토르-베른슈타인 구상

칸토르-베른슈타인 정리라고 알려진다.[151)]

칸토르-베른슈타인 정리(Cantor-Bernstein Theorem).

$|A| \leq |B|$이고[152)] $|B| \leq |A|$이면, $|A| = |B|$이다.[153)]

두 함수 $f_1 : A \rightarrow B$와 $f_2 : B \rightarrow A$가 1-1 함수라 하자. 그러면 $B' = f_2[B]$와 $A_1 = f_2[f_1[A]]$에 대하여, $A_1 \subseteq B' \subseteq A$이고 $|A_1| = |A|$이다.[154)] 따라서 $A_1 \subseteq B \subseteq A$이고 f는 A에서 A_1 위로의(onto) 1-1 함수이다.

귀납법(induction)에 의해서 다음을 정의할 수 있다.

$$A_0 = A,\ A_{n+1} = f|A_n| \quad (n \in N)$$

151 '쉬뢰더-베른슈타인 정리'라고 사용되는 명칭은 수정되어야 한다. 쉬뢰더의 증명에 오류가 발견되었기 때문에 칸토르와 베른슈타인의 업적으로 불리는 것이 타당하다. 수학사적 분석을 위해서는 다음을 참조하라. A. Hinkis, *Proofs of the Cantor-Bernstein Theorem : A Mathematical Excursion* (New York : Birkhäuser, 2013).

152 $|A| \leq |B|$는 집합 A에서 집합 B로의 1-1 함수가 존재함을 의미하며, 집합 A의 기수는 집합 B의 기수보다 작거나 같음을 표현한다.

153 $|A| = |B|$는 두 집합 A, B가 동일한 기수(cardinality)를 가지고 있음을 표기한 것이다. A에서 B위로의(onto) 1-1 함수가 존재할 때 두 집합은 동일한 기수를 가진다.

154 여기에서 $f[A] = \{b : \exists a \in A, (b = f(a))\}$로 정의하고, 함수 f에 의한 집합 A의 이미지(image)라고 한다.

$$B_0 = B,\ B_{n+1} = f|B_n| \quad (n \in N)$$

그리고 집합 A위에서의 함수 g가 다음을 만족하도록 정의할 수 있다.

어떤 n에 대하여 $x \in A_n - B_n$이면, $g(x) = f(x)$.

어떤 n에 대하여 $x \not\in A_n - B_n$ 이면, $g(x) = x$.

그러면 g는 A에서 B 위로의(onto) 1-1 함수이다. 따라서 $|A| = |B|$임이 증명된다. 이 증명에 대한 중요한 구상을 그림으로 표현하면 그림(칸토르-베른슈타인 구상)과 같다.

칸토르-베른슈타인의 정리에 의하면, 두 집합 A, B에 대하여, 다음이 성립한다.

(1) 집합 A와 집합 B의 기수가 같다는 것은 서로 1-1 포함 함수(inclusion map)를 가지고 있다는 것을 의미한다.

(2) 집합 A가 집합 B의 부분 집합과 기수가 같고, 집합 B가 집합 A의 부분집합의 기수와 같으며, 두 집합 M, N의 기수는 같다.

(3) 두 집합 사이에 1-1 대응이 존재할 때, 두 집합은 대등(equipotent)하다고 한다.

결론적으로, 집합이란 일자(One)로 생각될 수 있도록 허용하는 다자(Many)라는 칸토르의 표현은 타당하다.[155)]

155 G. Cantor, "Grundlagen einer allgemeinen Mannigfaltigkeitslehre (1883)," *Gesammelte Abhandlungen*, 204.

3.2 초한 신학의 부분과 전체

3.2.1 아퀴나스의 부분과 전체

무한의 이해와 관련하여 칸토르([1887])는 아퀴나스의 『신학대전』(*Summa Theologia*)으로부터 다음의 내용을 직접 인용하고 있다 ("Mitteilungen zur Lehre vom Transfiniten").[156]

> "실제로 무한한 수의 존재는 불가능하다. (1) 대상들의 임의의 집합은 '특정한' 집합임에 틀림없다. '그리고 대상들의 집합들은 대상들의 수에 의해서 특정된 것이다. 무한한 수는 없다.' 왜냐하면 수는 단위들 안에 있는 집합을 통해서 셈하는 것으로부터 나오기 때문이다. 그래서 대상들의 집합은 실제로 내재적으로는 제한이 없을 수는 없다. 또한 대상들의 집합은 우연히 제한이 없을 수도 없다. (2) 세계 내에 존재하는 대상들의 모든 집합은 창조된 것이다. 그리고 창조된 것이라면 예외 없이 창조자의 '어떠한 확정적 목적에 종속되는 것이다.' '왜냐하면, 원인들은 결코 목적이 없는 방향으로 작동될 수 없기 때문이다.' 그러므로 모든 창조된 대상들은 확정되어 있는 수 매김(enumeration)에 종속된 것임에 틀림없다. 따라서 우연하게 제한없는 대상들에 대한 단 하나의 수도 실제로 존재할 수 없다." (*Summa Theologiae*, I, q.7, a.4.)

칸토르에 의하면, (1)의 주장은 성립될 수 없다. 아퀴나스의 주

156 G. Cantor, "Mitteilungen zur Lehre vom Transfiniten (1887)," *Gesammelte Abhandlungen mathematischen und philosophischen Inhalts*, 403-404.

장에 의하면, 임의의 집합은 기수를 가져야 한다. 모든 집합은 유한이라는 것이다. 그러나 칸토르의 초한 집합에 의해서 아퀴나스의 주장은 부정된다.

칸토르에 의하면, (2)의 주장은 성립될 수 없다. 아퀴나스에 의하면, 임의의 집합은 목적을 가져야 한다. 확정적 목적은 유한이다는 것이다. 그러나 칸토르의 초한 집합에 의해서 아퀴나스의 주장은 부정된다.

'실무한은 존재하지 않는다'(*infinitum actu non datur*).[157] 아퀴나스는 이미 무한수의 존재를 부정하고 있었다. 그러므로 무한의 실현도 부정할 수밖에 없다. 이러한 입장은 아리스토텔레스부터 중세 신학을 거치면서 의문의 여지가 없이 받아들여야 하는 명제였다. 그러나 칸토르는 초한수의 존재 증명을 통해 아퀴나스의 주장이 성립될 수 없음을 증명한다.

아퀴나스는 오직 신만이 무한이라고 주장한다. 만들어진 세계와 대상들은 유한하다는 것이다.[158] 이에 반하여 칸토르는 신은 절대적 초한으로서의 실무한(*Absolutum*)으로 이해하고, 물리적 세계와 수학적 세계는 상대적 초한으로서의 실무한(*Transfinitum*)으로 이해하고 있다. 따라서 아퀴나스의 신학과는 달리 칸토르의 신학은 자연을 실무한으로 이해하는 자연 신학이다. 칸토르에게 자연은 실

157 G. Cantor, "Grundlagen einer allgemeinen Mannigfaltigkeitslehre (1883)," *Gesammelte Abhandlungen mathematischen und philosophischen Inhalts*, 173-174.

158 F. Copleston, *A History of Philosophy 2 : Mediaeval Philosophy Augustine to Scotus* (Westminster, The Newman Press, 1962), 347-362; R. Rucker, *Infinity and the Mind*, 49.

무한의 무한성을 지닌 세계이고, 그 안에서는 부분과 전체가 같을 수 있다.

칸토르는 먼저 무한한 신의 존재를 믿고, 신의 무한성에 근거하여 초한 집합의 존재를 믿었다.[159]

> "신은 가장 고귀한 완전성을 가진 분이기 때문에, 신은 무한의 영역을 창조하실 수 있다는 결론이 가능하다. 그러므로 신의 순수한 선의와 위대함 덕분에, 우리는 실제로 창조된 무한이 존재한다는 결론을 얻을 수 있다."

신은 완전한 존재이다. 그러므로 신은 무한의 영역을 창조할 수 있다.[160] 칸토르의 신학에 의하면 무한은 현실적으로 존재한다. 무한이 존재한다는 것은 신의 질서 내에 포함되는 것이다. 그래서 칸토르는 무한의 이해를 통하여 자유롭게 신에게 접근할 수 있었다.

> "창조적으로 가능한 것의 기원에 관한 통찰을 모두 확장시킨다면 틀림없이 신에 대한 지식의 확장이 이루어진다."[161]

---

159 M. Hallet, *Cantorian Set Theory and Limitation of Size* (Oxford : Clarendon Press, 1984), 23.

160 J. Dauben, *Georg Cantor : His Mathematics and Philosophy of the Infinite* (New Jersey : Princeton University Press, 1990), 145-146.,

161 R. Thiele, "Georg Cantor (1845~1918)," *Mathematics and the Divine : A Historical Study*, T. Koetsier and L. Bergmans (eds.) (Amsterdam : Elsevier, 2005), 535.

3.2.2 쿠자누스의 부분과 전체

칸토르의 무한 신학과 15세기의 신학자이자 수학자였던 니콜라스 쿠자누스의 무한 신학 사이에는 연속성이 있다.[162] 현대 수학자 클라인(Felix Klein)은 무한을 이해하는 점에서 칸토르는 쿠자누스의 신학적 영향을 받았다고 보았다.[163]

(1) 쿠자누스는 신을 '최대의 무한'으로 이해한다.[164] 동시에 그는 신을 '최소의 무한'로 이해해야 한다고 생각한다. 신에게는 무한에 대한 '대립의 합일' (*coincidentia oppositorum*)이 허용될 수 있기 때문이다.

(2) 쿠자누스의 분석에 의하면, 다음과 같은 상대성과 절대성

---

162 쿠자누스가 수학 분야를 위해 공헌한 작품으로는 *De staticis experimentis* (1450), *De transmutationibus geometricis* (1450), *De mathematicis complementis* (1453), *De mathematica perfectione* (1458) 등이 있다.

163 R. Thiele, "Georg Cantor(1845~1918)," 533.

164 쿠자누스의 수학과 신학을 위해서는 다음을 참조하라. 김형수, 『니콜라우스 쿠사누스의 신 인식과 자기 인식-신 개념을 통한 정신의 인식 가능성- 』(서울 : 누멘, 2012); E.Cassirer, 『르네상스 철학에서의 개체와 우주』박지형 옮김 (서울 : 민음사, 1996); E. Brient, "How Can the Infinite be the Measure of the finite? : Three Mathematical Metaphors from *De docta ignorantia*," *Cusanus : The Legacy of Learned Ignorance*, P.Casarella (ed.) (Washington, D.C. : The Catholic University of America Press, 2006), 210-225; T. Albertini, "Mathematics and Astronomy," *Introducing Nicholas of Cusa : A Guide to a Renaissance Man*, C. Bellitto, T. Izbicki, G. Christianson (eds.) (New York : Paulist Press, 2004), 373-406; F. Copleston, *A History of Philosophy 3 : Ockham to Suarez* (Westminster, The Newman Press, 1962), 231-247.

을 갖는 대립 관계가 발견된다.

인간	신
유한성	무한성
무지	지혜
아무것도 아님	모든 것
유한한 수학	무한한 수학
유한한 신학	무한한 신학
부분	전체

(3) 유한한 인간의 무지와 하나님의 진리는 그리스도 안에서 대립의 합일이 이루어질 수 있다. 즉 하나님의 무한성은 알 수 없지만 그리스도 안에 참여함으로써 무한성을 깨닫는 신학이 강조된다. 쿠자누스에게는 무지함에 대한 깨달음이 곧 신학의 시작이다. 『무지의 지혜』(*docta ignorantia*)는 곧 인식의 세계에 대한 대립의 합일이다. 절대 무한성으로서의 신에게는 대립적 대상들이 대립 없이 존재한다(*De visio Dei*, 13). 무한성 안에서는 어떠한 대립도 없기 때문이다.

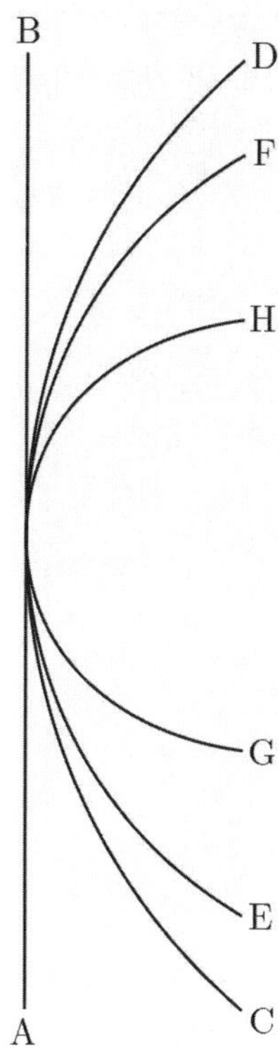

그림 6 최대선

(4) 최대선 (maximum line)의 그림에 의하면, AB는 직선이고 CD, EF, GH는 원주의 곡선들이다. 쿠자누스는 원의 지름을 최대

화하면 원주는 최소한 구부러져서 직선과 일치하게 될 것으로 주장했다. 최대와 최소의 일치가 성립될 수 있다는 것을 수학적으로 보여주고자 하는 것이다.

(5) 원과 다각형의 그림을 통해서 쿠자누스는 하나님과 인간의 인지의 문제를 보여준다. 여기에서 다각형에서 선의 수가 무한하게 늘어나면 원과 같아지는 것으로 여길 수 있다. 즉 무한의 다각형이 된다면 원과 직선은 만날 수 있다는 의미이다. 다른 한편, 다각형의 직선을 무한하게 줄인다면, 하나의 점처럼 보일 수도 있다. 무한을 전제할 때, 원의 둘레와 원의 중심은 다른 것이 아닌 셈이다 . 이러한 생각과 이해는 중세의 수학에 해당된다.

(6) 그러나 여기에서 쿠자누스는 중세의 수학과 신학을 넘어선다. 그는 아무리 다각형의 꼭지점을 무한하게 늘린다고 해도, 결코 원이 될 수 없다는 근대의 수렴(limit) 개념을 이미 이해하고 있었다.

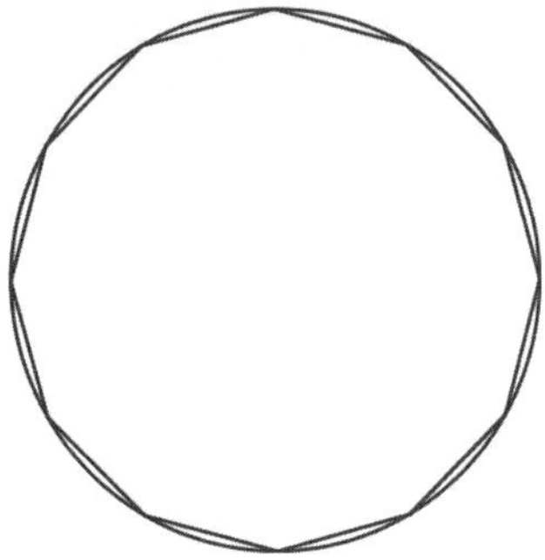

그림 7 원과 내접한 다각형

쿠자누스에 의하면, 다음의 관계가 성립된다.

원 : 다각형 = 신(진리) : 인간

다각형으로서의 인간이 아무리 원에 가까이 다가간다고 하더라도 결코 원으로서의 신에 도달할 수는 없다는 것이다(*De docta ignorantia*, I. 3).

> "인지와 진리(신을 의미함) 사이의 관계는 마치 원에 점점 더 가까울수록 더 많은 각을 지니게 되는 다각형과 원 사이의 관계와 같다. 다각형의 각이 무한히 많아지더라도 원과 동일하게 될 수 없으므로, 다각형은 결코 원과 같은 것으로 해결되지 않을 것이다."

(7) 쿠자누스는 유한한 인간은 무한한 신을 알 수 없다는 부정의 방법론을 사용한다. 이런 점에서 그의 신학은 부정신학(negative theology)이라고 볼 수 있다. 또한 긍정과의 신비로운 합일을 추구한다는 점에서 신비신학(mystical theology)이라고 할 수 있다.

(8) 쿠자누스는 『무지의 지혜』(*De docta ignorantia*)에 신과 세계와 그리스도를 다음과 같이 정의했다.

(8.1) 신을 '절대적 최대'(*maximum absolutum*)로 정의(*De docta ignorantia*, I),

(8.2) 창조된 세계를 '축소된 최대'(*maximum contractum*)로 정의(*De docta ignorantia,* II)

(8.3) 절대적 최대와 축소된 최대에 대한 '대립의 합일'로서 예수 그리스도를 '최대 인간'(*homo maximus*)으로 정의(*De docta ignorantia,* III).

(9) 여기에서 쿠자누스는 자신의 수학적 기독론(Mathematical Christology)을 정립하고 있다. 성육화한 그리스도는 절대 최대인 신과 축소 최대인 우주 사이의 대립의 합일이다. 이때, 쿠자누스는 그리스도를 '최대 인간'(*homo maximus*)라고 부른다(*De docta ignorantia*, III). 쿠자누스에 의하면, 신의 형상으로서의 인간은 그리스도 안에서만 최대화될 수 있다.

"그리스도에 대한 신앙의 신성한 효력은 말로 설명할 수가 없다. 왜냐하면 신앙이 성장하여, 예수 그리스도와의 합일에 어울리지 않는 모든 것을 뛰어넘을 때, 예수 그리스도와 신자를 하나로 묶어주기 때문이다. " (*De docta ignorantia,* III. 11.5)

(10) 쿠자누스의 무한의 수학과 신학은 부정신학이면서 동시에 신비의 신학을 허용한다. 쿠자누스에 의하면 무한의 신학

은 부분과 전체의 문제를 넘어서서 다음을 강조하고 있다.

(10.1) 인간의 지식은 유한하다. (무지의 상태를 벗어날 수 없음)

(10.2) 신의 진리는 무한하다. (신의 진리에 도달할 수 없음)

(10.3) 그리스도 안에서 인간의 유한한 지식은 신의 무한한 진리와 만날 수 있다. (신 안에서만 모든 대립은 합일될 수 있음)

인간의 무지(*ignorantia*)에 대한 깨달음이 바로 진정한 신학적 지혜(*docta*)이다. 쿠자누스에게 그리스도는 무한과 유한을 연결해 주는 신비로운 공간이다. 그리스도 안에서 인간은 신을 볼 수 있고 하나가 될 수 있다. 무한 안에서 최대와 최소의 합일이 성립될 수 있기 때문이다.

> "우리가 무지에 대하여 더 깊이 인지하게 될수록, 그 만큼 우리는 더 가까이 진리 자체에 다가서게 될 것이다." (*De docta ignorantia,* I. 3)

3.3 수학신학의 부분과 전체

3.3.1 신의 무한성

무한성이 신에 대한 성서의 직접적인 표현은 아니다. 하나님의 속성에 대한 표현 중 영원성과 무소부재성과 전능성 등을 분석해 볼 때, 다음과 같은 무한성의 개념을 충분히 발견할 수 있다.

(1) 시간적 무한성으로서의 신의 영원성

(2) 공간적 무한성으로서의 신의 편재성

(3) 에너지적 무한성으로서의 신의 전능성[165)]

이외의 다양한 표현과 술어에서 의미하고 있는 하나님의 속성들도 무한성과 무관하다고 할 수 없다. 성서에서 증언되고 있는 하나님의 무한성은 어떤 면에서는 '비교불가능성으로서의 무한성'으로 정의될 수도 있다. 예를 들면, 거룩함에 있어서는 비교불가능한 거룩함을 의미하고, 사랑에 있어서는 비교불가능한 사랑을 의미하기 때문이다. 그러므로 성서가 함의하는 무한성에는 단지 유한의 반대 개념으로서의 무제한을 초월하여 질적인 구분을 강조하는 독립적이고 완성적인 신성한 무한성이 전제되어 있다. 그런데 유한

165 힘(force)과 관련된 무한성으로 해석하는 것도 가능하다.

에 대한 반대를 위해서는 유한을 사용해야만 하고, 신의 무한을 이해해야만 하는 주체가 유한한 존재인 인간이라는 점에서 논리적으로 풀기 어려운 역설적 과제가 발생한다.

3.3.2 칸토르-베른슈타인의 신학

칸토르-베른슈타인 정리(Cantor-Bernstein Theorem).

$|A| \leq |B|$이고 $|B| \leq |A|$이면, $|A| = |B|$이다.

칸토르-베른슈타인의 정리에 의하면, 신약성서의 『요한복음서』에 나타난 인간과 신의 관계를 해석할 때 더 풍부한 의미를 발견할 수 있다.[166] 『요한복음서』에서 보여주고자 하는 예수의 정체성은 바로 신의 정체성과 같다(『요한복음서』20:28). 그래서 『요한복음서』에서는 예수와 하나님이 하나라고 명시되며 강조되고 있다.[167]

"나와 아버지는 '하나'(*hen*)이다" (『요한복음서』 10:30)

유대인들이 돌을 들어 예수를 치려고 한 이유도 바로 예수가 자칭 하나님이라고 함에 있었다는 것인데, 이에 대하여 예수는 부인

166 현우식, "요한복음에 나타난 동일화의 논리," 『신약논단』 17(4) (2010) : 925-947를 참조하라.

167 요한복음에서 예수와 신의 일치관계는 일(5:17), 공경의 대상(5:23), 판단(8:16), 인식의 대상(8:19), 영접의 대상(13:20), 믿음의 대상(14:1), 시각적 대상(14:9), 미워함의 대상(15:23), 창세 전 영광의 소유(17:5), 소유(17:10)에 관하여 다양하게 적용되고 있다.

하지 않은 것으로 보도되고 있다(『요한복음서』10:22-39). 이 문제가 예수의 생사가 걸린 문제로 표현되었다는 것은 동시에 요한공동체에게도 그만큼 중대한 문제였음을 암시해 준다.[168] 유대인들이 예수를 죽이고자한 사유가 예수가 자신을 하나님과의 동등한 위치에 놓았기 때문이라는 보도(『요한복음서』5:18) 역시 요한공동체의 가장 시급하고도 중요한 생존의 문제를 반영한 것이다. 요한공동체가 유대교 회당에서 축출되었다는 사건(『요한복음서』9:22)을 감안하면, 축출의 원인이 바로 예수와 신이 하나라는 고백과 관련되어 있다고 볼 수 있다. 이처럼 핵심적인 문제를 요한공동체는 다음과 같은 논리로 풀었다.

(1) "너희는 아버지께서 내[예수] 안에(en) 계시고 또 내가 아버지 안에(en) 있다는 것을 깨달아 알게 될 것이다." (『요한복음서』 10:38b)

(2) "내[예수]가 아버지 안에(en) 있고 아버지께서 내 안에(en) 계시다는 것을 네가 믿지 않느냐?" (『요한복음서』 14:10a)

(3) "아버지, 아버지께서 내[예수] 안에(en) 계시고, 내가 아버지 안에(en) 있는 것과 같이 그들[제자들]도 하나가 되어서 우리 안에(en) 있게 하여 주십시오." (『요한복음서』17:21a)

---

168 W. Meeks, "Equal to God," R. Fortna & B. Gaventa, eds., *Conversation Continues : Studies in Paul and John,* (Nashville : Abingdon Press, 1990), 309-321.

여기에서 공통적으로 사용되고 있는 “안에(en)”라는 개념은 집합론의 언어로 보면, 포함관계 $\subseteq$ (inclusion)에 해당된다. 작은 집합은 큰 집합 안에(en) 포함된다. 신을 집합 G로 표현하고, 예수를 집합 J로 표현하고, 제자들을 집합 D라고 표현하자. 집합론에의 언어와 논리에 의하면, 다음과 같이 (1)과 (2)가 전하는 내용의 구조를 표현할 수 있다.

(4) $G \subseteq J$, $J \subseteq G$[169)]

(4)는 기수(cardinal number)의 정의에 의해 다음 (5)와 같다.

(5) $|G| \leq |J|$, $|J| \leq |G|$

칸토르-베른슈타인의 정리에 의하면, (5)로부터 다음이 성립한다.

(6) $|G| = |J|$

즉, G와 J는 같은 집합이다. 즉 신과 예수가 같은 집합임이 증명된다.[170)]

---

169 외연 공리(Axiom of Extension)에 의하면, (4)는 곧 $G \sim J$와 같다.

170 집합론에 의하면, (6)은 G에서 J로의 1-1대응함수(one-one correspondence, 1-1 onto mapping)가 존재한다는 것을 의미한다.

(1)과 (2)에 의해서, 하나님은 예수의 속성을 만족하는 모든 원소를 포함할 수 있고 예수는 하나님의 속성을 만족하는 모든 원소를 포함할 수 있다.[171] (6)과 (3)으로부터 다음 (7)이 성립된다.

(7) $|G|=|J|=|D|$

여기에서 신과 예수와 제자가 같은 집합임이 증명된다.[172]

3.3.3 요한복음서의 부분과 전체

큰 집합과 작은 집합, 즉 전체와 부분이 하나가 된다는 것은 무한 집합의 세계에서만 가능하다.[173]

> "아버지는 나보다 크심이라"(『요한복음서』 14:28)

예수는 신보다 작은 집합에 해당된다. 작은 집합과 큰 집합이

---

171 공리적 집합론에서는 "Axiom of Extension"와 "Axiom of Comprehension"에 의해 설명된다.

172 요한공동체는 자신들을 하늘로부터 내려온 사람들로 정의하였다. 요한은 (i) 천상의 삶, (ii)지상에로의 하강, (iii)천상에로의 상승의 삼중구조 속에서 예수를 이해하였고, 요한공동체 자신들을 이해하였다.

173 집합 K가 유한집합이기 위한 필요충분조건은 임의의 1-1 함수 $f: K \to K$가 반드시 위로의(onto) 함수라는 것이다. 반면 집합 K가 무한 집합이기 위한 필요충분조건은 1-1 이지만 위로의(onto) 함수가 아닌 함수 $f: K \to K$가 존재한다는 것이다.

하나가 된다는 것은 유한의 세계에서는 불가능하며 무한의 세계가 전제될 때 가능한 사건이다. 무한의 세계를 전제할 때, 하나님과 예수와 제자들이 같은 집합이라는 요한복음서의 명제는 충분히 성립될 수 있는 것이다. 칸토르-베른슈타인의 정리와 관련하여 볼 때, 요한공동체는 초한의 세계를 전제하고 있었다고 할 수 있다. 『요한복음서』를 통해 고백되었던 신과 예수의 같음, 그리고 신과 예수과 제자들의 같음은 칸토르의 초한 집합론 내에서 논리적으로 증명될 수 있다.

요한복음서의 독특한 동일화 논리에 의하면 다음의 로고스(*logos*) 기독론과 관련된 성구에 대한 새로운 해석이 가능하다.[174)]

(1) 태초에 '로고스'가 계셨다. (『요한복음서』1:1)

(2) 그 '로고스'는 하나님과 함께 계셨다. (『요한복음서』1:1)

(3) 그 '로고스'는 '하나님'이셨다. (『요한복음서』1:1)

여기에서 (1)은 로고스로서의 그리스도가 창조된 존재가 아니라 선재하는 신성한 존재임을 강조하고 있다. (2)은 로고스로서의 그리스도가 하나님과 함께 있었다는 것을 명시함으로써 그리스도와

174 존재하는 것들 사이의 비례(ratio)를 통해서 신이 창조한 세계의 질서를 이해할 수 있고, 그 비례를 연구하는 것이 수학적 로고스(logos)라는 것이 그 시대의 사유양식이었다. 그러므로 신학적 로고스를 이해하는 것은 수학적 로고스를 이해하는 것과 다르지 않았다.

하나님이 두 존재임을 강조하고 있다. (3)은 로고스로서의 그리스도가 하나님과 한 존재임을 강조하고 있다. 종합하면, 예수 그리스도는 창조되지 않고 하나님으로부터 난 존재이며, 하나님과 한 분인 존재임을 천명하고 있는 것이다. 이러한 주장의 수학신학적 의미를 표현하면 다음과 같다.

(1) 로고스는 존재하는 모든 대상들에 대하여 전체 집합에 해당한다. 그러므로 로고스는 어떤 집합의 원소가 될 수 없다.

(2) 로고스로서의 집합이 존재하며 하나님으로서의 집합이 존재하고, 두 집합은 함께 존재한다.

(3) 로고스는 하나님과 하나의 집합이다.

여기에서 (1)은 로고스가 어떤 집합의 원소가 될 수 없음을 표상하고, (2)는 공재하시는 그리스도와 하나님의 '비동일 인격'을 표상하며, (3)은 그리스도와 하나님의 '동일 본질'을 표상한다.

3.3.4 요한복음서의 무한과 하나님

요한복음서가 보여주는 무한은 분리되었던 신과 재회하는 인간 체험의 중요한 상징이었다. 칸토르의 집합론이 제공하는 통찰을 통해서 요한 그리스도론이 제공하고 있는 다음과 같은 특별한 수학신학적 함의를 발견할 수 있다.

(1) 칸토르의 무한의 세계를 전제할 때, 요한복음서에 나타난 부분과 전체가 하나임이 증명될 수 있다.

(2) 칸토르의 무한의 세계를 전제할 때, 요한이 주장하는 전체로서의 신과 부분으로서의 예수가 하나임이 증명될 수 있다.

(3) 칸토르의 무한의 세계를 전제할 때, 요한이 주장하는 전체로서의 신과 부분으로서의 인간이 하나임이 증명될 수 있다.

(4) 칸토르의 무한의 세계를 전제할 때, 요한이 주장하는 전체로서의 예수와 부분으로서의 제자가 하나임이 증명될 수 있다.

(5) 칸토르-베른슈타인 정리에 의하면, 요한복음서에 나타난 무한 영역 내의 동일화의 논리는 타당하다.

제 4 장

대각화 논증으로서의 수학과 신학

4.1 대각화 논증으로서의 수학

4.1.1 대각 관계

대각화 논증(diagonalization)을 논의하기 위해, 대각 관계(diagonal relation)를 정의할 필요가 있다. 집합 X의 관계를 다음과 같이 정의할 때,

$$\{(x, x) | x \in x\}$$

이 관계를 집합 X의 대각 관계(diagonal relation)이라 부르거나 항등 관계(identity relation)라고 부른다. 대각 관계는 원소 자체 x 와 원소 자체 x 사이의 관계를 말해주고 있다.[175)]

4.1.2 피타고라스의 대각화

역사적으로 볼 때, 대각화 논증의 시작은 피타고라스가 남긴 업적에서 발견된다. [176)] 피타고라스는 수학과 신학을 체계적으로 통합한 최초의 천재적 인물이다.[177)]

175 R. Smullyan, *Diagonalization and Self-Reference* (Oxford : Oxford University Press, 1994).

176 피타고라스의 수와 무리수에 관하여는 A. Wilson, *The Infinite in the Finite* (Oxford : Oxford University Press, 1995), 375-382를 참조하라.

177 B. Russell, *History of Western Philosophy* (London : Routledge, 2004),

(1) 피타고라스에 의해서 종교의 신비로운 세계는 수학적으로 이해되었다. 그래서 우리는 신비적 세계에 대한 수학적 합리화를 '피타고라스 주의'(Pythagoreanism)라고 부른다.[178]

(2) 세계는 수학자로서의 신이 만든 세계이다. 피타고라스는 이렇게 질서 즉 비례가 있는 세계를 '코스모스'(kosmos)라고 정의했다. 세계에 질서가 있다는 것은 곧 세계에 비례가 있다는 것이다. 그러므로 수의 비례는 수의 질서이다.

(3) 수를 이해하는 작업이 곧 신을 이해하는 작업이다. 왜냐하면 피타고라스는 추상과 구체 사이를 비례(ratio)를 통해서 이해할 수 있고, 그 비례를 연구하는 것이 수학적 로고스(logos)라고 생각하기 때문이다. 그러므로 피타고라스에게 수학적 로고스를 이해하는 것은 신학적 로고스를 이해하는 것과 같았다.

(4) 피타고라스에 의하면, 사람이 마땅히 배워야 할 학문이 네 가지가 있고, 그 네 가지 학문은 다음과 같은 관계를 가지고 있다.

산술 : 음악 = 기하학 : 천문학

38-45.

178 R. Netz, "The Pythagoreans," *Mathematics and the Divine : A Historical Study*, T. Koetsier & L. Bergmans (eds.) (Amsterdam : Elsevier, 2005), 77-97.

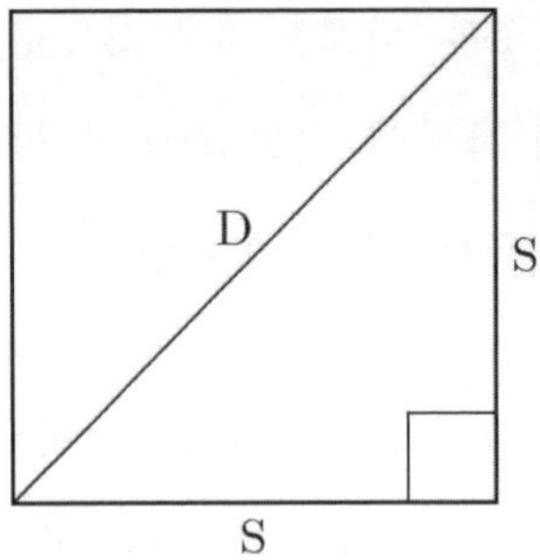

그림 8 피타고라스의 대각선

여기에서 '인간으로서 마땅히 배워야 하는 것'을 그리스어로 '마테시스'(mathesis)라고 한다. 이 용어가 후에 수학을 표현하는 '마테마티카'(mathematica)로 전개된 것이다.

(5) 피타고라스에게 '수'는 곧 '라티오'(ratio) 곧 질서로서의 비례를 가진 수를 의미한다. 그러므로 "모든 것은 수이다" 라는 피타고라스의 명제는 사실 모든 것은 질서로서의 비례를 가진 수, 즉 '정수'(integers)임을 주장하는 것이다. 피타고라스에게 비례의 수, 즉 질서의 수 이외에 다른 수란 존재할 수 없었다.

(6) 피타고라스의 대각선 그림에서 사각형의 대각선 D는 두 변 S와 삼각형을 이룬다.

여기에서 피타고라스는 다음의 법칙이 존재하고 있음을 발견했다.

$$D : S : S = D^2 : S^2 : S^2$$

이것으로부터, 피타고라스는 다음의 관계를 추론할 수 있었다.

$$D^2 = S^2 + S^2$$

(7) 피타고라스에게 신을 의미하는 수는 1이다. 그런데 이 수를 앞의 비례관계에 적용할 때 예상치 못한 중대한 문제가 발생했다. 피타고라스에게 1은 모든 수를 형성하는 단위(unit)였다. 그러므로 단위로서의 1은 수에 포함되지 않는 것이다. 여기에서 1은 수라기 보다는 수의 기본인 셈이다.

그런데 1을 S에 대입하면, D는 비례의 수가 될 수 없음이 증명된다. 즉 신을 S에 대입할 때, D는 비례의 수가 될 수 없음이 증명되는 셈이다. 그러므로 $D^2/S^2=2$일 때, D는 존재할 수 없는 수를 함의하고 있다. 오늘날 우리는 $D=\sqrt{2}$ 임을 이해할 수 있지만, 당시 피타고라스에게는 $D=\sqrt{2}$ 가 '비례가 없는 수'의 발견을 의미하는 것과 다를 바가 없었다. 현재 무리수(irrational numbers)라는 표현도 '비례가 없는 수'라는 의미로부터 유래된 것이다.

(8) 존재할 수 없는 수의 발견은 곧 코스모스의 파괴에 대한 발견을 의미한다. 그러나 다른 차원에서 볼 때, 이 발견은 새로운 코스모스의 발견을 의미한다. $D:S$의 새로운 비례의 파괴는 기존의 질서와 진리의 개념에 대한 도전이었으나, 새로운 질서와 진리에 대한 시작이었던 것이다. 대각선의 비례 내에서 '비례가 없는 비례'가 발견된 것이다.

(9) 피타고라스가 발견한 미지의 세계는 비례의 한계가 부정된 세계라고 생각하여 '아페이론'(*apeiron*)이라 불리게 된다. 여기에서 아페이론이 곧 고전적 무한의 세계를 대표한다. 그

래서 고대의 무질서로서의 무한은 긍정적인 의미로 해석될 수 없었던 것이다.

피타고라스의 대각화 논증(diagonalization)은 기존의 코스모스에서 적용되는 진리가 무엇인지 체계적으로 보여준다. 동시에 기존의 코스모스를 넘어서는 새로운 코스모스가 필요함을 논리적으로 보여주고 있다. 피타고라스는 비례의 시스템으로부터 비례가 없는 수가 존재할 수 있음을 증명한 셈이다.

4.1.3 칸토르의 대각화

현대 수학에서 미지의 세계를 보여준 것으로 평가되는 칸토르는 또 다른 차원에서 대각화 논증을 사용했다. 그는 대각화의 논증을 통해 실수의 전체 집합의 기수가 자연수의 전체 집합의 기수보다 더 크다는 것을 증명한다("Über eine elementare Frage der Mannigfaltigkeitslehre,"[1891]).[179] 곧 실수 전체의 집합이라는 무한 집합이 자연수 전체의 집합이라는 무한 집합 보다 크다는 것을 증명한 것이다. 이때부터, 큰 무한과 작은 무한으로 무한을 비교할 수 있게 되었다.

칸토르의 대각화 그림에서 볼 수 있듯이, 자연수 n에 대하여 함수 f는 셀 수 있는 목록으로 배열될 수 있다. 즉, 첫 번째 줄의 함

179 G. Cantor, *Gesammelte Abhandlungen mathematischen und philosophischen Inhalts*, 278-281.

수를 $f_0(n)$이라고 하고, 두 번째 줄의 함수를 $f_1(n)$라고 하자. 이런 식으로 함수를 무한히 셀 수 있다.

여기에서 대각선의 수열에 대하여 1을 더하여 $f(n)$을 다음과 같이 정의한다.

$$f(n) = f_n(n) + 1$$

$$\begin{array}{ccccc}
f_0(0) & f_0(1) & f_0(2) & f_0(3) & \cdots \\
& \searrow & & & \\
f_1(0) & f_1(1) & f_1(2) & f_1(3) & \cdots \\
& & \searrow & & \\
f_2(0) & f_2(1) & f_2(2) & f_2(3) & \cdots \\
& & & \searrow & \\
f_3(0) & f_3(1) & f_3(2) & f_3(3) & \cdots
\end{array}$$

그림 9 칸토르의 대각화

이렇게 정의된 함수는 주어진 나열 $f_0(n), f_1(n), f_2(n) \cdots$.에 나타나지 않는다. 1을 더했기 때문이다.

만약, 임의의 자연수 k에 대하여, 다음이 성립한다고 가정하자.

$$f(n) = f_k(n)$$

n을 k로 치환하면, 다음이 성립한다.

$$f(k) = f_k(k) = f_k(k) + 1$$

이는 모순이다. $f_k(k) = f_k(k) + 1$ 은 불가능하기 때문이다. 결국, 대각선의 수열은 셀 수 있는 목록에 포함되지 않는다는 것이 증명된다. 셀 수 있는 목록에 포함된다는 가정에 모순이 되므로, 가정은 폐기될 수밖에 없다. 명백하게, 대각의 수열은 셀 수 있는 목록에 포함되지 않는다. 대각의 수열은 셀 수 없는 비가산의 집합에 포함된다.

우리는 칸토르의 대각화 논증을 통하여 실수의 초한 집합의 존재, 즉 비가산적 초월수의 존재, 비대수적 초월수의 존재를 증명할 수 있다. 칸토르는 '셀 수 있는' 초한 자연수의 세계로부터 대각화 논증(diagonalization)을 통해 '셀 수 없는' 새로운 초한수의 존재를 발견해 주었다. 피타고라스의 경우처럼, 칸토르는 존재해서는 안 되는 초한수의 존재, 존재할 수 없는 초한수의 존재를 발견한 것이다.

4.1.4 괴델의 대각화

괴델은 칸토르의 대각화 논증의 방법을 채택하여 불완전성 정리를 증명했다. 괴델의 제1불완전성 정리(1931)는 다음과 같다.[180]

"페아노 산술 시스템을 포함하는 무모순의 형식시스템이라면, 그

180 괴델에 대하여는 다음의 연구를 기반으로 하여 심화 및 확대한 것이다. 현우식, 『신의 존재에 대한 괴델의 수학적 증명』 (서울 : 경문사, 2013), 현우식, "쿠르트 괴델의 수학적 신학," 『한국기독교신학논총』 49 (2007) : 171-196, 현우식, "괴델이 보는 수학의 토대," 『한국수학사학회지』20 (3), (2007) : 17-26.

형식시스템 내에는 참이지만 증명할 수 없는 명제가 존재한다."

괴델의 제2불완전성 정리(1931)는 다음과 같다.

"형식이론이 무모순이면, 그 형식이론의 무모순성은 그 형식이론 내에서 증명될 수 없다."

괴델은 불완전성 정리를 증명하는 과정에서 대각화 논증을 사용했다. 대각화 논증은 다음과 같은 명제 G를 형식화(formalization)하기 위해서 필요하다.

$G \equiv$ "나는 증명될 수 없다"

이 명제는 자기를 지시하는 명제(self-referential sentence)이다. 자기의 증명이 가능하지 않음을 나타내는 참의 명제(true sentence)를 만드는 것에 성공할 때, 결정불가능한(undecidable) 명제가 증명될 수 있었다. 여기에서 결정불가능 명제라는 것은 증명과 반증이 동시에 불가능한 명제를 말한다.[181]

괴델은 괴델수(Gödel number)의 시스템을 만든다. 이 시스템을 통해서 모든 논리식(formula)을 수의 형태로 바꾸어 표현하기 위함이다. 만일 논리식에 의해서 G를 만들면, 형식시스템 내에서 G에 대하여 모순이 발생된다. 예를 들면, '나는 거짓말하는 사람이다'는 명제가 있다고 하자. 이 명제가 참이면, 나는 거짓말하는 사

181 명제의 부정(negation of proposition)을 증명할 때, 반증이라고 한다.

람이므로 이 명제는 거짓이다. 모순이 발생한다. 이러한 모순을 피하기 위해서 괴델은 대각화를 증명했다.

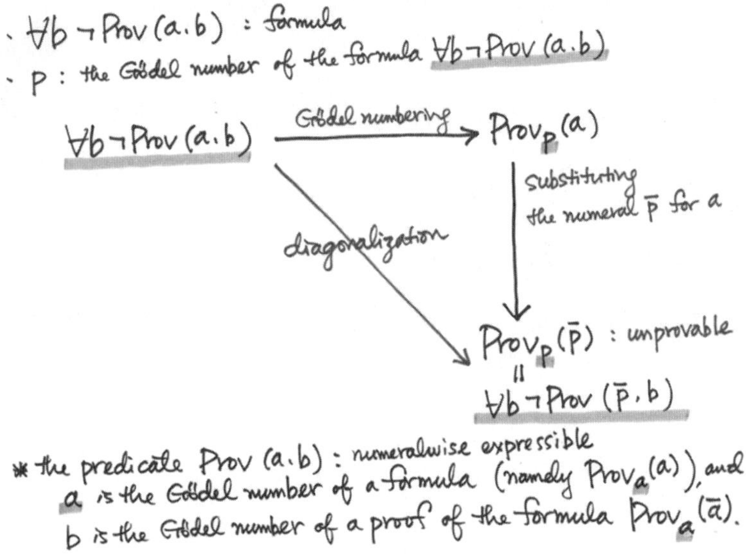

그림 10 괴델의 대각화

괴델의 대각화의 핵심 과정을 보여주는 그림에서, 모든 b에 대하여 $\forall b\neg Prov(a, b)$는 논리식이고, p는 논리식 $\forall b\neg Prov(a, b)$의 괴델수라고 하자. 여기에서 술어 $Prov$ 는 증명가능성 술어이고, a는 자유변수이다. 논리식 $Prov(a, b)$는 논리식b가 논리식 a의 증명(proof)임을 보여준다.

(1) $\forall b\neg Prov(a,b) \rightarrow Prov_p(a)$

(1)은 '모든 b에 대하여 a가 증명될 수 없음'을 의미하는 논리식

$\forall b \neg Prov(a, b)$을 괴델수를 통하여 $Prov_p(a)$로 변환(Gödel numbering)하는 과정이다. 여기에서 $Prov_p(a)$는 일종의 코드(code)에 속하는 것으로 볼 수 있다. 즉 괴델수매김(Gödel numbering)은 코드화 함수(coding)에 해당하는 것이다.

(2) $Prov_p(a) \rightarrow Prov_p(\overline{p})$

(2)는 논리식 $\forall b \neg Prov(a, b)$를 처리할 수 있는 증명가능성 술어로서의 장치 $Prov_p$에 대하여 자유변수 a를 $\overline{p}$로 치환하는 과정이다. 이를 위하여 치환 함수(substitution mapping)가 도입되어 사용되고 있다. 여기에서 $\overline{p}$는 논리식 $\forall b \neg Prov(a, b)$의 괴델수 p가 아니라, '괴델수에 대한 표시'(numeral)이다. 따라서 괴델수와 괴델수를 나타내는 표시의 구분을 통하여 논리적 모순을 피할 수 있다.

(3) $\forall b \neg Prov(a, b) \rightarrow \forall b \neg Prov(\overline{p}, b)$

(3)에서 $Prov_p(\overline{p})$는 $\forall b \neg Prov(\overline{p}, b)$와 논리적으로 동치이다. 그러므로 $\forall b \neg Prov(a, b)$에서 $\forall b \neg Prov(\overline{p}, b)$로의 대각화(diagonalization)가 성립된다. 종합하여 풀이해 보면, a는 $Prov_a(a)$의 괴델수(the Gödel number)이고, b는 $Prov_a(\overline{a})$의 증명의 괴델수(the Gödel number of a proof)이다.

괴델은 대각화에 의해서, 수론의 형식시스템 T 내에서 A와 괴델수 ⌜ A ⌝ 에 대하여 다음을 만족하는 술어 B가 존재함을 증명한 것이다.

$$A \leftrightarrow B(\ulcorner A \urcorner)$$

이 논리식은 T 내에서 명제 A와 논리식 $B(\ulcorner A \urcorner)$의 동치성이 증명될 수 있다는 것을 의미한다. 여기에서 $A \leftrightarrow B(\ulcorner A \urcorner)$는 논리식 A의 자기 지시를 담고 있다. 술어 B를 증명가능성 술어 $Prov$로 정의하여 다음을 도입하면, 다음이 성립한다.

$$B(\ulcorner A \urcorner) \equiv \neg Prov([A])$$

따라서 괴델의 제1불완전성 정리를 얻을 수 있다. 괴델의 제1불완전성 정리는 자기 지시적(self-referential) 명제 G에 의해서 다음과 같이 기호로 표현될 수 있다. T가 수론의 형식시스템이고 모순이 없을 때, 다음이 성립한다.

$$\exists G(T \nvdash G \wedge T \nvdash \neg G)$$

이 기호 논리식의 의미는 수론의 형식시스템 T 내에서 명제 G를 증명할 수 없고 동시에 부정명제인 $\neg G$를 증명할 수도 없는 G가 존재한다는 뜻이다. 이러한 명제 G를 결정불가능(undecidable) 명제라고 한다. 또한 이러한 형식시스템 T를 불완전한 형식시스템이라고 한다. 즉 무모순의 T 내에 결정불가능한 명제가 존재할 때, 그 형식시스템 T는 불완전(incomplete)하다고 한다.

1929년에 괴델은 술어계산(predicate calculus) (또는 술어논리)의 형식시스템이 완전함을 증명했다.[182] 그리고 그는 1931년 수론의 형식시스템(formal number theory) T가 불완전함을 증명했다.[183] 그러므로 괴델의 정리에 의하면, 수론의 공리적 시스템(number-theoretic axiom system)은 불완전함이 증명된다. 여기에서 수론의 형식시스템 T란 술어계산의 형식시스템과 수론의 공리적 시스템으로 구성된 것이기 때문이다.[184] 괴델의 정리가 함의하는 충격적인 결과 때문에, 현대 수학을 이루고 있는 기초와 토대의 완전성에 대한 근본적인 성찰이 피할 수 없게 되었다.

182 K. Gödel, "On the Completeness of the Calculus of Logic," *Kurt Gödel Collected Works I*, 61-101

183 K. Gödel, "On Formally Undecidable Propositions of *Principia Mathematica* and Related System I," *Kurt Gödel Collected Works I*, 145-195.

184 S. Kleene, *Mathematical Logic* (New York : John Wiley & Sons, Inc., 1967), 327.

4.2 대각화 논증의 신학적 함의

4.2.1 괴델의 불완전성 정리의 신학적 함의

피타고라스의 대각화, 칸토르의 대각화, 괴델의 대각화 논증을 통하여 다음과 같은 신학적 함의를 발견할 수 있다.

(1) 대각화 논증의 신학은 자기 지시(self-reference) 또는 자기 성찰(self-reflection)의 질서를 포함한다. 그러므로 신학은 신에 대한 연구라기 보다는 신의 자기 지시 또는 자기 성찰에 대한 학문이 될 필요가 있다.

(2) 대각화 논증의 신학은 주어진 시스템 내에서 설명할 수 없는 대상이 존재함을 증명한다. 그러므로 신학은 신학 내에서 설명할 수 없는 대상이 존재함을 증명하는 학문이 될 필요가 있다.

(3) 대각화 논증의 신학은 주어진 시스템의 한계를 증명한다. 그러므로 신학은 주어진 신학적 시스템의 한계를 증명하는 학문이 될 필요가 있다.

대각화의 신학적 함의를 입체적으로 보여주고 있는 괴델의 제1 불완전성 정리는 다음을 증명하고 있다. 수론의 형식시스템 T가

모순이 없는 시스템이라면, 다음이 성립한다.

$$\exists\, G(T \nvdash G \wedge T \nvdash \neg G).$$

즉 모순이 없는 수론의 형식시스템 T 내에 결정할 수 없는 명제 G가 존재한다는 것이다. 여기에서 결정불가능한 명제 G는 참(true)이지만 증명될 수 없는 명제이다. 그러므로 제1불완전성 정리는 다음을 함의한다.

"수학적 진리의 세계는 수학적 증명의 세계보다 크다."

이를 신학에 적용할 때, 괴델의 제1불완전성 정리는 다음과 같이 해석될 수 있다.

"신학적 진리의 세계는 신학적 논증의 세계보다 크다."

괴델의 제2불완전성 정리는 다음을 증명하고 있다. 수론의 형식시스템 T가 모순이 없는 시스템이라면, 다음이 성립한다.

$$T \nvdash Cons(T)$$

즉 수론의 형식시스템 T의 무모순성은 T 내에서 증명될 수 없다. 말하자면 무모순의 T는 자신의 무모순성 $Cons(T)$을 증명할 수가 없다는 것이다. 그러므로 괴델의 제2불완전성 정리는 다음을 함의한다.

"수학의 무모순 시스템은 자기의 무모순성을 증명할 수 없다."

신학에 적용할 때, 괴델의 제2불완전성 정리는 다음과 같이 해석될 수 있다.

"신학의 무모순 시스템은 자기의 무모순성을 증명할 수 없다."

결론적으로, 괴델의 불완전성 정리의 신학적 함의는 다음과 같다.

(1) 신학이 모순이 없는 논리의 시스템으로 성립된다고 하더라도, 신학 내에는 참이지만 증명할 수 없는 결정불가능 명제가 존재한다.

(2) 신학이 모순이 없는 논리의 시스템으로 성립된다고 하더라도, 신학은 신학의 모순이 없음을 증명할 수 없다.

4.2.2 한계의 극복

신학이 가질 수밖에 없는 불완전성의 한계 때문에, 신학은 중지되어야 하는가? 괴델은 불완전성 정리 때문에 수학이 중단될 수는 없다고 생각했다. 괴델은 수학이 가질 수 없는 불완전성의 한계를 절감하며 수학의 한계를 극복하는 방안을 생각했다.[185] 고정된 시

185 K. Gödel, "On Formally Undecidable Propositions of *Principia Mathematica*

스템 내에서 괴델의 불완전성을 극복할 수는 없다. 그렇지만 시스템에 새로운 증명을 추가한다면 결과는 달라질 수 있다. 괴델에 의하면 더 고차원의 형태로 계속 변환된다면, 기존의 결정불가능 명제는 결정할 수 있다.이러한 시스템의 형성은 칸토르의 초한수에 이르기까지 변환될 수 있다고 보았다.[186] 예를 들면, 오메가 형태(type ω)를 시스템 T에 추가하면, 기존의 결정불가능 명제들은 결정될 수 있다는 것이다. 같은 논리에서 괴델의 구상은 집합론과 공리에도 적용가능하다. 가령, 새로운 공리(axioms)를 추가한다면 기존의 시스템과는 다른 증명의 힘을 가진 시스템으로 변환될 수 있다. 불완전성의 극복을 위한 괴델의 구상은 그의 스피드업 정리(Speed-up theorem, 1936)를 통해서도 확인될 수 있다.[187]

4.2.3 괴델의 메타교리

지금 논의한 것은 수학을 위한 '괴델의 교리'(Gödel's doctrine)라고 할 수 있다.[188] 이러한 괴델의 교리를 종합하여 신학에 적용하여

---

and Related System I," *Kurt Gödel Collected Works I*, 181.

186 이 지점에서 괴델은 힐베르트에 동의한다. D. Hilbert, "On the Infinite," (1925), *From Frege to Gödel : A Source Book in Mathematical Logic 1879~1931,* Jean van Heijenoort(ed.) (Cambridge : Harvard University Press, 1967), 367-392.

187 K. Gödel, "On the Length of Proofs," *Kurt Gödel Collected Works I*, 397-399.

188 S. Feferman, *In the Light of Logic* (Oxford : Oxford University Press, 1998), 299. 괴델의 교리는 괴델의 주장으로 번역되어도 무방하다.

논의할 필요가 있다. TH를 신학시스템이라 하고, TH_k를 자연수 k 차원의 신학시스템이라고 하자.

(1) 괴델의 제2불완전성 정리에 의해, TH_k는 자기의 무모순성 $Cons(TH_k)$을 증명할 수 없다.

(2) 괴델의 교리에 의해, 새로운 증명과 공리를 추가하여 보다 고차원의 신학시스템 TH_{k+1}이 성립된다.

(3) 상위 차원의 TH_{k+1} 내에서는 $Cons(TH_k)$를 결정할 수 있다.

$Cons(TH_k)$는 하위 차원의 TH_k에서 결정할 수 없는 명제이지만, 상위 차원의 TH_{k+1} 내에서는 결정될 수 있는 명제이다. 즉 증명 또는 반증이 가능하다는 것이다. 반면, 괴델의 제2불완전성 정리에 의해,

(4) TH_{k+1} 내에서는 $Cons(TH_{k+1})$을 증명할 수 없다.

그러므로 괴델의 교리는 신학 시스템이 더 높은 차원의 신학 시스템으로 계속 거듭날 수 있어야 불완전성 정리로부터 자유롭게 될 수 있음을 함의한다. 그래서 신학은 언제나 현재의 차원을 넘어서 고차원으로 변환될 수 있어야 한다. 그리고 여기에서 괴델이 생각한 차원은 초한수의 무한 차원까지 포함된다. 신학은 자기의 한계를 인지할 수 있어야 하고, 그로부터 새로운 차원으로 도약할 수

있어야 한다. 대각화 논증을 수학에 구현한 괴델의 불완전성 정리의 함의를 통해 수학은 '자기 성찰의 시스템'이어야 함을 알 수 있다. 괴델의 불완전성 정리가 신학에 적용될 수 있다면, 괴델의 교리는 고차원의 신학을 위한 '메타교리'(meta-doctrine)가 될 수 있다.

4.3 메타과학으로서의 수학신학

4.3.1 새로운 공리의 문제

대각화 논증을 통하여 기존 시스템의 한계에 대한 인식을 새롭게 할 수 있다. 동시에 대각화 논증을 통하여 새로운 시스템의 가능성에 대한 인식 자체를 인식할 수 있다. 가령, 무한히 많은 집합들이 주어졌을 때, 우리는 각각의 집합에서 한 점씩을 선택할 필요가 있다. 이러한 선택은 가능한가? 직관적으로 보면, 유한한 우리 인간은 그 작업을 완수할 수가 없다. 이런 경우, 수학자들은 무한을 향한 수학적 작업을 위해서 일종의 전제로서의 새로운 '공리'(axiom)를 공유한다.

신학자들이 신의 존재라는 신학적 전제를 공유하듯이, 수학자들은 새로운 수학적 공리를 공유할 수 있다. 주어진 무한의 집합들에 대하여, 각각의 집합으로부터 한 점씩을 선택할 수 있다는 공리를 '선택공리'(axiom of choice)라고 한다.[189] 이러한 선택공리는 논리적으로 볼 때, 증명의 대상이라기보다는 전제와 믿음의 대상이다. 예를 들어, 플라톤주의자라면 선택공리를 실재로 인정할 수 있다. 칸트주의자나 직관주의자라면 임의의 무한 집합에 대하여 선택함수를 통해 선택된 원소들로 이루어진 무한 집합을 구성할 수 없으므로 선택공리를 거부할 수 있다. 논리주의자라면 선택공리가 다른

189 $\forall X \exists f (f : \wp(X) \to X \wedge (\forall A (A \in X \wedge A \neq \varnothing \to f(A) \in A))$. 선택공리는 임의의 집합 X에 대하여 선택함수 f의 존재를 보장하는 공리를 의미한다.

논리 법칙들과 모순이 없다면 인정할 수 있다.

괴델(K. Gödel, 1938)과 코헨(P. Cohen, 1963)은 선택 공리가 체르멜로-프랭켈의 공리적 집합론 내에서 공리적 독립성과 상대적 무모순성을 가진다는 것을 증명했다.[190] 그러므로 선택 공리의 사용에 관하여 선택 공리에 대한 수학적 인식은 가능하게 된다. 그러나 선택 공리의 존재에 관한 의미는 무한과 관련하여 수학과 철학을 위한 새로운 문제를 제시해 준다. 괴델에게 선택 공리의 문제는 인식론적 차원에서 뿐만 아니라 존재론적 차원에서도 중요한 문제였다. 특히 괴델의 존재론과 관련하여 선택 공리의 문제는 극대성(maximality)의 문제와 연결되어 있다.[191]

4.3.2 존재론적 증명

극대성에 대한 괴델의 수학적 해석은 "존재론적 증명"(1970)을 통해 강조되어 있다.[192] 괴델에 의하면(*Phil.* XIV, 106) 극대 양립시

190 K. Gödel, "The consistency of the axiom of choice and of the generalized continuum hypothesis(1938)," *Kurt Gödel Collected Works II : Publications 1938~1974*, S. Feferman, J. Dawson, Jr., S. Kleene, G. Moore, R. Solovay, J. van Heijenoort (eds.) (New York : Oxford University Press, 1990), 26-27; P. Cohen, *Set Theory and the Continuum Hypothesis* (New York : Dover Publications, 2008).

191 이 절의 일부는 다음의 연구를 기반으로 하여 심화 및 확대한 것이다. 현우식, "괴델의 극대 존재론," 『한국수학사학회지』 27 (6), (2014) : 403-408.

192 K. Gödel, "Ontological proof(1970)", *Kurt Gödel Collected Works III : Unpublished Essays and Lectures*, S. Feferman, W. Goldfarb, C. Parsons, R. Solovay(eds.) (New York : Oxford University Press, 1995), 403-404.

스템(maximal compatible system)이 가능하다.[193] 여기에서 말하는 극대 양립시스템이란 시스템이 (i)모순을 가지지 않으면서 (ii)극대성을 가질 수 있음을 뜻한다. 이를 위해서 괴델은 다음과 같은 긍정성의 논리곱 공리를 채택한다.

$$P(\varphi) \wedge P(\psi) \rightarrow P(\varphi \wedge \psi)$$

여기에서 $P(\varphi)$는 φ의 긍정성을 표현한다. 따라서 위의 공리는 긍정성의 논리곱(conjunction)을 보장한다. 그러므로 긍정성의 논리곱은 긍정성을 가진다. 이 공리를 통해서 괴델은 긍정성에 대한 필터(filter)를 구성한다.[194] 필터는 1937년 카르당(H. Cartan, "Theorie des filtres")에 의해서 정의된 것인데, 집합론, 위상수학, 대수학, 모델이론 등에서 융용하게 사용되고 있는 개념이다. 필터 F는 집합 $A, B \subseteq X$에 대하여 다음 조건을 만족할 때 X위에서의 필터라고 정의된다.

(F1) $(A \in F) \wedge (A \subseteq B) \rightarrow (B \in F)$

(F2) $(A, B \in F) \rightarrow (A \cap B \in F)$

(F3) $\varnothing \notin F$

필터 F가 X 위에서의 필터이면, $X \in F$이다. 여기에서 조건

193 K. Gödel, *Collected Works III*, 435.

194 A. Levy, *Basic Set Theory* (Berlin : Springer Verlag, 1979), 141-143.

(F2)는 유한 교집합(finite intersection)에 대하여 필터 F가 닫혀있다는 것을 정의한다. 그러므로 괴델의 긍정성이 필터를 만족하면, 긍정성은 유한 교집합에 대하여 닫혀 있으므로, 논리곱의 긍정성이 성립된다.

괴델은 다음 긍정성의 배타적 논리합(exclusive or)을 공리로 채택한다.

$$P(\varphi) \vee P(\neg\varphi)$$

이 공리에 의해서 다음의 조건을 만족하는 극대 필터(ultrafilter) U가 성립된다.

(U) 집합 $A \subseteq X$에 대하여 , $(A \in U) \vee (A \not\in U)$.

이 필터는 극대(maximal)의 조건을 만족하는 필터를 의미한다. 그리고 선택 공리에 의해서, 모든 필터에 대하여 극대 필터가 존재한다고 증명될 수 있다. 즉 모든 필터는 극대 필터에 포함된다.

괴델이 정의한 긍정성은 극대성을 만족하면서 극대 필터 U에 해당된다. 이러한 공리에 근거하여 괴델은 신을 '모든 긍정성을 가진 존재'로 정의한다.[195] 사실상, 괴델이 정의한 신은 수학적으로는 극대 필터의 교집합(the intersection of ultrafilter), 즉 다음을 의미하는 것이다.

$$\cap U$$

---

195 $G(x) \equiv (\forall\varphi)[P(\varphi) \rightarrow \varphi(x)]$

이때, 이 극대 필터의 교집합에는 긍정성들 사이의 무모순성이 보장되므로 극대 양립가능 시스템이 성립된다. 이 시스템 내에서 극대 필터의 교집합이 존재하고 극대 필터에 포함되므로, 괴델이 정의한 신은 존재함이 증명된다. 괴델은 신에 대한 존재론적 증명을 통하여 극대성(maximality)을 가지는 필터의 교집합이 존재한다는 것을 증명한 셈이다.

극대적 대상의 존재에 대한 괴델의 증명은 정당화될 수 있는가? 일정한 조건 하에서 극대적 대상의 존재를 정당화해 주는 수학적 법칙이 극대성 법칙(maximal principles)으로 불리고 있는데, 체르멜로의 정렬법칙(Zermelo's well-ordering principle, 1904), 조른의 레마(Zorn's lemma, 1935), 쿠라토프스키의 법칙(Kuratowski principles, 1922), 하우스도르프(Hausdorff principles, 1914)의 법칙 등이 포함된다. 이러한 법칙들은 현대 수학의 기초를 논의하는데 필수적인 '선택 공리'(the axiom of choice)와 논리적으로 동등한 것으로 증명된다는 점에 주목할 필요가 있다. 선택 공리는 유한한 인간이 무한을 다루는 근원적인 주제와 관련되어 있으며, 무한의 구조를 연구할 때 반드시 필요한 논리적 도구이다.[196]

선택 공리는 칸토르(Cantor)가 제기했던 추측으로부터 시작되었다. 이 추측은 현재 모든 집합은 정렬될 수 있다는 정렬정리(well-ordering theorem)로 불린다.[197] 1904년 체르멜로는 칸토르의 추측에 관하여 모든 집합 X에 대하여 선택함수 $f : \wp(X) \to X$가 존재

196 T. Jech,"About the Axiom of Choice," *Handbook of Mathematical Logic,* J. Barwise(ed.) (New York : North-Holland Publishing Company, 1977), 345-370.

197 칸토르가 정렬원리를 믿은 이유는 집합의 원소들을 정렬할 수 있는 신이 존재한다고 믿었기 때문이다.

해서 모든 집합 $A \subseteq X$에 대하여 $f(A) \in A$를 얻을 수 있다는 법칙을 제시했다. 1908년에 체르멜로는 이 법칙을 선택 공리(*Axiom der Auswahl*)라고 명명했다. 이 선택함수의 존재를 보장하는 선택공리가 논쟁의 대상이 된 이유 가운데 한 가지는 선택함수에 대한 명확한 정의가 제공되지 않았기 때문이다. 이에 대하여 괴델은 선택 공리가 안전하다고 증명한다. 괴델에 의하면 선택 공리를 배제한 집합론의 공리가 모순을 낳지 않기 때문에 선택 공리가 추가되어도 집합론의 무모순성은 보존된다는 것이다.

4.3.3 선택 공리의 사용

괴델은 선택 공리가 집합론의 다른 공리들과 모순이 없음을 증명했다(1938, 1939).[198] 괴델에 의하면 폰 노이만(von Neumann, 1929)의 공리적 집합론 시스템을 사용하여 선택 공리를 새로운 공리로 추가하여도 무모순성이 증명될 수 있다. 괴델은 모든 수학적으로 구성가능한 집합(constructible sets)으로 구성된 모델을 구축하는 방법을 채택한다. 괴델은 이러한 구성적 방법이 "반-직관주의적

198 K. Gödel, "The consistency of the axiom of choice and of the generalized continuum hypothesis(1938)," *Kurt Gödel Collected Works II : Publications 1938~1974*, S. Feferman, J. Dawson, Jr., S. Kleene, G. Moore, R. Solovay, J. van Heijenoort (eds.) (New York : Oxford University Press, 1990), 26-27; K. Gödel, "The consistency of the generalized continuum hypothesis(1939)," *Kurt Gödel Collected Works II : Publications 1938~1974*, S. Feferman, J. Dawson, Jr., S. Kleene, G. Moore, R. Solovay, J. van Heijenoort (eds.) (New York : Oxford University Press, 1990), 27.

(semi-intuitionistic)" 의미 내에서 이해될 수 있다고 보았다.[199] 괴델은 수학의 견고한 토대를 위하여 플라톤주의와 직관주의의 상호보완의 필요성과 그 의미를 잘 알고 있었다.[200]

선택 공리의 상대적 무모순성 증명을 통해서 괴델은 체르멜로-프랜켈의 공리적 집합론에서 선택 공리의 사용을 정당화하였다. 즉 괴델은 무한 집합에 대하여 선택함수가 존재한다는 믿음을 지지했다. 그러므로 괴델에게 선택 공리에 의해서 함의되는 수학적 대상들의 존재성은 보장되는 것이며 그 수학적 대상들은 실재하는 것을 의미한다.[201]

극대성과 관련하여 괴델은 일찍이 컴팩트 정리(the compactness theorem, 1930)를 증명했다.[202] 이 정리에 의하면, Σ을 논리식의 집합이라 하고, Σ의 모든 유한 부분집합이 모델을 가지면, Σ이 모델을 가진다. 괴델의 컴팩트 정리는 모든 필터가 극대 필터로 확장될 수 있다는 정리와 논리적으로 동등하다.[203] 즉 괴델의 컴팩트 정리는 모든 필터가 극대 필터를 가진다는 것을 보여준다. 여기에서

---

199 괴델은 대상 자체가 속한 전체성(totality)을 지시하는 방식을 배제했다는 의미로 사용하였다.

200 H. Woosik, "Gödel on the Foundations of Mathematics," *The Korean Journal for History of Mathematics*, 20(3) (2007), 17-26.

201 H. Friedman, "My Forty Years on His Shoulders," *Kurt Gödel and the Foundations of Mathematics*, M. Baaz, C. Papdimitriou, H. Putnam, D. Scott, C. Harper, Jr. (eds.) (Cambridge : Cambridge University Press, 2011), 399-432.

202 K. Gödel, "The completeness of the axioms of the functional calculus of logic (1930)," *Kurt Gödel Collected Works I : Publications 1929~1936*, S. Feferman, J. Dawson, Jr., S. Kleene, G. Moore, R. Solovay, J. van Heijenoort (eds.) (New York : Oxford University Press, 1986), 102-121.

203 컴팩트 공간의 프로덕트 공간은 컴팩트 공간이다(Tychonoff Theorem).

선택 공리는 컴팩트 정리를 함의한다. 그러므로 선택 공리에 의해서 모든 필터가 극대 필터를 가진다는 정리가 성립된다.

4.3.4 극대성의 존재론

선택 공리와 존재론적 증명을 통하여 괴델이 특히 극대성의 존재론에 주목했음을 알 수 있다. 예를 들어, 괴델의 인지공간 E를 크기를 인지할 수 있는 순서집합 $(X, \leq)$이라고 하자.[204] 괴델이 인지가능한 대상들의 집합 A는 집합 X의 부분집합이고, a는 집합 A의 원소라고 하자. 집합 X에 속하는 모든 원소 a에 대하여 다음이 성립될 때,

$$a \leq x \rightarrow a = x$$

a를 집합 A의 극대 원소(maximal element of A)라고 정의할 수 있다. 여기에서 a는 인지공간 E 내에서 더 큰 것을 인지할 수 없는 대상을 의미한다. 즉 인지공간 내에서 극대원소 a보다 더 큰 대상은 존재할 수 없다. 그러므로 a는 괴델에게 더 큰 것을 인지할 수 없는 대상으로 인지되는 것을 의미한다. 여기에서 인지가능한 대상들의 집합A의 모든 원소보다 큰 원소 a가 있다면 그 원소

204 여기에서 순서집합은 공집합 $\varnothing$이 아니어야 하며, 관계 $\leq$는 반사적 법칙(reflexive law), 반대칭적 법칙(antisymmetry law), 추이적 법칙(transitive law)을 만족한다. 순서집합이 일정 조건을 갖추면 반순서집합(partially ordered set)과 전순서집합(totally ordered set)으로 정의될 수 있다.

는 최대 원소(the greatest element of A)에 해당될 것이다.[205]

극대 원소와 최대 원소에 적용되는 존재론적 의미는 다르다. 인지공간 E 내에서 최대 원소의 존재는 언제나 증명될 수 있는 것이 아니기 때문이다. 이것이 최대성과 극대성 사이의 중요한 존재론적 차이를 보여준다. 괴델이 존재론적 증명에서 논증을 위한 인지공간 내에서 신의 정의(definition)를 찾으려고 했다면, 최대성이 아니라 극대성을 선택하는 것이 타당하다. 괴델이 존재론적 증명 내에서 극대 필터의 존재를 공리로 채택한 것은 무한의 세계 내에서도 선택 공리에 의해 극대성을 만족하는 대상이 존재함을 제시한 것이다.

괴델의 극대성을 통하여 괴델의 존재론의 강조점을 알 수 있다. 괴델에게 극대적 대상은 수학적으로 존재하며 수학적 세계 내에서 실재한다. 여기에서 수학적 세계는 유한의 세계와 무한의 세계를 모두 포함하고 있다. 괴델에게 어떤 대상이 수학에서 인지될 수 있는 극대성을 만족한다면, 그 극대성을 가진 대상은 실재한다.

수학적 진리는 수학적 증명의 세계보다 크다는 것을 입증한 괴델이 신을 최대의 대상이 아닌 극대의 대상으로 이해한 것은 타당하다. 한계를 가진 인지공간 내에서 인간은 최대적 대상의 존재를 증명할 수 없다. 그래서 괴델에게 인간이 인식할 수 있는 신의 존재성은 극대성에 해당된다. 그리고 무한의 세계 내에서 극대성의 존재를 함의하는 선택 공리는 공리적 집합론의 세계에서 모순되지 않으며 사용가능하다.

---

205 $a \in A$이고, 모든 $x \in A$에 대하여 $x \leq a$일 때, a를 A의 최대 원소라고 할 수 있다.

제한된 인지공간을 통해서 최대성을 가진 대상의 존재를 인지하겠다는 것은 불가능한 일이다. 그러나 괴델에 의하면 인간은 인지공간을 통해서 극대성을 가진 대상의 존재성을 인지할 수 있다. 자기 성찰을 통한 스스로의 인지의 한계를 인정할 때 극대적 존재를 볼 수 있다.

제 5 장

칸토르와 로마 가톨릭 신학자의 토론

5.1 신학 토론이 이루어지기까지

5.1.1 왜 칸토르는 로마 가톨릭의 주요 신학자와 토론을 추진했는가[206]

칸토르가 로마 가톨릭 교회의 신학자와 신학적 토론을 벌여야만 했던 배경은 무엇인가? 이 문제에 대하여 수학자들을 포기하고 일종의 탈출구로서 로마 가톨릭의 신학자와 철학자 가운데서 영감과 통합을 발견하려 했다는 다우번(J. Dauben)의 진단은 타당한가?[207] 이러한 질문에 대한 답을 찾기 위해서는 수학사적 접근과 동시에 신학사적 접근이 필요하다.[208] 이 작업을 위해서는 칸토르의 1885년 논문 “실무한과 관련된 다양한 입장들에 관하여(Über die verschiedenen Standpunkte in bezug auf das aktuelle Unendliche)”와 1887년 논문 “초한에 관한 학설 보고(Mitteilungen zur Lehre vom Transfiniten)”를 포함하여 칸토르의 서신들을 다루어야 한다.[209]

---

206 5장의 일부는 다음의 연구를 기반으로 하여 심화 및 확대한 것이다. 현우식, “칸토르와 로마 가톨릭 교회,” 『한국수학사학회지』 30 (5), (2017) : 289-304.

207 J. Dauben, “Georg Cantor and Pope Leo XIII : Mathematics, Theology and the Infinite,” *Journal of the History of Ideas* 38 (1), (1977) : 85-108; J. Dauben, *Georg Cantor : His Mathematics and Philosophy of the Infinite* (Princeton, Princeton University Press, 1979).

208 W. Achtner, W., “Infinity as a Transformative Concept in Science and Theology,” *Infinity : New Search Frontiers*, M. Heller & W. Woodin (eds.) (Cambridge : Cambridge University Press, 2011), 19-51; R. Murawski, *Essays in the Philosophy and History of Logic and Mathematics* (Amsterdam : Rodopi, 2010).

5.1.2 무한은 현실태(actuality)로서의 양인가 아니면 가능태(potentiality)로서의 양인가

여기에서 현실태로서의 무한을 실무한(actual infinity)이라고 부르고, 가능태로서의 무한을 가무한(potential infinity)이라고 부른다. 아리스토텔레스 이후 그의 주장을 따르는 사람들은 가능태로서의 무한만을 인정했고, 현실태로서의 무한이라는 개념을 거부했다. 그런데 할레 대학의 수학자 게오르크 칸토르(Georg Cantor 1845~1918)가 나타나서 무한에 대한 아리스토텔레스의 주장이 오류임을 증명했다. 칸토르는 무한을 '양'이 아니라 '집합'으로 이해했다. 또한 칸토르는 실무한이 존재함을 증명했다.

1874년 칸토르는 무한의 크기도 다르다는 것을 발견한다. 가령, 칸토르의 증명을 통하여 유리수와 실수는 서로 기수(cardinality)가 다른 무한 집합임을 알 수 있게 되었다. 즉 유한한 인간이 실무한을 다루는 연구에 성공한 것이며, 동시에 실무한을 비교하는 일에 성공하게 된 것이다. 여기에서 칸토르는 자신의 이러한 주장을 기존의 셈법(counting)이 아니라 대응(correspondence)이라는 관계를 새롭게 도입하여 무한을 다루는 방법을 한 차원 높여 주었고 실무

---

209 G. Cantor, "Über die verschiedenen Standpunkte in bezug auf das aktuelle Unendliche," *Gesammelte Abhandlungen mathematischen und philosophischen Inhalts*, E. Zermelo (ed.) (Berlin : Springer-Verlag, 1932/2013), 370-377; G. Cantor, "Mitteilungen zur Lehre vom Transfiniten," *Gesammelte Abhandlungen mathematischen und philosophischen Inhalts*, E. Zermelo (ed.) (Berlin : Springer-Verlag, 1932/2013), 378-439; G. Cantor, *Georg Cantor-Briefe*, H. Meschkowski und W. Nilson (ed.), (Berlin : Springer-Verlag, 1991).

한의 존재를 증명했다.

초한수를 다루는 집합론에서 칸토르는 (i)무한 집합의 부분 집합이 전체에 해당하는 무한 집합과 크기가 같다는 정리를 증명했고, (ii)무한 집합의 멱집합은 더 큰 무한 집합이라는 정리를 증명했으며, (iii)자연수로 이루어진 무한 집합과 실수로 이루어진 무한 집합의 크기가 다르다는 정리를 증명했다. 그 결과 오직 유일한 하나의 실무한이 존재하는 것뿐만 아니라 실무한의 계층이 존재함까지 증명되었다.[210] 이는 실로 인간의 지성사에서 최상위의 업적에 해당될 수 있는 공헌이다. 무한에 대한 생각에 혁명을 불러일으킨 것으로 평가되는 것도 타당하다.[211] 특히 수학과 신학의 역사에서 칸토르는 무한에 관한 이해에 혁명적 변화를 가져온 주역이다.

5.1.3 반란인가 혁명인가

수학사적 관점에서 볼 때, 그동안 무한의 영역을 지배해 오던 가무한을 대신하여, 칸토르의 실무한이 새로운 지배를 시작해야 하는 상황이 전개된다. 이는 칸토르가 실무한 사용의 정당성을 논리적으로 보증했고 무한에 대한 개념을 혁명적으로 바꾸어 놓았기 때문이다.[212] 이렇게 무한의 역사에서 칸토르는 불가피하게 혁명가

210 칸토르에 의해서 어떤 무한의 존재는 '보다 작은 무한'과 '보다 큰 무한' 사이에 존재하는 것이라고 증명되었다.

211 J. Dauben, "Conceptual Revolutions and the History of Mathematics : Two Studies in the Growth of Knowledge," *Revolutions in Mathematics,* D. Gilles (ed.) (Oxford : Oxford University Press, 1992), 49-71.

의 위치에 오르게 된 셈이다. 이 혁명은 수학계로부터 시작하여 지성계 전방에 큰 파장을 불러일으킨다. 특히, 19세기까지 무한 연구가 자신들의 고유한 영역이라고 생각했던 신학과 철학의 지성인들은 칸토르의 새로운 주장을 접하게 되고 어떤 식으로든 자신들의 입장을 정리해야 하는 상황에 직면하게 된다.[213)]

수학계 내에서 칸토르의 혁명은 초기에는 일종의 반란으로 여겨졌다. 유사하게도 신학계 내에서 칸토르의 실무한에 대한 주장은 일종의 이단으로 여겨졌다. 이러한 반발 혹은 반대의 움직임은 때로는 개인적 관계 속에서 일어났고 때로는 사회적 관계 내에서 일어나기도 하였다. 예를 들면, 칸토르의 선생이었던 레오폴드 크로네커(Leopold Kronecker 1823-1891)교수가 보여준 분노와 공격은 칸토르에게는 논문 출판이나 교수직 등의 문제를 포함하여 개인적인 면에서 뿐만 아니라 사회적인 면에서도 여러 가지 불이익을 가져오게 했다. 칸토르의 다양한 노력에도 불구하고 결국 그는 자신의 선생님 크로네커를 설득하는데 실패했다. 크로네커는 정수만이 신이 만든 수이고, 나머지는 모두 인간의 창작물이라는 입장을 고수했다. 당시에 수학계 내에서 칸토르의 주장을 지지하거나 그에게 우호적인 사람은 찾아보기 어려웠다.

칸토르의 공개적인 지지자로 알려졌던 수학자 미타그-레플러(Magnus Gustaf Mittag-Leffler 1846~1927)와 사이가 멀어진 것은 그에게 심각한 타격을 주었다. 그래서 수학계에 대한 희망을 버리게

---

212 S. Hawking (ed.), *God Created the Integers : The Mathematical Breakthroughs that Changed History* (London : Running Press, 2005), XII.

213 R. Murawski, *Essays in the Philosophy and History of Logic and Mathematics* (Amsterdam : Rodopi, 2010), 15-28.

되는 계기가 된 사건으로까지 추정될 수 있다. 스웨덴의 수학자 미타그-레플러는 칸토르가 베를린 대학 학생 시절에 카를 바이어슈트라스(Karl Weierstrass 1815-1897) 교수의 해석학 강의를 함께 들은 바 있던 친구이고, 중요한 학술지 *Acta Mathematica*의 창립자이기도 하다. 미타그-레플러는 최초로 칸토르의 업적의 중요성을 깨달은 수학자였으며, 칸토르의 초기 주요 논문들을 프랑스어로 번역하여 *Acta Mathematica,* 2(1883), 305-414에 발표할 수 있도록 도운 수학계의 인사이기도 하다.

미타그-레플러(1885)는 칸토르가 준비한 논문을 철회하라고 조언했다. 이 때 칸토르는 심한 충격을 받은 것으로 추정된다. 왜냐하면 이 시점을 기준으로 이후 칸토르는 거의 모든 일에 심한 좌절과 거부감을 보인 것으로 알려지기 때문이다. [214] 칸토르는 가까운 친구 사이였던 미타그-레플러를 설득하는 일에 한계가 있음을 깨닫게 되었다.[215]

이후 칸토르는 할레 대학교에서 수학 강의를 그만두었고, 수학 학술지에 논문 발표를 중단했다. 그 대신 그는 철학을 강의하기 시작했다. 이 시기부터 칸토르는 신학자들과의 서신 교류를 통한 대화와 토론을 본격적으로 시작했다.

---

214 J. Dauben, "Georg Cantor and Pope Leo XIII : Mathematics, Theology and the Infinite," *Journal of the History of Ideas* 38 (1), (1977), 105.

215 칸토르가 친구로서 미타그-레플러에게 보낸 서신은 다음에서 찾아 볼 수 있다. G. Cantor, H. Meschkowski, W. Nilson, *Georg Cantor–Briefe* (Berlin : Springer-Verlag, 1991), 67-248.

5.2 칸토르의 신학과 로마 가톨릭의 신학

5.2.1 칸토르의 가무한과 실무한

칸토르가 수학자들 사이에 논쟁의 중심에 위치하게 된 것은 무한에 대한 새로운 개념 때문이었다. 당시 수학자들이 생각하는 무한의 종류에 대한 생각은 다음과 같았다.[216)]

(1) 해석학에서 무한대와 무한소를 극한(limit)으로 다루고자 하는 사람들은 무한을 무엇인가 되어가는 것이나 무엇인가 생산되는 것으로 다루고자 할 수 있다. 이러한 종류의 무한을 가무한(the potential infinite)이라고 부른다.

(2) 무한의 실재를 1, 2, 3, 4 ⋯의 전체(totality)를 하나의 완결된 단일체로 생각할 때, 또는 어떤 구간의 점들을 대상들의 한 전체로 생각할 때, 무한을 가질 수 있다. 이러한 종류의 무한을 실무한(the actual infinite)이라고 부른다.

칸토르는 가무한과 실무한에 대한 정의를 다음과 같이 설명한다(401).[217)]

216 D. Hilbert, "On the Infinite," *From Frege to Gödel : A Source Book in Mathematical Logic, 1879~1931*, J. van Heijenoort (ed.) (Cambridge : Harvard University Press, 1967), 373.

217 G. Cantor, "Mitteilungen zur Lehre vom Transfiniten V," *Gesammelte*

(1) 가무한(das potentiale Unendliche) : 그리스어로는 아페이론(*apeiron*)에 해당한다. 칸토르는 다음과 같이 표현하고 있다.[218]

"어떤 특정되지 않은 '가변적인 유한한'(veränderliche endliche) 크기가 모든 유한한 한계를 넘어서 커지거나 (이를테면 시간이 그렇다고 생각될 수 있는데, 특정 시점으로부터 세기 시작할 때 그렇습니다.) 작은 것의 모든 유한한 한계 밑으로 작아질 때(이를테면 미분에 대한 생각이 그렇습니다) 그것을 주로 가무한이라고 합니다. 일반적으로 말하자면, 수없이 많게 규정될 수 있는 '정해지지 않은'(unbestimmte) 크기가 대상이 될 때마다, 저는 가무한이라고 봅니다."

여기에서 칸토르의 가무한에 관한 정의에 주목할 필요가 있다. 이러한 정의에 덧붙여 그는 가무한을 '비본래적 무한'(uneigentliches Unendliches)이라고 표현한다.[219] 칸토르에게 가무한은 진정한 본래의 무한이 아니라는 뜻이다. 그러므로 실무한이 없는 가무한은 불

Abhandlungen mathematischen und philosophischen Inhalts, E. Zermelo (ed.) (Berlin : Springer-Verlag, 1932/2013), 401.

218 1886년 2월 28일자 편지에서 인용했다. 이 편지는 베를린의 의학박사 오일렌부르크(A. Eulenburg) 교수에게 쓴 것이다. G. Cantor, "Mitteilungen zur Lehre vom Transfiniten V," *Gesammelte Abhandlungen mathematischen und philosophischen Inhalts,* E. Zermelo (ed.) (Berlin : Springer-Verlag, 1932/2013), 401.

219 G. Cantor, "Mitteilungen zur Lehre vom Transfiniten V," *Gesammelte Abhandlungen mathematischen und philosophischen Inhalts,* E. Zermelo (ed.) (Berlin : Springer-Verlag, 1932/2013), 404.

가능하다. 또한 가무한은 언제나 실무한의 실재성을 빌려서 실무한을 지시한다는 의미를 담고 있다. 그래서 칸토르는 스콜라 신학자들이 '신카테고레마티코스(*synchategorematichos*)'라는 그리스어 형용사를 붙인 것이 적절했다고 평가했다. 여기에서 '신카테고레마티코스'란 용어는 단독으로는 뜻이 없고 실무한과 연관될 때만 의미를 가질 수 있다는 논리적 의미로 사용되는 것이다.

(2) 실무한(das aktuale Unendliche) : 그리스어로는 아포리스메논(*aphorismenon*)에 해당한다. 칸토르는 다음과 같이 설명하고 있다.[220]

"반면에 실무한은 변하지 않으며, 모든 면에서 고정되어 있고 특정되어 있고, 정확한 상수(Konstante)라고 할 수 있습니다. 동시에 모든 유한한 크기(jede endliche Größe)를 크기에서 넘어서는 양을 의미합니다. 모든 유한한 양의 정수의 총체를 예로 들 수 있습니다. 이 집합은 그 자체로서 하나의 대상을 이룹니다. 이에 속하는 수의 자연스러운 결과는 물론이고 모든 면에서 고정되고 특정되어 있는 양을 이룹니다. 즉 아포리스메논(*aphorismenon*)입니다. 그것은 모든 유한한 총수보다 크다고 할 수 밖에 없습니다. 다른 예로는 어떤 원 위에 놓여 있는 모든 점들의 전체가 있습니다."[221]

여기에서 칸토르의 실무한에 대한 정의에 주목할 필요가 있다.

---

220 G. Cantor, "Mitteilungen zur Lehre vom Transfiniten V," *Gesammelte Abhandlungen mathematischen und philosophischen Inhalts,* E. Zermelo (ed.) (Berlin : Springer-Verlag, 1932/2013), 401.

221 $\aleph_0$는 모든 정수로 이루어진 집합의 전체성을 보여준다.

그의 정의에 의하면, 실무한이 크기에 따라 증가할 수 없을 것이라는 결론은 도출될 수 없다.[222] 칸토르는 크기에 따라 증가할 수 없을 것이라는 가정이 잘못된 가정이라고 보았다. 고대 철학으로부터 스콜라 철학을 통해서 칸토르 당시의 철학에 이르기까지 보편적으로 퍼져있는 오류라는 것이다. 이에 칸토르는 실무한을 반대하는 주장의 근본 오류를 다음과 같이 강조했다.[223]

> "실무한 수의 가능성을 부정하는 모든 증명들의 주요 오류는 문제의 대상이 되는 수에게 유한수의 모든 성질을 기대하고 강요까지 한다는 점에 있습니다. 근본적 오류는 거기에 있는 것입니다."

유한에 대한 부정으로서의 무한을 정의하는 것은 오류이며, 무한 자체에 대한 이해를 가로막는 일이다. 칸토르의 이러한 분석은 타당하다.

5.2.2 아퀴나스의 가무한과 실무한

수학사적 관점에서 진단할 때, 수학자들이 실무한을 거부한 가장 큰 이유는 논리적 모순이 생긴다고 생각했기 때문이었다. 한편

222 G. Cantor, "Mitteilungen zur Lehre vom Transfiniten V," *Gesammelte Abhandlungen mathematischen und philosophischen Inhalts,* E. Zermelo (ed.) (Berlin : Springer-Verlag, 1932/2013), 404.

223 G. Cantor(1885), "Über die verschiedenen Standpunkte in bezug auf das aktuelle Unendliche," *Gesammelte Abhandlungen mathematischen und philosophischen Inhalts,* E. Zermelo (ed.) (Berlin : Springer-Verlag, 1932/2013), 372.

신학사적 관점에서 진단할 때, 신학자들이 실무한을 거부한 가장 큰 이유는 신의 유일하고 절대적인 속성에 대한 도전이 된다고 생각했기 때문이었다.

칸토르는 실무한을 반대하는 주장 가운데 아퀴나스의 주장(*Summa theologiae* I, q.7, a.4)이 가장 완성도가 높은 형태라고 보았다. 그리고 다음과 같이 직접 인용하여 다루었다.[224)]

(Ⅰ) 다수의 실무한이 존재한다는 것은 불가능하다. 모든 다수는 '다수의 어떤 종 안에'(*in aliqua specie multitudinis*) 있어야 하기 때문이다. 다수의 종은 수의 종(*species numerorum*)에 의존 한다. '어떠한 수의 종도 무한한 것은 없다'(*nulla autem species numeri est infinita*). 그것은 어떤 수라고 할지라도 일을 통해서 나오는 것이기 때문이다. 그러므로 다수의 무한이 현실적으로 존재한다는 것은 그 자체로도 불가능하고, 우연적으로도 불가능한 것이다.[225)] (위의 이탤릭은 칸토르가 강조한 표시임)

여기에서 일은 단위로서의 일자(*unum*)를 의미한다. 아퀴나스 시

224 G. Cantor, "Mitteilungen zur Lehre vom Transfiniten V," *Gesammelte Abhandlungen mathematischen und philosophischen Inhalts,* E. Zermelo (ed.) (Berlin : Springer-Verlag, 1932/2013), 403.

225 *Multitudinem actu infinitam dari, impossibile est, qui omnem multitudinem opertet esse in aliqua specie multitudinis. Species autem multitudinis sunt ecundum species numerorum. Nulla autem species numeri est infinita, quia quilibet numerurs est multitudo mensurat per unum. Unde impossibile est esse multitudinem infinitam actu; sive per se, sive per accidens.*

대에는 모든 수가 단위 일로부터 만들어져 나온다고 생각했다. 그래서 아퀴나스는 이렇게 만들어진 수가 무한히 많아진다고 해도 실무한은 존재할 수 없다고 주장한다. 또한 다수의 실무한, 즉 여러 개의 실무한이 존재한다고 가정해도, 결국 종에 의존해야 한다고 볼 때, 종은 수에 의존하게 된다는 것이다. 그런데 수의 종이 무한할 수 없기 때문에 다수의 실무한이란 부정된다는 주장이 전개되고 있다.

> (Ⅱ) 자연에 있는 모든 다수는 창조된 것이다. 창조된 모든 것은 창조자의 '어떤 일정한 의도 아래에'(*sub aliqua certa intentione*) 포함된다. 다시 말하자면 공연히 어떤 작용을 하는 대행자는 없다(*non enim in vanum agens aliquod operatur*). 그러므로 모든 창조된 것들은 필연적으로 일정한 수에 포함되어야 한다. 따라서 다수의 실무한이 존재한다는 것은 불가능하고, 또한 우연적으로도 불가능한 것이다.[226] (위의 이탤릭은 칸토르가 강조한 표시임)

실무한을 반대하는 아퀴나스의 주장에는 여타의 반대 주장들과 달리 내부의 논리적 오류가 없으므로 쉽게 무효화될 수 없다. 여기에서 칸토르는 아퀴나스의 반론을 극복하기 위해서 상반된 결과를

226 *Item omnis multitudo in rerum natur existens est creata; et omne creatum sub aliqua certa intentione creantis comprehenditur, non enim in vanum agens aliquod operatur. Unde necesse est quod sub certo umero omnia creata comprehendantur. Impossibile est erge esse multitudinem infinitam in actu, etiam per accidens.*

직접 보여주는 '긍정적' 방식이 필요하다고 판단했다. 이를 해결하기 위하여 칸토르는 (i) 초한과 초한 순서수 타입이 유한과 마찬가지로 세계 내에 존재함을 보여주어야 하고, (ii) 초한이 유한의 좁은 영역보다는 풍부한 형태의 수의 종(*species numerorum*)이 존재함을 보여주어야 한다고 생각했다.[227] 칸토르는 실무한으로서의 자연수, 정수, 유리수, 무리수, 실수 등을 수학적으로 모순 없이 다루었다. 특히 자연수의 기수 $\aleph_0$와 실수의 기수 $\aleph_1$가 다름을 증명하여 실무한의 다수성을 입증하는 작업에 성공했다. 칸토르는 초한에 대한 증명을 통해 초한의 '종'들이 존재하며, 유한의 수와 마찬가지로 하나님의 의도와 의지대로 창조되고 사용되었음이 충분히 증명되었다고 생각했다. 칸토어는 실무한에 대한 아퀴나스의 이해가 미흡함을 증명한 것이다. 그러므로 이상에서 보여준 칸토르의 실무한 논증은 무한에 대한 인식론적인 의미와 동시에 존재론적인 의미를 제공하고 있다.

227 G. Cantor, "Mitteilungen zur Lehre vom Transfiniten V," *Gesammelte Abhandlungen mathematischen und philosophischen Inhalts,* E. Zermelo (ed.) (Berlin : Springer-Verlag, 1932/2013), 404.

5.3 수학신학적 토론의 함의와 과제

5.3.1 영원하신 아버지

1887년 8월 4일 교황 레오 13세 (Leo XIII)는 교황 회칙 '영원하신 아버지(*Aeterni Patris*)'를 발표한다.[228] 이 회칙에서 교황은 근대 과학과 기독교 신학의 화해를 기대하고 촉구했다. 이 교황 회칙의 결과로 로마 가톨릭 내의 신학자들은 자연과학과 수학에 대하여 관심을 가지고 공부를 할 수 있는 지적 환경을 얻게 되었다. 이러한 환경 속에서 칸토르는 로마 가톨릭 교회의 신학자들과 접촉했다.

칸토르는 집합론과 무한에 대한 올바른 이해가 로마 가톨릭 교회에 도움이 될 수 있다고 확신했고, 주요 신학자들에게 서신을 보냈다. 이것은 단지 상식적인 관심에 의해서라기보다는 진정한 독자를 찾는 일환으로 해석되는 것이 타당하다.[229] 이 때에 칸토르가 교류했던 신학자에는 추기경 프란첼린(J. Franzelin), 구트베를레트(C. Gutberlet), 페쉬(T. Pesch), 혼트하임(J. Hontheim), 예일러(I. Jeiler), 에세르(T. Esser) 등이 포함되고 있다. 칸토르는 신학자들의 의견을

---

228 여기에서 교황 회칙 '영원하신 아버지'란 제목이 아니라 시작하는 첫 문장을 가지고 제목처럼 부르는 것이다. 이 교황 회칙은 중세 스콜라 신학자이자 철학자인 토마스 아퀴나스의 신학 시스템의 입지를 강화하기 위한 것이 목적이며, 이후 토마스주의(Thomism)는 공식적으로 로마 가톨릭 교회의 중심적이고 지배적인 신학과 철학의 시스템이 된다.

229 R. Murawski, *Essays in the Philosophy and History of Logic and Mathematics* (Amsterdam : Rodopi, 2010), 26.

경청했다. 비록 자신은 로마 가톨릭 교회에 소속된 교인이 아니었으나 로마 가톨릭 교회의 공식적 교리로부터 멀어지는 것을 원치 않았다.[230] 여기에서는 칸토르와 프란첼린 추기경과의 토론이 가장 중요한 쟁점을 다루고 있고 동시에 토론의 내용이 포괄적이기 때문에 이를 집중적으로 다루고자 한다.

5.3.2 신학적 논쟁점

칸토르는 로마 가톨릭의 대표적 신학자이자 추기경인 프란첼린에게 자신의 논문 "실무한과 관련된 다양한 입장들에 관하여(Über die verschiedenen Standpunkte in bezug auf das aktuelle Unendliche)"를 동봉하여 1885년 12월 17일자의 편지를 보냈다.[231] 이 서신에 의하면,

(1) 칸토르는 자신의 구상에 대하여 가톨릭 신학자들의 검토를 받기를 원하고 있다.[232]

(2) 칸토르는 프란첼린이 자신의 실무한에 대한 주장을 무조건

230 J. Dauben, *Georg Cantor : His Mathematics and Philosophy of the Infinite* (Princeton, Princeton University Press, 1979), 144.

231 G. Cantor, "Über die verschiedenen Standpunkte in bezug auf das aktuelle Unendliche," *Gesammelte Abhandlungen mathematischen und philosophischen Inhalts*, E. Zermelo (ed.) (Berlin : Springer-Verlag, 1932/2013), 370-377.

232 G. Cantor, "Franzelin(1885.12.17.)," *Georg Cantor–Briefe*, H. Meschkowski und W. Nilson (ed.), (Berlin : Springer-Verlag, 1991), 252.

부정하지 않고 인정할 수 있다고 기대하고 있음이 드러난다.

(3) 칸토르는 이미 1년 전에 실무한의 개념과 관련된 연구를 프란첼린 추기경께 알려드린 바 있다고 밝히고 있다.

신 그리고 절대무한과 관련하여, 칸토로와 로마 가톨릭 교회 사이의 신학적 쟁점은 (I) 범신론과 무신론 문제와 (II) 신의 자유와 필연성의 갈등으로 요약될 수 있다.

칸토르가 세계의 실무한을 믿은 것은 타당한가? 전통적으로 신학자들에게는 창조자 신과 창조물 세계 사이의 구별에 대한 주요 요소로서 무한성과 유한성이 필요했다. 세계의 유한성 주장은 무신론과 범신론에 대한 일종의 방어 장치로 사용되었기 때문이다.[233] 만일 세계가 유한하다는 속성으로 생각하는 속성이 어느 순간부터 무한의 속성으로 증명된다면, 신에 대한 우리의 이해에 도전이 되는 것으로 여겨질 수 있기 때문이다.[234] 이러한 신학적 반론

233 1861년 교황 피우스 IX (Pius IX)에 의해서 범신론은 공식적으로 이단으로 정죄되었다.

234 R. Russell, "God and Infinity : Theological Insights from Cantor's Mathematics," *Infinity : New Search Frontiers,* M. Heller and W. Woodin (eds.) (Cambridge : Cambridge University Press, 2011), 282. 칸토르가 세계의 실무한을 믿은 것이 함의할 수 있는 요소에 대한 러셀의 지적은 타당하다. 러셀은 (1) 신과 세계의 구별은 존재론적 차이에 근거한 것이라고 보고 있다. 그렇다면 존재론적 구별을 위해서는 유한과 무한의 구별을 전제하거나 요구할 필요가 없다. (2) 실무한으로 가득한 세계라고 하더라도, 그 세계가 신으로 고려될 수 있는 것이 아니라 여전히 창조된 세계로 고려될 수 있다.

을 정리해 보면 다음과 같다.

(A) 무한을 포함하고 있는 세상이 신이 된다면, 이 문제는 잠정적으로 범신론(pantheism)으로 연결될 수 있다.

(B) 세상이 단지 무한한 것이고, 세상이 신이 되기 위한 필요가 전혀 없다면, 이 문제는 원칙적으로 무신론으로 연결될 수 있다.

5.3.3 칸토르의 논증

먼저, (I)의 범신론과 무신론의 문제 제기에 대하여 칸토르는 분명히 자신의 주장이 범신론이나 무신론과는 다른 것임을 강하게 변론하고 있다. 오히려 범신론은 칸토르의 시각을 통해서 완전히 극복될 수 있다고 강조했다.[235)] 칸토르는 논문 "실무한과 관련된 다양한 입장들에 관하여(Über die verschiedenen Standpunkte in bezug auf das aktuelle Unendliche)"에서 자신이 사용한 표현 (i)'*natura naturans*'와 (ii)'*natura naturata*'는 토마스 학파에서 사용하고 있는 것과 같은 의미라고 전제하고 있다. 칸토르에 의하면, (i)'*natura naturans*'은 무로부터 창조된 물질들 외부에 존재하는 창조자이자 보존자로서의 하나님을 의미하며, (ii)'*natura naturata*'는 하나님에 의

235 G. Cantor, "Franzelin(1886.1.22.)," *Georg Cantor – Briefe*, H. Meschkowski und W. Nilson (ed.), (Berlin : Springer-Verlag, 1991), 254.

해서 창조된 세계를 의미한다.

칸토르에게 (i)과 관련된 무한은 '창조되지 않은 영원한 무한(*infinitum aeternum increatum*)' 또는 '절대적인 무한(*infinitum Absolutum*)'이므로 절대무한에 해당된다. 그렇다면 아퀴나스의 신학적 논리 내에서도 존재 자체(Being)로서의 신에 대한 판단이 중지되었으므로, 칸토르의 신학적 논리 내에서도 존재 자체로서의 절대무한에 대한 판단도 중지되는 것이 타당하다.[236] 반면, '창조된 무한(*infinitum creatum*)' 또는 '초한(*Transfinitum*)'은 창조된 자연 내에 있는 실무한에 해당된다. 그러므로 칸토르에게 하나님의 무한과 세계의 무한은 동일할 수 없는 것이다. 따라서 신과 세계는 동일할 수 없다. 결국, 칸토르의 무한 개념에 의해서 범신론은 논리적으로 부정된다.

(ii)'*natura naturata*'와 관련하여, '창조된 무한(*infinitum creatum*)' 또는 '초한(*Transfinitum*)'은 창조된 자연 내에 있는 실무한에 해당된다. 여기에서 칸토르는 세계 내에서의 초한의 존재가 (a)선험적으로 도출될 수 있고 동시에 (b)후험적으로 도출될 수 있다고 주장했다.[237] 선험적 근거는 하나님의 완전성이고, 유한의 전제로는 신

---

236 중세 신학은 그리스 형이상학의 전통과 유대-기독교 신학의 전통을 존재의 개념으로 종합하려고 시도한 체계이다. 여기에서 신이란 존재로 이해되고 전제되었다. 따라서 다신론과 일신론을 존재의 논리로 통합해야 하는 과제가 생성될 수밖에 없었다.

237 G. Cantor, "Franzelin(1886.1.22.)," *Georg Cantor – Briefe*, H. Meschkowski und W. Nilson (ed.), (Berlin : Springer-Verlag, 1991), 255; G. Cantor, "Mitteilungen zur Lehre vom Transfiniten V," *Gesammelte Abhandlungen mathematischen und philosophischen Inhalts,* E. Zermelo (ed.) (Berlin : Springer-Verlag, 1932/2013), 404.

의 세계를 설명할 수 없다는 불가능성이 후험적 근거였다. 그러므로 선험적 근거와 후험적 근거에 따라, 창조된 무한의 존재를 가정하는 것이 증명될 수 있다.

아퀴나스와 그를 따르는 대부분의 신학자들이 '창조된 무한'의 학설에 반대했다. 반면, 칸토르는 20여년 연구를 수행해 온 자신의 의견이 옳다고 확신했다. 가령, 창조된 무한을 반대하는 신학자들은 '모든 것을 무게와 수와 척도 안에서 질서를 놓으셨다(*omnia in pondere, numero et mensura disposuisti* 지혜서 11:21)'를 해석하면서, 실무한에 대한 부정의 뜻이 포함되어 있다고 주장했다. 반면, 칸토르는 실무한에 대한 부정을 의미하는 것이 아니라고 반론을 제기했다. 오히려 칸토르는 자신의 증명 결과와 마찬가지로 실무한의 기수와 실무한의 순서수가 존재한다고 가정할 때, 지혜서의 성구는 초한수를 포함하는 것을 의미한다고 해석했다. 즉 실무한수도 유한수와 마찬가지로 하나님의 정하신 엄격한 규칙을 따르고 있다는 것이다. 또한 논증의 방법상 지혜서의 성구를 실무한의 수에 대한 반대의 근거로 사용하는 것은 '순환논법'을 피할 수 없다고 비판했다.[238] 이러한 칸토르의 논증은 타당하다.

실무한을 반대하는 사람들의 논리와는 달리, 칸토르가 '창조된 무한'을 가정하는 것은 무리가 없다. 그는 먼저 하나님의 본질에 포함된 최고의 완전성에서 '섭리적 초한(*Transfinitum ordinatum*)'이 창조될 수 있다는 가능성이 도출될 수 있다고 주장했다. 여기에서 섭리적 초한이란 하나님의 뜻에 의해 이루어진 초한을 말한다. 그

238 G. Cantor, "Franzelin(1886.1.22.)," *Georg Cantor-Briefe*, H. Meschkowski und W. Nilson (ed.), (Berlin : Springer-Verlag, 1991), 255.

렇다면 하나님의 모든 선하심과 영광으로부터 실재로서의 초한이 창조되었다는 필연성이 도출될 수 있다.[239] 신과 세계의 구별이 존재론적 차이에 근거한 것이라고 볼 때, 존재론적 구별을 위해서는 유한과 무한의 구별을 전제하거나 요구할 필요가 없다. 그러므로 칸토르의 논증은 타당하다.[240] 또한 실무한으로 가득한 세계라고 하더라도, 그 세계가 신으로 고려될 수 있는 것이 아니라 여전히 창조된 세계로 고려될 수 있다는 점에서 칸토르의 논증은 타당하다.

5.3.4 프란첼린 추기경의 입장

프란첼린 추기경은 칸토르의 주장과 논증을 인정하고 수용했다.[241] 프란첼린 추기경에 의하면, (a)칸토르가 주장하는 세계의 실무한은 범신론이나 무신론을 함의하지 않는다. 즉 로마 가톨릭 교회의 추기경이자 신학자 프란첼린은 칸토르의 초한 주장이 기독교의 종교적 진리를 위협하지 않는다고 문서로 대답한 것이다. 후에 칸토르는 추기경이 인정한 사실을 여러 기회를 통해 공개했고 또

---

239 칸토르는 하나님의 창조는 존재의 모든 가능성을 품을 수 있을 만큼 넉넉한 무한을 허용하고 있다고 보았다. 이러한 신학적 원리를 그는 아우구스티누스에게서 배웠다.

240 R. Russell, “God and Infinity : Theological Insights from Cantor’s Mathematics,” *Infinity : New Search Frontiers,* M. Heller and W. Woodin (eds.) (Cambridge : Cambridge University Press, 2011), 275-289.

241 G. Cantor, “Franzelin(1886.1.22.),” *Georg Cantor - Briefe*, H. Meschkowski und W. Nilson (ed.), (Berlin : Springer-Verlag, 1991), 256.

한 상당히 자랑스럽게 생각했다.[242)]

그러나 프란첼린 추기경은 같은 편지에서 (II)의 신의 자유와 창조의 필연성의 모순에 대하여 문제를 제기했다.[243)] 그는 칸토르의 창조의 필연성 언급이 오류라고 지적했다. 프란첼린의 주장에 의하면, 하나님의 무한한 영광과 선하심으로부터 초한이 실제로 창조되었음의 필연성을 도출한 것은 잘못이라는 것이다. 왜냐하면 하나님 자체가 절대적이고 완전한 선이며 절대적 영광이므로 어떤 것이 더해지거나 감해질 수 없기 때문이다. 그러므로 창조가 필연적이라고 주장한다면 이는 절대성의 자유에 모순이 된다는 것이다. 여기에서 프란첼린 추기경의 주장이 옳다면, 창조의 자유와 창조의 필연성은 하나님 안에서 논리적으로 충돌할 수 있다.

칸토르는 이에 대한 답신에서 프란첼린 추기경의 문제제기에 동의를 표했다.[244)] 다만, 그는 문제가 되는 부분에서 '절대적으로 자유로우신 하나님'이 창조 행위에 예속되어 있다는 뜻이 결코 아님을 설명했다. 즉, 창조 사건의 객관적이고 형이상학적 필연성보다는 '우리를 위해' 하나님의 무한한 영광과 선하심에 의하여 창조 사건이 이루어졌음을 도출하는 '주관적 필연성'을 강조한 것이

242 J. Dauben, "Georg Cantor and Pope Leo XIII : Mathematics, Theology and the Infinite," *Journal of the History of Ideas* 38 (1), (1977), 103.

243 G. Cantor, "Franzelin(1886.1.22.)," *Georg Cantor – Briefe*, H. Meschkowski und W. Nilson (ed.), (Berlin : Springer-Verlag, 1991), 256.

244 G. Cantor, "Franzelin(1886.1.29.)," *Georg Cantor – Briefe*, H. Meschkowski und W. Nilson (ed.), (Berlin : Springer-Verlag, 1991), 258; G. Cantor(1887), "Mitteilungen zur Lehre vom Transfiniten," *Gesammelte Abhandlungen mathematischen und philosophischen Inhalts,* E. Zermelo (ed.) (Berlin : Springer-Verlag, 1932/2013), 386.

다. 그러므로 칸토르가 말한 필연성(Notwendigkeit)은 '신의 입장에서는(*a parte Dei*)' 창조가 이루어져야만 하는 것임을 의미하지 않는다. 동시에 인간의 입장에서는 '주관적 필연성'으로 해석될 수 있다. 종합하여 보면, 칸토르는 '섭리적 유한(*Finitum ordinatum*)' 뿐만 아니라 '섭리적 초한(*Transfinitum ordinatum*)'도 신으로부터 도출된다는 점을 강조하고 있다.[245] 칸토르는 절대무한과 초한 사이에 신학적으로 중요한 차이가 있음을 강조하고 분석했다.

로마 가톨릭 신학자와의 대화를 통하여 칸토르가 기독교에 대하여 가지고 있는 입장은 다음의 서신을 통해 알 수 있다.

> "세월이 흐르면서 제가 취하게 된 관점들은 기독교의 근본적 진리로부터 결코 멀어지지 않았으며, 그러한 기반은 오히려 더 굳건해졌습니다." (프란첼린 추기경에게 보낸 편지에서)[246]

실무한과 관련하여 칸토르와 프란첼린 추기경의 토론을 통하여 본 신학적 쟁점은 다음과 같이 정리될 수 있다.

(1) 범신론과 무신론에 대한 토론
(2) 필연성과 자유에 대한 토론

---

245 G. Cantor(1887), "Mitteilungen zur Lehre vom Transfiniten," *Gesammelte Abhandlungen mathematischen und philosophischen Inhalts,* E. Zermelo (ed.) (Berlin : Springer-Verlag, 1932/2013), 404.

246 G. Cantor, "Franzelin(1886.1.22.)," *Georg Cantor - Briefe*, H. Meschkowski und W. Nilson (ed.), (Berlin : Springer-Verlag, 1991), 255.

여기에서 (1)이 기독교의 외재적 문제를 다룬 신학적 토론이었다면, (2)는 기독교의 내재적 문제를 다룬 신학적 토론이었다고 평가할 수 있다. 또한 (1)은 칸토르의 주장에 포함된 외재적 오류에 대한 토론이었다면, (2)는 칸토르의 주장에 포함된 내재적 오류에 대한 토론이었다고 평가할 수 있다.

제 6 장

연속체 가설로서의 수학과 신학

6.1 칸토르의 연속체 가설
6.2 연속체 가설로 보는 수학신학의 한계
6.3 연속체 가설로서의 수학신학의 함의와 과제

6.1 칸토르의 연속체 가설

6.1.1 칸토르의 연속체 문제

1879년부터 1884년까지 칸토르는 집합론의 바탕이 되는 결과들을 발표했다. 이 연구 결과에서 처음으로 무한의 순서수(ordinal)을 소개했고, 이를 초한 순서수(transfinte ordinal)라고 불렀다. 우리는 어떤 대상을 셀 때, 자연수를 사용한다. 즉 1, 2, 3, ⋯, n의 자연수를 대상에 한 번 씩 대응시켜 자연수열의 n에서 멈추면 기수(cardinal)를 얻음과 동시에 순서수를 얻게 된다. 여기에서 대상을 세는 순서화 작업(ordering)을 하게 되는 것이다. 결국 1-1 대응을 통하여 (1)집합의 크기와 동시에 (2)집합의 순서를 인지한다. 그래서 자연수 n은 (1) 기수이며 동시에 (2) 순서수로 정의된다.

칸토르는 단위구간 $[0, 1]$의 점의 개수를 생각할 때, 0, 1, 2, 3, ⋯ 모든 자연수를 대응시켜도 결코 모든 점의 개수를 셀 수 없음을 밝혀냈다. 즉 자연수보다 큰 무한집합을 셀 때, 자연수열을 모두 대응시킨 후에는 다시 세기 시작하는 방식이 필요하다.

(1) 0, 1, 2, 3, ⋯

(2) (1)의 다음에 오는 수 ω

이 때 ω는 첫 번째의 무한 순서수이다. 즉 ω는 0, 1, 2, 3, ⋯ 다음에 오는 순서수이지만, 극한 순서수(limit ordinal)이라는 점에 주목해야 한다. 그래서 우리는 ω의 직전 순서수를 알 수 없는 것이다. 그 다음으로 순서수의 수열을 다음과 같이 연장할 수 있다.

(3) $\omega,\ \omega+1,\ \omega+3,\ \cdots$

그리고 다음에 오는 극한 순서수는 다음과 같다.

(4) $\omega+\omega$

$\omega+\omega\ =\omega\cdot 2$이므로 다음과 같이 수열은 계속될 수 있다.

(5) $\omega\cdot 2, \omega\cdot 2+1, \omega\cdot 2+2, \cdots$

이 후에 오는 극한 순서수는 다음과 같다.

(6) $\omega\cdot\omega$

$\omega\cdot\omega$는 ω^2이므로 다음과 같이 수열은 계속될 수 있다.

(7) $\omega^{\omega}, \omega^{\omega^{\omega}}, \cdots$

다음으로 오는 극한 순서수는 ε_0 이다. 물론 이 후로도 수열은 계속될 수 있다.

순서화 작업(ordering)의 관점에서 보면, 수열에서 α가 β의 선행자(predecessor)이다. 그런데 집합의 관점에서 보면 α는 β의 원소로 정의될 수 있다.

$$\alpha \in \beta$$

그러므로 기수가 같은 초한 순서수 ω과 $\omega+1$ 사이에는 다음과 같은 관계가 성립한다.

(Ⅰ) $\omega = \{0, 1, 2, \cdots\}$

(Ⅱ) $\omega + 1 = \{0, 1, 2, \cdots, \omega\}$

여기에서 (Ⅰ)과 (Ⅱ)의 경우, 기수는 같지만 순서의 구조가 다른 것이다. 즉 '집합'으로서는 같지만, '순서집합'으로서는 다르다.[247)]

칸토르는 초한수를 다음과 같이 정의했다.

(Ⅲ) 초한 순서수 ω 는 초한 기수 $\aleph_0$이다.

(Ⅳ) 초한 순서수 ω_1는 초한 기수 $\aleph_1$이다.

ω는 최초의 무한 순서수이다. 그러므로 ω_1는 모든 셀 수 있는

247 정렬집합 (well-ordered set)이란, 공집합이 아닌 각각의 순서수의 부분집합이 최소 원소를 가지는 집합이다.

가산 순서수의 집합이다. 동시에 ω_1는 최초의 비가산 순서수이다.

이제 기수의 지수함수(exponential function)을 생각하자. 임의의 기수 κ 와 λ에 대하여, 기수가 λ인 집합으로부터 기수가 κ인 집합으로의 모든 함수의 집합의 기수로 정의된다. 예를 들어, 2^3은 기수가 3인 집합으로부터 기수가 2인 집합으로 가는 모든 함수의 개수이다.

6.1.2 결정 불가능한 문제

그렇다면 초한 기수 $\aleph_0$의 경우, $2^{\aleph_0}$는 어떤 의미를 가지는가? 즉 기수가 $\aleph_0$인 집합으로부터 기수가 2인 집합으로 가는 함수의 개수는 몇인가? 자연수의 전체 집합에서 집합 $\{0,1\}$로 가는 모든 함수의 집합은 $2^{\aleph_0}$을 기수로 가지는 것이다. $2^{\aleph_0}$은 셀 수 없는 비가산 무한집합이다. 그러므로 $2^{\aleph_0}$은 셀 수 있는 가산 무한집합 $\aleph_0$ 보다 크며 $\aleph_1$보다 같거나 크다. 여기에서 칸토르는 $2^{\aleph_0}$가 $\aleph_1$와 같을 것이라고 추측했다. 이것이 그 유명한 칸토르의 연속체 가설(continuum hypothesis)로 불리게 된 것이다. 연속체란 표현은 실수 전체의 집합을 부르는 말이다. 연속체 문제는 실수 전체의 집합을 다루는 문제이다.

초한 순서수와 초한 기수는 집합론의 핵심적 부분이며, 따라서 연속체의 가설은 집합론의 핵심으로부터 나온 문제이다.[248] 그럼에

248 정수에 대한 직관에 반한다고 반대했던 브라우워(Brouwer)는 연속체를 셈한

도 불구하고, 이 문제는 현재까지 집합론 내에서 결정할 수 없는 문제로 알려져 있다. 이것은 집합론의 모델이 모순이 없다면, 연속체 가설을 긍정하는 집합론의 모델과 연속체 가설을 부정하는 집합론의 모델이 존재한다는 것을 함의한다. 즉 연속체 가설에 관하여 두 가지의 집합론 모델이 존재할 수 있음을 보여준다. 집합론에 의해서 만들어진 연속체 가설이 집합론 내에서 결정될 수 없다는 결론은 상당히 놀라운 결과이다. 마치 평행선 공준의 선택에 따라 '유클리드 기하학'과 '비유클리드 기하학'이 존재하고 있는 현상과 유사하다. 연속체 가설의 선택에 따라 두 집합론이 존재할 수 있기 때문이다.

다는 구상은 공허한 것이므로 연속체 가설은 무의미하다고 주장했다. 한편, 힐베르트의 형식주의와 브라우워의 직관주의의 포괄적 통합을 시도했던 바일(Weyl)은 연속체를 인정하되 고정된 대상으로 볼 수 없다고 주장했다. 바일의 입장은 기호주의적 구성주의(symbolic constructivism)로 이해될 수 있다. H. Weyl, *Mind and Nature : Selected Writings on Philosophy, Mathematics, and Physics*, 194-195.

6.2 연속체 가설로 보는 수학신학의 한계

6.2.1 수학과 신학의 한계

칸토르는 (i)유한에서 실재로서의 무한 $\aleph$ 으로 갈 수 있는 문을 열어 주었다. 그 다음으로 그는 (ii)셀 수 있는 무한 $\aleph_0$에서 셀 수 없는 무한 $\aleph_1$으로 갈 수 있는 문을 열어 주었다. 마지막으로 그는 (iii)초한 무한(transfinite infinity)에서 절대 무한(absolute infinity) Ω으로 가는 문에 대하여 이야기했지만 그 문을 열고 들어갈 수는 없었다.

칸토르에 의하면, 무한은 하나님이 허락한 것이다. 이 무한의 영역은 다시 몇 가지 단계의 초한으로 이해될 수 있다. 예를 들어, 셀 수 있는 가산의 초한 무한과 셀 수 없는 불가산의 초한 무한이 구분될 수 있으며, 초한 무한과 절대 무한의 단계가 구분될 수 있다. 여기에서 절대 무한은 곧 절대 무한으로서의 하나님과 같다.[249)]

(1) 가장 낮은 단계의 초한은 자연수와 정수와 유리수의 무한이다.
(2) (1)보다 높은 단계의 초한은 연속 실직선의 무한이다.
(3) 초한의 무한보다 높은 단계의 무한은 절대 무한이다.

---

249 M. Hallett, *Cantorian Set Theory and Limitation of Size* (Oxford : Clarendon Press, 1984), 13.

칸토르는 모든 연속적 공간과 선과 고차원의 표면은 같은 단계의 무한에 속한다는 것을 밝혔다. 이는 무한 내에서는 차원의 차이가 무의미할 수 있음을 함의한다. 그는 무한의 세계를 이렇게 정의하고 인지할 수 있었다.[250] 그렇다면 절대 무한이나 절대 무한으로서의 하나님을 인지적으로 정의할 수 있는가? 인간의 인지 내에서 절대 무한의 문제를 결정할 수 있는가? 신의 문제로 정의한 절대 무한에 관하여 칸토르의 입장은 무엇이었는가? 이를 살펴보기 위하여 칸토르가 영국의 수학자 영(G. Young)에게 보낸 편지를 분석해 볼 필요가 있다.[251]

> "나는 실무한의 어떤 최대의 종류(*genus supremum*)에 대해서 언급한 적이 없습니다. 반대로 나는 실무한의 '최대의 종류'란 결코 존재하지 않는다는 것을 견고하게 증명했습니다. 유한과 초한의 모든 것을 능가하는 것은 어떤 종류가 아닙니다. 유한과 초한의 모든 것을 능가하는 것은 단 하나의 완벽한 개체로서 그 안에 모든 것이 포함되고, 그 안에 절대가 포함되며, 인간의 이해력으로는 접근할 수가 없는 것입니다. 이것은 '가장 순수한 행위'(*actus purissimus*)이고, 사람들에 의해서 하나님이라고 불리는 것입니다."

여기에서 칸토르는 절대 무한으로서의 하나님을 '가장 순수한 행위'로 이해하고 있다. 하나님은 그 어떤 도구에 의해서도 정복되

---

250 G. Cantor, "Mitteilungen zur Lehre vom Transfiniten," *Gesammelte Abhandlungen mathematischen und philosophischen Inhalts*, E. Zermelo (ed.) (Berlin : Springer-Verlag, 1932/2013), 378.

251 J. Dauben, *Georg Cantor : His Mathematics and Philosophy of the Infinite* (Princeton, Princeton University Press, 1979), 290.

거나 손상될 수 없는 대상이다. 칸토르가 보기에 하나님을 종류의 개념이나 도구로 이해하는 것은 잘못된 행위이다. 절대 무한으로서의 하나님은 단일한 대상이기 때문이다. 절대 무한으로서의 하나님은 인간의 인지로 접근하여 정복할 수 없는 신성불가침의 영역이다. 이것이 칸토르가 인지한 내용이다. 즉 실재로서의 무한에 대한 이해를 통하여 실재로서의 하나님에 대한 인지의 한계를 인지하라는 것이다.[252]

그렇다면 연속체 문제는 칸토르에게 신 자체를 다루는 문제는 아니었다. 그러므로 그는 연속체 문제에 대한 명확한 정의와 해결 가능성을 의심하지 않았던 것이다. 그러나 결국 연속체 문제는 해결되지 못했고 칸토르를 정신적으로나 육체적으로 크게 괴롭혔다. 왜냐하면 $\aleph_0$와 연속체의 기수 $2^{\aleph_0}$ 사이에 또 다른 초한 기수가 존재한다면 초한 기수의 단계를 정의하기 어렵기 때문이었다. $\aleph_0$ 다음의 초한 기수가 어떤 초한 기수인지를 밝힐 수 없다면 사실상 $\aleph_1$에 대한 이해란 유명무실하게 된다. 이 지점에서 칸토르는 $\aleph_0$의 다음 단계의 초한이 $\aleph_1$이라고 믿었다. 즉 다음의 동일성을 믿은 것이다.

$$2^{\aleph_0} = \aleph_1$$

하우스도르프(Felix Hausdorff, 1904)는 이 명제문장을 일반화시켜서 다음과 같이 제시했다.

252 칸토르에게 모든 추상적 대상들의 모임은 어떠한 모임의 원소가 될 수 없다. 그러므로 칸토르에게 신은 어떤 모임의 원소가 될 수 없다.

$$2^{\aleph_\alpha} = \aleph_{\alpha+1}$$

모든 초한 기수에 대하여 일반화된 관계를 설명한 것이다. 이를 일반 연속체 가설(Generalized Continuum Hypothesis)이라고 하고 GCH라고 표기한다.[253)]

6.2.2 집합론의 형식시스템

칸토르는 연속체의 문제를 증명할 수 있을 것이라 생각했다. 그러나 이후 그는 자신의 판단이 계속 흔들린다는 것을 확인할 수 있었을 뿐, 끝내 연속체 문제를 해결하지 못했다. 이 과정에서 칸토르는 정신적 혼돈과 병약함에서 자유롭지 못했다. 후에 괴델(K. Gödel, 1938)과 코헨(P. Cohen, 1963)은 선택 공리와 연속체 가설이 체르멜로-프랭켈의 공리적 집합론 내에서 공리적 독립성과 상대적 무모순성을 가진다는 것을 증명했다.[254)]

---

253 연속체 문제에 관한 탁월한 역사적 소개는 다음을 참조하라. G. Moore, "Early History of the Generalized Continuum Hypothesis : 1878~1938," *The Bulletin of Symbolic Logic*, 17(4), 2011, 489-532; G. Moore, "Towards a History of Cantor's Continuum Problem," *The History of Modern Mathematics, Vol.I*, D. Rowe, J. McCleary (eds.) (London : Academic Press, 1989), 79-121.

254 K. Gödel, "The consistency of the axiom of choice and of the generalized continuum hypothesis(1938)," *Kurt Gödel Collected Works II : Publications 1938~1974*, S. Feferman, J. Dawson, Jr., S. Kleene, G. Moore, R. Solovay, J. van Heijenoort (eds.) (New York : Oxford University Press, 1990), 26-27; P. Cohen, *Set Theory and the Continuum Hypothesis* (New York : Dover Publications, 2008).

괴델은 *ZFC* 내에서 연속체 가설 *CH*을 사용할 수 있는 타당성을 증명했다.[255] 괴델의 증명을 분석하기 위해서는 집합론의 형식 시스템을 구체적으로 살펴볼 필요가 있다.

I. 논리식(formula).

먼저 집합론의 명제문장을 정식 또는 논리식(formula)이라고 부르며 다음과 같이 구성된다. 사용되는 기호들은 다음과 같다.

(1) 연결기호

$\neg$(not)

$\rightarrow$(impliest)

$\leftrightarrow$(if and only if)

$\vee$ (or)

$\wedge$ (and)

(2) 양화기호(quantifiers)

$\forall$ (for all)

$\exists$ (there exists)

(3) 보조기호

(

)

255 괴델과 집합론의 관계에 대하여는 다음의 탁월한 소개를 참조하라. A. Kanamori, "Gödel and Set Theory," *The Bulletin of Symbolic Logic*, 13(2), 2007, 153-188.

(4) 술어기호(predicate)

$=$(equals)

$\in$(is a member of)

(5) 변수기호(variables)

$x, y, z, \cdots$

이들이 다음과 같이 연결될 때, '정식' 또는 '논리식'(formula)이라 부른다.

(6) $x=y$ 또는 $x\in y$는 논리식이다.[256)]

(7) φ와 ψ가 논리식이면, $(\neg\varphi)$, $(\varphi\rightarrow\psi)$, $(\varphi\wedge\psi)$, $(\varphi\vee\psi)$, 모두 논리식이다.[257)]

(8) $\forall x\varphi$와 $\exists x\varphi$도 논리식이다.[258)]

예를 들어, $\forall z(x=y\rightarrow(z\in x\rightarrow z\in y))$는 논리식이다.[259)] 이 논리식에서 z는 양화기호$\forall$에 한정되어 있는데, 이 경우 '변수 z가 한정되어 있다'고 한다. 여기에서 x, y는 한정되어 있지 않으므로 자

256 x가 y의 원소임을 의미한다.

257 각각, φ가 아니다, φ이면 ψ이다, φ와 ψ는 동치이다, φ이고 ψ이다, φ이거나 ψ이다, 는 의미이다.

258 각각, 모든 x에 대하여 φ이다, φ인 x가 존재한다, 는 의미이다.

259 모든 z에 대하여, x와 y가 같을 때, z가 x의 원소이면 z는 y의 원소이다.

유변수라고 한다. 논리식을 보통 $\varphi(x_1, x_2, \cdots, x_n)$으로 표시하는데, 이는 변수 $x_1, \cdots, x_n$이 정식 φ의 자유변수라는 뜻이다. 논리식에 자유변수가 하나도 없는 경우를 명제(proposition) 또는 명제문장(sentence)이라 부른다. 예를 들어, 위의 논리식에 $\forall x \forall y$를 추가한 $\forall x \forall y \forall z(x=y \rightarrow (z \in x \rightarrow z \in y))$는 명제 또는 명제문장이 되는 것이다.

II. 논리적 공리.

모든 형식 시스템에 적용되는 논리적 공리가 있다. 일반적으로 자명하다고 보고 공리로 채택하고자 하는 명제들을 포함하고 있다. 예를 들면, φ, ψ가 논리식일 경우, $(\varphi \rightarrow \varphi)$, $((\varphi \wedge \psi) \rightarrow \varphi)$, $(\varphi \rightarrow (\varphi \vee \psi))$, $(\varphi \rightarrow ((\varphi \rightarrow \psi) \rightarrow \psi))$들은 모두 논리적 공리이다.[260] 또한 φ가 명제일 경우$(\varphi \rightarrow \forall x \varphi)$도 논리적 공리이고, $\forall x(x=x)$, $\exists x(x=x)$, $\forall z(x=y \rightarrow (z \in x \rightarrow z \in y))$도 모두 논리적 공리이다.

III. ZFC 집합론의 공리.

체르멜로와 프랭켈이 정립한 집합론의 공리들을 ZFC라 부른다.[261] 여기에서 C는 선택공리(Axiom of Choice)를 뜻한다. 선택공리만을 별도로 머리글자에 붙이는 이유는 선택공리가 논쟁의 대상이 되므로 선택공리를 제외한 공리들 ZF와 구분하여 연구되기 때

260 모두 진리표에 의해 항진(tautology)에 해당한다.

261 대체공리(Replacement Axiom)를 제외한 모든 공리들이 체르멜로에 의해 제안된 것이다. 후에 프랭켈이 대체공리가 필요함을 지적했다.

문이다.[262] 집합론의 ZF의 공리는 다음과 같다.[263]

(1) 외연성 공리(Extensionality Axiom)[264]

$$\forall x \forall y \forall z ((z \in x \leftrightarrow z \in y) \rightarrow x = y).$$

(2) 짝집합 공리(Paring Axiom)[265]

$$\forall x \forall y \forall z \forall u (u \in z \leftrightarrow (u = x) \vee (u = y)).$$

(3) 합집합 공리(Union Axiom)[266]

$$\forall x \forall y \forall z (z \in y \leftrightarrow \exists u (z \in u) \wedge (u \in x)).$$

---

262 선택공리에 대한 흥미로운 논쟁의 역사는 다음을 참조하라. 홍성사·홍영희. "Zermelo 이후의 선택공리," 『한국수학사학회지』9, No.2, (1996) : 1-9; G. Moore, *Zermelo's Axiom of Choice, Its Origins, Development, and Influence, Studies in the History of Mathematics and Physical Sciences 8* (New York : Springer-Verlag, 1982); S Wagon, *The Banach-Tarski Paradox* (New York : Cambridge University Press, 1985).

263 J. Shoenfield, "Axioms of Set Theory," *Handbook of Mathematical Logic,* J. Barwise (ed.) (Amsterdam : North-Holland Publishing Company, 1977), 321-344; 정주희, 『수리논리와 집합론 입문』(서울 : 경문사, 2012), 270-282; 현우식·김병한, "신학과 수학에서의 진리와 믿음 : 사영결정공리의 신학적 함의," 『신학사상』123(2003) : 275-279.

264 두 집합이 서로 같은 원소를 가지고 있으면 두 집합은 같다.

265 집합 x와 y가 있을 때, 둘을 모은 집합 $z = \{x, y\}$가 존재한다.

266 집합 x에 대해 x의 원소들을 모두 합한 집합 y가 존재한다. 예를 들어 $x = \{a, b, c\}$라면 y는 $a \cup b \cup c = \{z | (z \in a) \vee (z \in b) \vee (z \in c)\}$가 된다.

(4) 멱집합 공리(Power Set Axiom)[267)]

$$\forall x \exists y \forall z (z \in y \leftrightarrow \forall u (u \in z) \rightarrow (u \in x)).$$

(5) 분리공리(Separation Axiom).[268)] $\varphi(x)$가 논리식일 때,

$$\forall z \exists y \forall x (x \in y \leftrightarrow (x \in z \wedge \varphi(x))).$$[269)]

(6) 기초 공리(Foundation Axiom).[270)]

$$\forall x (x \neq \varnothing \rightarrow \exists y (y \in x \wedge x \cap y = \varnothing).$$

(여기서 $x \cap y$는 x, y의 교집합이다.[271)] 이 기초 공리에 의해 $x \in y$이면 $x \neq y$임을 보일 수 있다.)

(7) 무한 집합 공리(Infinity Axiom).[272)]

---

267 집합 x의 부분집합을 다 모은 멱집합(power set)이 존재한다.

268 분리공리는 칸토르 집합론의 내포공리(Comprehension axiom)가 일으키는 모순을 방지하기 위해 채택된 공리이다. 모든 외연은 내포에 환원될 수 있으나, 내포는 외연에 환원될 수 없는 경우가 있다. 내포는 원소를 정의하는 속성에 대한 규정과 관련된다.

269 집합 z와 조건 $\varphi(x)$가 있을 때, z의 원소 중, $\varphi(x)$를 만족하는 것들만 모은 z의 부분집합 $y = \{x \in z | \varphi(x)\}$가 존재한다. (좀 더 정확히는 조건 $\varphi(x, a, b, c)$ 등이 주어질 때.) 이것들은 $\varphi(x)$에 따라 하나씩 주어지므로, (5)는 무한히 많은 공리들이다.

270 정칙성 공리(Regularity axiom)라고도 한다.

271 $x \cap y = \{z | (z \in x) \wedge (z \in y)\}$

272 이 무한 집합의 공리를 만족하는 집합 x는 무한히 많은 원소를 갖는다. 앞의 기초공리에 의해 그 원소들이 서로 다르다는 것이 보장된다.

$$\exists x((x \neq \varnothing) \wedge \forall y(y \in x \rightarrow \exists z(z \in x \wedge y \in z).$$

(8) 대체 공리들(Replacement Axioms).[273] $\varphi(x,y)$가 논리식일 때,

$$\forall z\begin{bmatrix} \forall x(x \in z \rightarrow \exists y\varphi(x, y)) \rightarrow \\ \exists w \forall x(x \in z \rightarrow \exists y(y \in w \wedge \varphi(x, y))) \end{bmatrix}$$

(9) 선택공리(Axiom of Choice AC).[274]

$$\forall x \forall y[(y \in x \rightarrow y \neq 0) \rightarrow \exists w \forall y(y \in x \rightarrow (|y \cap w| = 1))]$$

(여기서 $|y \cap w| = 1$이란 집합 $y \cap w$의 원소가 하나밖에 없음을 의미한다.)[275]

IV. 증명(Proof).

집합론의 명제 σ가 ZFC에서 '증명' 된다는 것은 ($ZFC \vdash \sigma$로 표기한다) 유한개의 논리식 φ_0, φ_1, $\cdots$, φ_n이 있어, 우선 φ_n은 σ이고, 각 $i(\leq n)$에 대해

(1) φ_i는 논리적 공리이거나

---

273 프랭켈이 제안했다. 집합 z의 임의의 원소 x에 대해 $\varphi(x, y, a, b, \cdots)$를 만족하는 y가 있으면, 그런 y들을 모은 집합 u가 존재한다.

274 집합 x의 원소들이 공집합이 아니면, 그 원소들에서 각각 하나의 원소만을 택하여 모든 집합이 존재한다.

275 $\exists s(s \in y \cap w) \wedge \forall u \forall v((u \in y \cap w \wedge v \in y \cap w) \rightarrow u = v)$로 나타낼 수 있다.

(2) 또는 위의 ZFC 공리중 하나이거나

(3) 혹은 φ_i가 선행하는 두 논리식에서 전건긍정법(Modus Ponens)을 사용하여 얻어지는 경우(즉 $j, k < i$가 있어, φ_k가 $\varphi_j \rightarrow \varphi_i$ 이거나)를 뜻한다.[276)]

T를 명제들의 집합이라 할 경우, σ가 T에서 증명된다는 것도 위의 정의에서 ZFC 를 T로 대치하기만 하면 된다. 이제 이렇게 해서 집합론체계에서 한 명제가 다른 명제들의 집합으로부터 증명된다는 것의 형식적 정의를 살펴보았다. 집합론이 아닌 산술체계(Arithmetics)에서도 상황은 다르지 않다. 단지 명제를 정의하기 위해 사용되는 기호에 집합론의 $\in$ 대신 연산의 기호($+$, $\times$)가 사용되고, ZFC 공리가 페아노 공리(Peano Axioms)로 대치될 뿐이다.

'명제들의 집합 T에서 명제 σ가 증명된다'는 문장은 'T에서 σ가 유도된다' 는 뜻이어야 하고, 논리적으로 보면 'T의 모든 명제들이 참이면, σ도 참이다' 라는 문장과 동치이어야 한다. 그렇다면 여기서 명제의 '참'과 '거짓'에 대한 개념적 명확성이 요구된다.

집합론의 한 명제가 '진리로 해석이 되는 개념'을 모델을 사용하여 정의할 수 있다. 'T의 모든 명제들이 참으로 해석되면, σ도 참으로 해석된다' 는 문장이 의미하는 바를 모델개념을 사용하여 명확하게 만들 수 있다는 것이다. 이 문장은 다시 앞의 경우처럼 '$T \vdash \sigma$'와 동치가 되어야 한다.

---

276 전건긍정법은 두 논리식 φ와 $\varphi \rightarrow \psi$에서 ψ를 유도하는 것을 뜻한다.

V. 모델(Model).[277]

집합론에서 모델은 모델은 $M = < S, E >$이다. 여기서 S는 공집합이 아닌 집합이고, E는 S에서의 관계, 즉 $S \times S = \{< x, y > | x, y \in S\}$의 부분집합이다.

여기에서 $M = < S, E >$은 모델이고, $\varphi(x_1, \cdots, x_n)$은 논리식, $a_1, \cdots, a_n$은 S의 원소들일 때, φ가 모델 M에서 $a_1, \cdots, a_n$으로 만족된다는 것을 기호로는 $M \vDash [a_1, \cdots, a_n]$이라 표현하고 다음과 같이 재귀적으로(Recursively) 정의한다.

(M1) φ가 $x = y$인 경우; $a = b$일 때, $M \vDash x = y[a, b]$.

(M2) φ가 $(\neg\psi)$인 경우; $M \vDash \psi[a_1, \cdots, a_n]$이 아닐 때,
$M \vDash (\neg\psi)[a_1, \cdots, a_n]$.

(M3) φ가 $(\psi \wedge \chi)$인 경우; $M \vDash \psi[a_1, \cdots, a_n]$이고
$M \vDash \chi[a_1, \cdots, a_n]$일 때, $M \vDash (\psi \wedge \chi)[a_1, \cdots, a_n]$.[278]

(M4) φ가 $(\psi \rightarrow \chi)$인 경우; $M \vDash \psi[a_1, \cdots, a_n]$이고

---

277 모델에서의 명제의 진리 개념은 타르스키에 와서 만족스럽게 정립되었다. 다음을 참조하라. H. Dales & G. Oliveri, "Truth and the foundations of mathematics," *Truth in Mathematics* (Oxford : Oxford University Press, 1998); W. Hodges, *Model Theory* (New York : Cambridge University Press, 1997).

278 논리합 연결기호 $\vee$에 대해서도 같은 방식으로 정의한다.

$$M \vDash \chi[a_1, \cdots, a_n] \text{일 때, } M \vDash (\psi \rightarrow \chi)[a_1, \cdots, a_n].$$ [279)]

(M5) φ가 $\exists x_i \psi$인 경우; $M \vDash \psi[a_1, \cdots, a_{i-1}, b, a_{i+1}, \cdots, a_n]$ 인 b가 M에 있을 때, $M \vDash \exists x_i \psi$라 정의한다.

임의의 논리식 $\varphi(x_1, \cdots, x_n)$가, 임의의 모델 $M = < S, E >$ 에서 진리이다(또는 참이다)라는 말은 어떠한 S의 원소 $a_1, \cdots, a_n$에 대해서도 $M \vDash [a_1, \cdots, a_n]$ 인 경우를 의미한다. 모델이 해석된 명제의 성질을 가지면, 그 명제는 그 해당 모델에서 참이다. 그렇지 않은 경우에는 그 명제는 거짓이다.

이제부터 '명제들의 집합 T에서 명제 σ가 논리적으로 유도된다' 는 정의를 할 수 있다. 이 말은 T의 모든 명제가 어떤 모델 M에서 전부 참이면, σ도 그 모델 M에서 참인 경우를 뜻한다. 이를 다음과 같이 표기한다.

$$T \vDash \sigma$$

6.2.3 괴델의 연속체 가설

괴델(1938)은 일반 연속체 가설을 새로운 공리로 추가해도 ZFC가 모순이 없으며 사용될 수 있음을 증명했다.[280)] 괴델은 ZFC

279 양방향함의 연결기호 ↔에 대해서도 같은 방식으로 정의한다.

280 K. Gödel, "The Consistency of the Axiom of Choice and of the Generalized Continuum Hypothesis," *Proceedings of the National Academy of the United*

의 모델 M을 가지고, M내에 CH가 성립하는 다른 모델을 구성했다. 괴델의 증명 과정을 정리하면 다음과 같다.

(1) 괴델은 모든 구성가능한 집합으로 이루어진 클래스를 정의하기 위하여 $L(\alpha)$를 재귀적으로 정의한다. 순서수 α에 대하여,

$$L(0) = \varnothing$$

$L(\alpha+1) = Df(L(\alpha))$ (여기에서 $Df(\alpha)$은 α 내의 매개변수로(parameters)부터 '정의가능한'(definable) 모든 부분집합으로 이루어진 모임), 그리고 극한 순서수(limit ordinal) λ에 대하여

$$L(\lambda) = \cup_{\alpha < \lambda} L(\alpha).$$

여기에서 괴델이 정의하고자 하는 것은 결국 구성가능한 유니버스 L을 정의하고자 한 것이다. $L(\alpha+1) = Df(L(\alpha))$은 $L(\alpha)$의 모든 정의가능한 부분집합에 해당된다. 가령, $Df(x)$는 일정 구조 내에서 정의가능한 $x \in L$의 부분집합들로 이루어진 모임이다.

(2) L은 $\cup_{\alpha \in On} L(\alpha)$로 정의된다. 여기에서 On은 모든 순서

States of America, 24(12), 1938, 556-557; K. Gödel, "The consistency of the axiom of choice and of the generalized continuum hypothesis(1938)," *Kurt Gödel Collected Works II : Publications 1938~1974*, S. Feferman, J. Dawson, Jr., S. Kleene, G. Moore, R. Solovay, J. van Heijenoort (eds.) (New York : Oxford University Press, 1990), 26-27.

수의 클래스이다.

여기에서 괴델은 모든 $L(\alpha)$의 합집합으로서의 구성가능한 유니버스 L을 정의한다. 극한 순서수(limit ordinal) λ에 대하여 다음이 성립하고,

$$L(\lambda) = \cup_{\alpha < \lambda} L(\alpha)$$

모든 순서수 α에 대하여, $L(\alpha)$의 합집합 L이 성립한다.

$$L = \cup L(\alpha)$$

(3) L에 포함되는 원소들을 구성가능집합(constructible sets)이라 한다.

즉, $z \in L(\alpha)$를 만족하는 집합 z는 구성가능한 집합이다.

(4) 구성가능성 공리(Axiom of Constructibility). 모든 집합은 구성가능하다.[281)]

이것은 믿음이고 전제이다. 왜냐하면 자연수 집합의 모든 부분집합이 구성가능한지 알 수 없기 때문이다. 그러므로 유니버스 L 내의 모든 집합이 구성가능한지 우리는 알 수 없다.

---

281 일반적으로 사용되고 있으나, 엄밀한 의미에서 보면 구성가능성 공리보다는 '구성가능성 가설'(the constructiblity hypothesis)이 적절하다. A. Levy, *Basic Set Theory* (New York : Springer-Verlag, 1979), 291.

(5) 모든 집합의 유니버스를 V라고 할 때, 구성가능성 공리에 의해서 $V=L$ 이다.

괴델은 ZFC의 모델 M 속에서 V를 만들 때, $V(\alpha)$에서 $V(\alpha)$의 모든 부분집합을 택했다. 그러나 그는 V의 내적 모델(inner model) L을 만들 때에는 $L(\alpha)$에서 $L(\alpha)$의 '정의가능한'부분집합(definable subsets) 만을 택했다. 이것은 새로운 조건이다. 그러므로 $L(\alpha+1)$을 구성하는 모든 집합은 다음과 같다.

$$\{\alpha \mid \alpha \in L(\alpha) \text{ 이고 } \varphi(\alpha) \text{는 } L(\alpha) \text{ 안에서 성립한다}\}$$

여기에서 $\varphi(x)$는 $L(\alpha)$의 원소를 포함한 집합론의 언어에 포함되는 논리식이고 $L(\alpha)$의 원소들을 지시해 준다.

(6) $V=L$이면, 일반 연속체 가설 GCH가 성립한다.

괴델은 $L \vDash CH$ 를 증명하기 위하여, $(V=L)$이 CH를 함의함을 증명했다. 여기에서 괴델은 ZFC의 멱집합(power set)의 문제 V와 무한집합의 후속 기수 문제 L을 연결시켜 증명한 셈이다. 괴델은 모든 순서수 α에 대하여 정의가능한 집합만을 포함하는 $L(\alpha)$를 사용했기 때문에, L은 모든 순서수를 포함하는 ZFC 내의 허용되는 모델 가운데 가장 작은 모델에 해당된다.

결국, 괴델은 구성가능성 공리라는 매우 강력한 공리를 ZFC에 새로운 공리로 추가할 때, 일반 연속체 가설 GCH가 성립함을 증명했다. 이 과정에서 괴델은 집합론에 대하여 중대한 메타 수학적 공헌을 남겼다고 평가할 수 있다.

(ⅰ) 본래 집합론에는 구조(structure)가 포함되어 있지 않다. 이런 집합론에 괴델은 '구성가능한 계층구조'(constructible hierarchy)를 제공했다. 그러므로 이제 괴델에 의해서 집합론 모델(model)의 사용이 자유롭게 된 것이다.

(ⅱ) 괴델의 제2불완전성 정리에 의하면, ZF가 무모순이면, 다음이 성립한다.

$$Con(ZF) \Rightarrow ZF \nvdash Con(ZF)$$

ZF가 무모순이면, ZF 내에서 ZF의 무모순성 $Con(ZF)$를 증명할 수 없다. 그런데 괴델(1938, 1939, 1940)에 의해서 집합론의 메타 정리가 다음과 같이 모두 증명된 것이다.

(a) $Con(ZF) \Rightarrow Con(ZF+AC+GCH)$

ZF가 무모순이면, $ZF+AC+GCH$은 무모순이다.

(b) $Con(ZF) \Rightarrow ZF \nvdash \neg GCH$

ZF가 무모순이면, ZF 내에서는 GCH의 부정을 증명할 수 없다.

(c) $Con(ZF) \Rightarrow Con(ZF+(V=L))$

ZF가 무모순이면, $ZF+(V=L)$이 무모순이다. 즉 ZF에 구성가능성 공리를 새 공리로 추가해도 무모순이다.

(a)와 (b)와 (c)의 메타 집합론적 결과는 무한과 관련하여 매우 놀라운 의미를 제공한다. 우리가 ZF내에서 GCH의 진위를 결코 증명할 수 없지만 ZF와 GCH의 양립가능함을 증명할 수는 있다. 즉 무한의 본질과 관련된 문제의 해를 증명할 수는 없지만 무한의 본질과 관련된 문제의 상대적 양립가능성을 증명할 수는 있다. 이 메타수학적 함의는 수학신학적 함의를 유도할 수 있다.

(iii) 괴델의 연속체 가설 증명이 무모순이다. 동시에 코헨의 연속체 가설의 부정에 대한 증명이 무모순이다.[282] 괴델은 ZF 내에서 연속체 가설 CH을 사용할 수 있는 타당성을 증명했다. 반면 코헨(1963)은 강제(forcing)의 방법을 사용하여 ZF 내에서 연속체 가설 CH을 사용할 수 없는 타당성을 증명했다.[283] 그러므로 ZF 집합론 내에서 CH는 결정불가

282 코헨의 증명에 관하여는 다음을 참조하라. P. Cohen, “Independence Results in Set Theory,” *Symposium on the Theory of Models* (Amsterdam : North-Holland Publishing Company, 1965), 39-54; P. Cohen, *Set Theory and the Continuum Hypothesis* (New York : Dover Publications, 2008). 코헨은 독립성 증명에 대한 공헌을 인정받아 1966년 영예의 필즈 메달을 수상했다.

283 코헨의 강제(forcing)에 대한 탁월한 설명은 다음을 참조하라. J. Burgess, “Forcing,” *Handbook of Mathematical Logic,* J. Barwise (ed.) (Amsterdam : North-Holland Publishing Company, 1977), 403-452; K. Hrbacek & T. Jech,

능한 문제에 해당한다.

괴델과 코헨의 결과를 종합하여 볼 때, 칸토르는 해결할 수 없었던 문제에 집착하고 있었던 셈이다. 그래서 칸토르는 해결될 수 없었던 문제에서 끝내 헤어 나오지 못했던 것이다. 괴델과 코헨의 증명에 의하면, 새로운 공리가 나오지 않는 한 연속체의 문제는 해결될 수 없는 문제이다. 결국, 집합에 대한 새로운 정의가 나오지 않는다면 연속체의 문제는 해결될 수 없다. 그러므로 이것은 연속체 문제가 보여준 칸토르의 집합론이 지닌 한계를 의미한다. 칸토르의 집합론으로부터 나온 연속체 문제 $2^{\aleph_0} = \aleph_1$는 다름 아닌 칸토르의 집합론의 한계를 증명하고 있다.

칸토르에게는 진리로 여겨졌던 $2^{\aleph_0} = \aleph_1$에 대하여 현재 우리는 $2^{\aleph_0} = \aleph_1$의 진위를 알 수도 없고 결정할 수도 없다. 집합론이 만들어낸 훌륭하고 아름다운 문제 *CH*가 정작 집합론을 믿고 받아들인 사람들에게 결정권을 박탈하는 문제가 된 것이다. 결과적으로 연속체의 문제는 칸토르에게 정신적 건강과 고귀한 생명을 그 대가로 요구한 문제가 된 셈이다. 병들고 지쳤던 칸토르는 1918년 1월 6일 할레의 대학병원인 네르벤클리닉 병원의 침대에서 사망한 채로 발견되었다. 비로소 그는 무한의 본질을 보여주는 연속체 문제로부터 자유롭게 될 수 있었다. 루터교회식의 장례식

Introduction to Set Theory (London : Taylor & Francis, 1999); T. Jech, *Set Theory* (New York : Academic Press, 1978). 이후 레비(A. Levy), 스콧(D. Scott), 쇤필드(J. Shoenfield), 솔로베이(R. Solovay) 등의 집합론자들이 강제기법을 일반화시켜 다른 수학 문제에 적용하였다.

이 있었고, 후에 그의 작은 묘지는 유실되었고 묘비만 남아있다. 칸토르는 무한을 인지할 수 있는 문을 활짝 열어 주었다. 동시에 그는 수학과 신학 내에서 정복하기 어려운 무한의 본질을 철저히 보여주고 떠났다.

6.3 연속체 가설로서의 수학신학의 함의와 과제

6.3.1 한계인가 모순인가

실무한을 수학 내의 중심 문제로 대두시킨 칸토르(Georg Canor)가 초한집합론을 통하여 공헌한 것 가운데 가장 중요한 것의 하나는 연속체의 기수와 관련된 것이었다.[284] 이 문제는 실수의 전체집합 R의 기수와 자연수의 전체집합 N의 기수 사이에 존재하는 기수에 관한 질문으로부터 자연스럽게 제기될 수 있었다.

칸토르는 실수의 부분집합에는 $\aleph_0$, $\aleph_1$ 두 가지 크기의 무한 기수가 존재한다고 보고, $2^{\aleph_0} = \aleph_1$을 추론했다. 그러나 칸토르는 자신의 주장을 증명하는 일에 성공하지 못했고, 후에 사람들이 이 주장을 칸토르의 연속체 가설(Cantor's Continuum Hypothesis (CH)) 이라고 부르게 되었다.

실수의 집합 R의 기수가 $2^{\aleph_0}$이므로 $\aleph_1$은 최소 불가산 기수(the least uncountable cardinal)에 해당된다. 그러므로 칸토르의 연속체 가설은 자연수의 전체 집합과 실수의 전체 집합 사이에 다른 기수는 존재하지 않는다는 것을 함의한다. 1878년 칸토르는 '실수의 임의의 무한 부분집합은 자연수 전체 집합의 기수, 또는 실수 전체 집합의 기수를 가진다'고 밝히고 있다.[285]

284 G. Cantor, "Beiträge zur Begrundung der transfiniten Mengenlehre I (1895)," *Gesammelte Abhandlungen mathematischen und philosophischen Inhalts*, E. Zermelo (ed.) (Berlin : Springer-Verlag, 1932/2013), 282-311.

칸토르가 이차 수의 클래스(the second number class)라고 불렀던 집합, 즉 가산의 순서수들로 이루어진 집합의 모든 무한 부분집합은 자연수 전체, 또는 이차 수의 클래스와 대등하다. 결국 연속체 가설은 실수 전체 집합과 모든 가산의 순서수들로 이루어진 집합이 동일한 기수를 가지고 있음을 보이면 증명될 수 있다.

모든 수학적 명제가 해결가능하다고 생각했던 힐베르트(David Hilbert, 1900)는 연속체의 문제가 현대 수학이 해결해야할 23개의 미해결 문제 가운데 대단히 중요하다고 생각하고 현대 수학의 제1 문제로 제시했다.[286] 힐베르트에 의하면 연속체 문제는 부정될 수 없는 문제이며, 출중한 '창의성'과 '내적 아름다움'을 가진 문제이다.

이후 일반 연속체 가설(Generalized Continuum Hypothesis (GCH))이 등장했다. 일반 연속체 가설이란 수학자 하우스도르프(Felix Hausdorff, 1904)에 의해서 일반화된 것인데, 모든 순서수 α에 대하여 $2^{\aleph_\alpha} = \aleph_{\alpha+1}$의 성립을 말하는 것이다.[287] 공리적 시스템으로서의 집합론을 고려할 때, 연속체의 기수를 결정하는 문제는 (1) 연속체 가설의 증명과 (2) 집합론 내의 집합의 정의에 대한 모순의 문제 해결이라는 두 가지 측면에서 다루어질 필요가 있었다.

---

285 G. Cantor, "Ein Beitrag zur Mannigfaltigkeitslehre(1878)," *Gesammelte Abhandlungen mathematischen und philosophischen Inhalts*, E. Zermelo (ed.) (Berlin : Springer, 1932, 2012), 119-133.

286 D. Hilbert, "On the Infinite(1925)," *From Frege to Gödel : A Source Book in Mathematical Logic 1879~1931,* Jean van Heijenoort(ed.) (Cambridge : Harvard University Press, 1967), 367-392.

287 G. Moore, "Early History of the Generalized Continuum Hypothesis : 1878~1938," *The Bulletin of Symbolic Logic*, 17(4), 2011, 489-532.

6.3.2 괴델의 해석

ZF 내에서 *CH*의 독립성을 증명한 코헨(P. Cohen)에 의하면, 칸토르의 연속체 문제를 위한 가장 위대한 획기적 업적은 괴델(K. Gödel)에 의해서 이루어진 것이다.[288] 괴델의 제2불완전성 정리에 의하면 체르멜로-프랭켈 집합론 *ZF*의 공리로부터 *ZF*의 모델의 존재를 증명하는 것은 기대하기 어렵다. 그럼에도 불구하고 괴델은 *ZF*가 무모순이라면 *CH*가 추가되어도 *ZF*의 다른 공리들과 모순이 없음을 증명했다.[289] 여기에서 괴델은 수학적으로 구성가능한 집합(constructible sets)이라는 중요 개념을 사용한다. 그리고 그는 집합의 정의로부터 자유로운 조건하에서 *ZF*의 새로운 모델을 구축하는 방법을 통해서 상대화시킨 *CH*가 *ZF* 내에서 성립될 수 있음을 보여 주었다. 그러므로 괴델의 증명에서는 구성가능한 집합에 대한 모델을 다룰 때 그 모델을 집합으로 정의하지 않아도 되는 자유가 정당화되고 있다. 괴델의 증명은 상대적이고 유한주의적인 무모순성 증명(a relative finitary consistency proof)으로 평가될 수 있다.[290]

---

288 P. Cohen, "Independence Results in Set Theory," *Symposium on the Theory of Models* (Amsterdam : North-Holland Publishing Company, 1965), 39-54.

289 K. Gödel, "The Consistency of the Axiom of Choice and of the Generalized Continuum Hypothesis," *Proceedings of the National Academy of the United States of America*, 24(12), 1938, 556-557; K. Gödel, "Consistency Proof for the Generalized Continuum Hypothesis," *Proceedings of the National Academy of Sciences of the United States of Ameirca,* 25(4), 1939, 220-224.

290 A. Kanamori, "Gödel and Set Theory," *The Bulletin of Symbolic Logic*, 13(2), 2007, 153-188.

칸토르처럼 연속체 가설을 수학적 실재로 받아들인 괴델은 “칸토르의 연속체 문제는 무엇인가?”(1947, 1964)에서 연속체 문제의 역사를 간략히 소개하고 분석하고 있다.[291] 여기에서 괴델의 다음과 같은 해석과 강조점은 수학신학적 입장에서 볼 때 타당하다.

(1) *CH*에 대한 결정불가능성은 알려진 공리들로부터 유도되는 것이므로 이러한 공리들이 실재에 대한 완전한 서술을 포함하고 있지 않음을 의미하는 것일 뿐이다.

이와 관련된 수학신학적 함의와 과제는 다음과 같다.

(1’) 수학신학의 결정불가능성은 현재까지 알려진 전제 또는 공리에 의해서 도출된 결과이다. 그러므로 우리가 알 수 있는 것은 현재 까지 알려진 전제나 공리들이 무한으로서의 실재에 대한 서술이 부족하다는 점이다.

(2) 알려지지 않은 새로운 공리에 의해서 집합론의 공리적 시스템이 보완될 수 있는 방법론을 찾아야 한다.

이와 관련된 수학신학적 함의와 과제는 다음과 같다.

291 K. Gödel, “What is Cantor’s Continuum Problem?” *The American Mathematical Monthly*, 54(9), 1947, 515-525; K. Gödel, “What is Cantor’s Continuum Problem?(1964)” *Kurt Gödel Collected Works II : Publications 1938~1974*, S. Feferman, J. Dawson, Jr., S. Kleene, G. Moore, R. Solovay, J. van Heijenoort (eds.), Oxford : Oxford University Press, 1990, 254-270.

(2’) 수학신학이라는 시스템이 보완될 수 있는 방법론을 찾기 위해서는 지금까지 알려지지 않은 새로운 수학신학적 공리가 필요하다.

(3) 알려진 공리들에 의해서는 칸토르의 가설이 잘못된 것으로 증명될 수 없다.

이와 관련된 수학신학적 함의와 과제는 다음과 같다.

(3’) 수학신학 내에서 재래의 알려진 전제나 공리들에 의해서는 연속체 가설에서 나타난 칸토르의 무한에 대한 이해가 잘못된 것으로 증명될 수 없다. 과거의 낡은 전제나 공리들에 의해서 무한에 대한 인지적 오류가 증명된 것이 아니다.

(4) 연속체 문제의 해법을 위해서는 집합의 개념을 다시 정리해야한다. 즉 표준적 정의, 또는 보다 넓은 개념, 그리고 정확한 개념을 만들어 내는 난제의 해결이 필요하다는 것이다.

이와 관련된 수학신학적 함의와 과제는 다음과 같다.

(4’) 연속체 문제에 해당되는 수학신학의 문제들을 풀기 위해서는 집합과 같은 수학신학 도구의 개념을 재정리해야 한다. 가령, 표준적 정의, 보다 넓은 개념, 정확한 개념을 구상하

고 구축하는 과제를 수행해야 한다.

(5) 새로운 수학적 직관(new mathematical intuitions)이 필요하며, 새로운 수학적 직관에 의해서 연속체 가설의 문제에 대한 결정이 전적으로 가능(perfectly possible)하다. 여기에서 수학적 직관은 수학자가 가진 주관적 감각보다는 실재와 수학자 사이에서 발생하는 관계성 또는 상호작용에 해당된다.[292)]

이와 관련된 수학신학적 함의와 과제는 다음과 같다.

(5') 수학신학이라는 시스템의 발전을 위해서는 새로운 수학신학적 직관이 필요하다. 새로운 수학신학적 직관에 의해서 결정불가능 문제에 대한 해결의 길이 열릴 수 있다. 여기에서 수학신학적 직관이란 수학신학자가 가진 주관적 감각을 함의하기 보다는 실재 대상과 수학신학자 사이에서 발생하는 관계성 또는 상호작용을 함의한다.

괴델은 라위트전 브라우베르(Luitzen Egbertus Jan Brouwer 1881~1966)와 아런트 헤이팅(Arend Heyting 1898~1980)의 수학에 대한 입장과 구성적 증명작업에 지속적인 관심을 가지고 있었고 직관주의의 주장에 대하여도 잘 알고 있었다.[293)] 브라우베르를 통해 괴델은

292 G. Boolos, "Must We Believe in Set Theory?" *Between Logic and Intuition* G. Sher, R. Tieszen (eds.) (Cambridge : Cambridge University Press, 2000), 257-268.

293 J. Dawson Jr., *Logical Dilemmas : The Life and Work of Kurt Gödel*

'올바른 이론'과 '무모순성의 이론' 사이의 차이에 대한 중요한 문제제기를 배웠다. 이러한 구분은 무모순성을 만족하는 수학 내에서 형식적으로 결정할 수 없는 올바른 명제가 존재할 수 있다는 괴델의 제1불완전성 정리(1931)와 연속성을 지닌다. 괴델에게 결정불가능한 명제는 직관에 의하면 결정될 수 있는 명제이다. 반면 괴델에게 결정불가능한 명제는 논리적 추론에 의하면 결정될 수 없는 명제로 남는다.

괴델은 1931년에서 1933년 사이에 네덜란드에 있던 헤이팅과 직접 서신교환을 했고, 이 서신들의 일부는 현재 괴델 선집 V권에 수록되어 있다.[294] 브라우베르의 제자 헤이팅은 직관주의 수학과 논리의 형식화를 보여준 첫 수학자이며, 수학의 주요 주제들에 대한 직관주의적 작업과 해석을 이해시키는 일에 크게 공헌했다.[295] 헤이팅의 직관주의 산술과 직관주의 명제논리에 대하여 괴델은 1933년 다음 두 편의 주목해야할 연구결과를 남겼다.

(1) "직관주의 산술과 수론에 대하여(On intuitionistic arithmetic and number theory),"[296]

(Wellesley, A K Peters, 1997).

294 K. Gödel, *Kurt Gödel Collected Works V : Correspondence H-Z*, S. Feferman, J. Dawson, Jr., W. Goldfarb, C. Parsons, W. Sieg (eds.), Oxford : Oxford University Press, 2003).

295 A. Heyting, "The Intuitionist foundations of mathematics," *Philosophy of Mathematics : Selected Readings*, P. Benacerraf, H. Putnam (eds.), Cambridge : Cambridge University Press, 1983, 52-61.

296 K. Gödel, "On intuitionistic arithmetic and number theory," *Kurt Gödel Collected Works I : Publications 1929~1936*, S. Feferman, J. Dawson, Jr., S.

(2) "직관주의 명제논리계산에 대한 해석(An interpretation of the intuitionistic propositional calculus)."[297]

이 논문들은 본래 멩거(K. Menger)의 콜로퀴움에서 괴델이 발표한 것인데 후에 콜로퀴움 보고서에 포함되어 출간된 것이다(*Ergebnisse eines mathematischen Kolloquiums 4*). (1)을 통해 괴델은 헤이팅의 논리를 다루면서, 고전 명제논리가 직관주의 논리체계의 부분체계임을 증명했다.[298] 여기에서 괴델은 고전 논리체계 내에서 증명가능한 페아노 산술 명제는 직관주의 논리체계 내에서 증명가능함을 보였다. 고전적 산술은 직관주의적 산술에 포함된다는 것이다.

(2)를 통해 괴델은 직관주의적 명제논리가 양상논리(modal logic)를 추가한 고전논리 체계 내에서 해석될 수 있음을 증명했다. 이는 루이스(C. Lewis)의 양상논리 S4에 해당된다.

(i) 여기에서 언급한 양상논리라는 것은 필연성(necessity)과 가능성(possibility)을 다루는 논리시스템이다. 고전적 양상

Kleene, G. Moore, R. Solovay, J. van Heijenoort (eds.), Oxford : Oxford University Press, 1986, 286-295.

297 K. Gödel, "An interpretation of the intuitionistic propositional calculus," *Kurt Gödel Collected Works I : Publications 1929~1936*, S. Feferman, J. Dawson, Jr., S. Kleene, G. Moore, R. Solovay, J. van Heijenoort (eds.), Oxford : Oxford University Press, 1986, 301-303.

298 헤이팅의 논리를 이해하기 위해서는 다음을 참조하라. 이승온, "Implications and Negations" 『한태동교수 고희기념논문집』(서울 : 연이문화사, 1995), 359-370.

논리는 아리스토텔레스(Aristoteles)에 의해 시작되었고, 현대 수학의 양상논리는 루이스(C. I. Lewis(1918), A Survey of Symbolic Logic)에 의해 성립되었다. 최근의 양상논리는 증명가능성논리(provability logic)와 결합되었다. 논리학의 전체 구도에서 볼 때, 양상논리는 표준논리학(standard logic)을 대체하는 논리시스템이라기 보다는 연장하는 논리시스템에 해당한다. 그래서 양상논리는 비표준논리학(non-standard logic)으로 분류하는 것이 타당하다.

(ii) 괴델은 루이스의 양상논리를 충분히 잘 알고 있었다. 그는 1931년에 양상논리와 직관주의논리(intuitionistic logic)의 연결을 다룬 베커(Oskar Becker, 1930)의 논문에 대하여 직접 논평을 하기도 했다.[299] 베커는 역사상 처음으로 양상논리의 S_4와 S_5 시스템을 위한 공리들을 제안한 인물이었다.

(iii) 괴델은 직관주의 명제논리시스템(Intuitionistic Propositional Logic)과 동등한 논리시스템을 1933년에 정의했는데, 이 시스템은 루이스 양상논리의 시스템 S_4와 동등하다.[300] 이

299 K. Gödel, "Review of *Becker 1930* : On Modal Logic," *Collected Works. I*, 1986.

300 K. Gödel, "An Interpretation of the Intuitionistic Propositional Calculus," *Collected Works I*, 300-303 : R. Goldblatt, "Mathematical Modal Logic : A View of its Evolution," Dov G. Gabbay & John Woods(eds.), *Handbook of the History of Logic Volume 7 : Logic and the Modalities in the Twentieth*

것이 의미하는 것은 어떤 명제가 직관주의 명제논리시스템 내에서 증명된다면, 그 명제는 시스템 S_4 내에서 증명된다는 것을 의미한다.[301] 직관주의에 대한 괴델의 수용을 이해하는데 매우 주목할 만한 내용이다. 여기에서 괴델은 모든 항진명제(tautologies) 외에 새롭게 다음과 같은 공리를 설정했다.[302] 여기에서 기호 Bp는 'p는 증명가능하다(p is provable)'를 표현한다.

공리(Axiom) B1. $Bp \to p$

명제 p를 증명하면, 명제 p가 성립한다.

공리(Axiom) B2. $Bp \to (B(p \to q) \to Bq)$

명제 p를 증명할 수 있으면, $p \to q$를 증명하면 q를 증명할 수 있다는 논리적 함의문이 성립한다.

공리(Axiom) B3. $Bp \to BBp$

명제 p를 증명할 수 있으면, 명제 p를 증명할 수 있음을 증명할 수 있다.

Century (Amsterdam : Elsevier, 2006).

301 M. van Atten, and J. Kennedy, "Gödel's Logic," Dov G. Gabbay & John Woods(eds.), *Handbook of the History of Logic Vol. 5 : Logic from Russell to Church* (Amsterdam : Elsevier, 2009).

302 K. Gödel, "An Interpretation of the Intuitionistic Propositional Calculus," *Collected Works I,* 300-303.

이 공리들을 양상논리의 공리로 바꾸면 다음과 같다. 여기에서 N는 양상논리의 필연성(necessity)을 의미하는 연산기호이다.

공리(Axiom) N1. $Np \rightarrow p$

명제 p가 필연성을 가지면, 명제 p가 성립한다.[303)]

공리(Axiom) N2. $Np \rightarrow (N(p \rightarrow q) \rightarrow Nq)$

명제 p가 필연성을 가지면, $p \rightarrow q$가 필연성을 가지면 q가 필연성을 가진다는 논리적 함의문이 성립한다.[304)]

공리(Axiom) N3. $Np \rightarrow NNp$

명제 p가 필연성을 가지면, 명제 p가 필연성을 가진다는 필연성이 성립한다.[305)]

괴델은 공리 N3의 $Np \rightarrow NNp$를 가리켜 논리학자 베커의 이름을 따라 '베커의 공리'(*Axiom of Becker*)라고 불렀다. 그 다음 괴델은 다음의 추론규칙을 도입했다. 임의의 명제 α에 대하여,

α로부터 $B\alpha$를 추론한다

이 추론규칙은 양상논리의 추론규칙인 필연화규칙(*necessitation*

---

303 양상논리의 반영공리(reflection)에 해당되는 공리이다.

304 양상논리의 분배공리(distribution) $N(p \rightarrow q) \rightarrow (Np \rightarrow Nq)$에 해당된다.

305 양상논리의 내성공리(introspection)에 해당된다.

rule)에 해당된다.

임의의 명제 α에 대하여,

α로부터 $N\alpha$를 추론한다

(ⅳ) 이상의 내용에 근거하여 양상논리 시스템 S_4는 다음과 같이 세 가지의 구성으로 정의될 수 있다.

(a) FOL(first order logic)

(b) 공리(Axiom) :

$Np \rightarrow p,$

$N(p \rightarrow q) \rightarrow (Np \rightarrow Nq),$

$Np \rightarrow NNp$

(c) 필연화규칙(necessitation)

일계논리에 필연화규칙과 $Np \rightarrow p$, $N(p \rightarrow q) \rightarrow (Np \rightarrow Nq)$, $Np \rightarrow NNp$의 공리를 추가할 때, 양상논리시스템 S_4를 구축할 수 있다. S_4에 새로운 공리 $Mp \rightarrow NMp$를 추가하면,[306] 시스템 S_5가 정의된다.

306 "명제 p의 가능성이 명제 p의 가능성에 대한 필연성을 함의한다."

$$S_5 = S_4 + Axiom : Mp \rightarrow NMp$$

여기에서 $Mp \rightarrow NMp$는 $MNp \rightarrow Np$과 논리적으로 동치이다.

(ⅴ) 괴델(1972)은 하나님의 존재에 대한 수학적 증명 과정에서 $MNp \rightarrow Np$ 공리를 사용했다. 그러므로 증명과정에서 괴델이 생각한 논리시스템은 현대의 양상논리시스템 S_5과 동등하다. 라이프니츠는 신의 존재의 가능성(possibility)을 '전제'했지만, 괴델은 신의 존재의 가능성을 '증명'했다. 이 차이점을 통하여 괴델은 라이프니츠의 한계를 넘어 하나님의 존재 증명에 성공하는 탁월한 수학신학적 업적을 남겼다.[307)]

괴델의 직관주의를 보여주는 가장 유명한 수학적 논문은 흔히 '디알렉티카 해석' 또는 '함수 해석'으로 불리는 "지금까지 활용되지 못하고 있는 유한적 관점의 확장에 대하여("Über eine bisher noch nicht benützte Erweiterung des finiten Standpunktes," *Dialectica*, 12 (1958), 280-287)"이다.[308)] 이 논문을 통해 놀랍게도 괴델은 한정기호(quantifier)를 사용하지 않는 힐베르트의 유한 타입 기초재귀

307 세부적 관련 내용은 다음을 참조하라. 현우식, 『신의 존재에 대한 괴델의 수학적 증명』 (서울 : 경문사, 2013).

308 K. Gödel, "On a hitherto unutilized extension of the finitary standpoint," *Kurt Gödel Collected Works II : Publications 1938~1974*, S. Feferman, J. Dawson, Jr., S. Kleene, G. Moore, R. Solovay, J. van Heijenoort (eds.) (Oxford : Oxford University Press, 1990), 241-251.

함수의 논리 체계 내에서 헤이팅 산술체계가 해석될 수 있음을 보였다. 괴델은 유한적 증명방법을 확장하고 구성적 방법을 통하여 비록 완전하지는 않더라도 산술에서 의미 있는 무모순성 증명을 얻을 수 있을 것으로 본 것이다.

그러므로 괴델이 1951년 브라운대학에서 개최된 200주년 기념 미국수학회의 제25회 깁스 강연 "수학의 기초에 관한 기본 정리들과 그 함의들"에서 '직관주의자'를 포함하여 제시한 논리합명제(disjunction)는 결코 갑자기 나온 주장이 아니었다.[309] 괴델의 논리적 명제문장은 다음과 같이 요약되어 있다.

(1) 수학자의 마음은 어떤 유한기계도 무한히 능가한다.

(2) 또는 절대로 해결될 수 없는 수학적 문제가 존재한다.

괴델은 이 두 가지 입장이 양립가능하다고 믿었고 그 대로 주장했다. 여기에서 (1)은 직관주의자이고 (2)는 유한주의자라고 정의된다. 그래서 괴델에게 직관주의와 구성적 증명은 수학신학을 위해 필요한 토대였던 것이다.[310]

---

309 K. Gödel, "Some Basic Theorems on the Foundations of Mathematics and Their Implications," *Kurt Gödel Collected Works III : Unpublished Essays and Lectures*, S. Feferman, J. Dawson, Jr., W. Goldfarb, C. Parsons, R. Solovay (eds.) (Oxford : Oxford University Press, 1995), 304-323.

310 괴델의 수학과 신학에 대하여는 다음을 참조하라. 현우식, 『신의 존재에 대한 괴델의 수학적 증명』 (서울 : 경문사, 2013).

6.3.3 참과 거짓, 그리고 공리

"칸토르의 연속체문제란 무엇인가?"에서 집합론의 개념과 정리들은 잘 결정된 실재(well-determined reality)를 서술하는 것으로 전제한다면, 칸토르의 연속체가설(Continuum Hypothesis)도 반드시 참이거나 거짓 중의 하나가 될 것이라고 괴델은 생각하였다. 그에게 공리적 집합론의 결정불가능성은 단지 현재의 공리들이 실재를 완전하게 서술하지 못함을 의미하는 것이었다. 그래서 괴델은 새로운 공리가 발견되면 연속체가설의 참과 거짓을 확정할 수 있을 것이라고 확신했다.

괴델의 주장대로 무한기수들과 같은 수학적 대상들이 실재로 존재한다면, 수학자는 그 대상을 어떻게 인지할 수 있으며, 어떻게 그것에 대한 수학적 지식을 획득할 수 있는가? 이 문제에 대해 괴델은 수학적 직관을 통하여 가능하다고 보았다. 이것은 괴델의 인식론으로서의 직관주의(Intuitionism as Epistemology)라고 할 수 있다.

괴델이 강조하는 '수학적 직관'(mathematical intuition)이란 무엇인가? 괴델에게 수학적 직관은 하나의 특별한 인지작용을 뜻한다. 괴델은 수학적 직관에 의해서 연속체문제와 같은 문제들을 완전히 결정할 수 있다고 생각했다. 수학적 직관에 대한 괴델의 논문 "칸토르의 연속체문제란 무엇인가?(1964)"을 살펴보면, 개념적 실재론으로서의 플라톤주의적 요소와 더불어 직관주의적 요소가 함께 양립되고 있음을 분명하게 볼 수 있다.[311]

---

311 수학에서의 실재론에 관하여는 다음을 참조하라. P. Maddy, *Realism in*

"수학적 직관은 관심을 가지는 대상들에 대한 *직접적* 지식(*immediate* knowledge)을 주는 능력으로 생각될 필요가 없다는 것에 유의해야 한다. 오히려, 물리적 경험의 경우에서와 마찬가지로, 직접적으로 주어지는 그 외의 무엇을 기초로 하여 우리가 그러한 대상들에 관한 생각을 *형성하는*(*form*) 것으로 생각된다. 여기에서 감각(sensations)이란 단지 이러한 그 외의 무엇이 아니다. 물리적 대상을 지시하는 우리의 생각조차도 감각이나 감각들의 단순한 조합(예, 대상 자체에 대한 생각)과는 질적으로 다른 구성요소들을 포함하고 있다는 사실로부터, 감각 이외의 무엇이 직접적으로 주어진다는 결론이 (수학과는 독립적으로) 나온다. 다른 한편, 우리가 생각에 의해서 질적으로 새로운 요소들을 창조할 수는 없다. 우리는 단지 주어진 것들을 결합하고 재생산하는 것이다. 분명히, 수학의 토대가 되는 "주어진 것(the given)"은 우리들의 경험적인 생각에 포함되어 있는 추상적 요소들과 밀접하게 관계되어 있다."(이탤릭은 원문에 따른 것임)[312]

괴델에게 수학적 직관은 수학자와 실재 사이에 있는 '다른 종류'의 관계에서 나오는 '그 외의 무엇'과 관련된 자료를 다루는 특별한 인지작용이다. 감각(sensation)과는 다른 것임을 의미한다. 그러므로 괴델에게 수학적 직관이란 감각과 다른 구성요소를 포함할 수 있는 인지작용이다.

괴델에 의하면 수학적 자료(data)에는 적어도 두 가지가 있는 셈

Mathematics (Oxford : Oxford Universiry Press, 1990); R. Murawski, *Essays in the Philosophy and History of Logic and Mathematics* (Amsterdam : Rodopi, 2010).

312 K. Gödel, "What is Cantor's Continuum Problem?(1964)" *Collected Works II,* 268.

이다. 제1의 자료는 감각의 자료이고, 제2의 자료는 직관의 자료이다. 제1의 자료는 물리적 대상들에 대한 것이지만, 제2의 자료는 추상적 대상들에 대한 것이다. 직관과 관련된 자료는 직접적인 지식을 제공하는 자료와는 다르다. 그는 이러한 다른 종류의 자료가 수학자의 감각 기관에 근거한 행동과 연합될 수 없다는 이유로, 순전히 주관적인 것이라는 결론은 나올 수 없다고 주장했다. 이러한 결론은 논리적으로 타당하다. 오히려 그 자료들은 감각과는 반대로 수학자와 실재 사이의 다른 종류의 관계에 기인하여 객관적 실재의 측면을 표현할 수 있다. 괴델은 1951년 깁스 강연에서 다음과 같이 언명했다.[313)]

> "그러나 개념(concepts)의 의미가 인간이 만든 무엇이라고 주장되거나 단지 의미론적 규약이라고 주장되는 것은 잘못입니다. 진리는 이러한 개념들이 형성하는 개념 자체의 객관적 실재(objective reality)라고 믿습니다. 객관적 실재를 우리가 만들거나 변경할 수 없으며, 단지 지각하고(perceive) 기술할 수 있는 것입니다."[314)]

괴델에게 진리는 개념의 의미가 객관적 실재와 일치되는 것이

313 K. Gödel, "Some Basic Theorems on the Foundations of Mathematics and Their Implications(1951)," *Collected Works III*, 320.

314 푈레스달은 괴델이 후설의 영향을 받았다는 점에 주목한다. 후설의 입장에 따르면 괴델의 직관(intuition)은 지각(perception)과 마찬가지로 대상(objects)을 다루는 것이다. 대상은 구체적이든지 추상적이든지 언제나 직관된다. D. Føllesdal, "Gödel and Husserl," *From Dedekind to Gödel : Essays on the Development of the Foundations of Mathematics*, Jaakko Hintikka (ed.) (Amsterdam : Kluwer Academic Publishers, 1995), 440-441.

다. 그러므로 진리는 발명의 대상이 아니라 발견의 대상이다. 칸토르의 경우처럼, 괴델에게도 수학적 무한과 신학적 무한은 분리될 수 없다. 괴델은 신학적 무한과 수학적 무한은 실재하는 세계라고 믿었다. 따라서 무한은 실재하는 대상이지 구성되는 대상이 아니다. 무한이란 발견의 대상이지 발명의 대상은 아니다. 괴델에게 무한은 수학자들의 활동과 독립적으로 존재하는 것이다. 가령, 괴델에게 집합이나 수는 수학적 구성물이 아니며 실재하는 대상이다. 괴델은 수학적 실재를 대상으로 수학을 한다고 믿었던 사람이다. 그래서 그는 모든 사람이 뉴욕의 엠파이어 스테이트 빌딩을 볼 수 있는 것처럼 무한집합을 볼 수 있을 것이라고 말했다.[315]

괴델은 "수학은 언어의 구문론인가?(Is Mathematics Syntax of Language?)"에서 직관과 지각의 관계를 분석했다. 여기에서 수학적 직관(intuition)과 물리적 의미(physical sense)를 비교해 보면, 매우 놀라울 정도로 유사하다고 해석되고 있다. 물리학에서는 개념과 특정 대상 사이의 관계이고, 수학에서는 개념과 개념 사이의 관계라는 사실이 다를 뿐이다.[316] 이런 점에서 괴델은 칸트의 구성주의와는 다른 전제와 견해를 보여주고 있다. 또한 괴델의 직관에 대한 입장은 무한집합과 관련된 연속체문제를 무의미하게 보는 브라우베르의 직관주의와도 일치하지 않는다.[317] 괴델이 주장했던 수학적 직관이 명쾌하게 정의되기는 어려워 보인다. 그러나 적어도 그에

---

315 R. Rucker, *Infinity and the Mind*, 169.

316 K. Gödel, "Is Mathematics Syntax of Language?(1953)" *Collected Works III,* 359.

317 K. Gödel, "The Modern Development of the Foundations of Mathematics in the Light of Philosophy(1961)," *Collected Works III,* 374-387.

게 수학적 직관이란 수학자의 마음에 포함될 수 있는 고유한 영역이며 형식체계로 환원될 수 없는 성질의 특별한 인지 능력을 의미하고 있다. 동시에 구성주의는 별개의 다른 수학이 아니라 수학의 특수한 하위시스템(subsystem)을 의미한다.

괴델이 주장하는 직관을 더 깊이 이해하기 위해서는 라이프니츠와 칸트의 관념론(idealism)과 후설의 현상학(phenomenology)과의 관계도 살펴볼 필요가 있다.[318] 괴델의 논문과 기록들 그리고 각종 증언을 통해서, 괴델은 칸트, 라이프니츠 등 독일 관념론의 진지한 독자였고, 특히 1959년부터는 후설의 현상학에 큰 관심을 가지고 탐독했음이 입증되었기 때문이다. 1960년대에 괴델은 후설(E. Husserl)의 초월적 관념론(transcendental idealism)을 연구하면서, 자신의 생각과 매우 유사함을 발견했다. 괴델이 보기에 후설의 견해는 '독일 관념론의 과학화'로 해석될 수 있었다. 철학자 파슨스(C. Parsons)는 괴델의 철학과 관련된 문헌들을 분석한 후, 괴델이 마치 라이프니츠처럼 '합리주의적 직관주의자'였다고 해석했다. 괴델의 특이한 직관주의가 철학적으로 충분히 고찰해야할 논쟁거리를 남

318 G. Crocco, "Gödel on Concepts," *History and Philosophy of Logic*, Vol.27 (2006) : 171-191; M. Davis, "What Did Gödel Believe and When Did He Believe It?" *The Bulletin of Symbolic Logic*, Vol.11, No.2, (2005) : 194-206; D. Føllesdal, "Gödel and Husserl," *From Dedekind to Gödel : Essays on the Development of the Foundations of Mathematics*, J. Hintikka(ed.) (Amsterdam : Kluwer Academic Publishers, 1995); C. Parsons, "Platonism and Mathematical Intuition in Kurt Gödel's Thought," *The Bulletin of Symbolic Logic*, Vol.1, No. 1, (1995) : 44-74; M. van Atten and J. Kennedy, "On the Philosophical Development of Kurt Gödel," *The Bulletin of Symbolic Logic*, Vol.9, No. 4, (2003) : 425-476.

겨 남겨주었다는 파슨스의 주장은 타당하다.

집합론자 베르나이스(P. Bernays)는 수학에서의 플라톤주의에는 제한된 플라톤주의(restricted Platonism)와 절대화된 플라톤주의(absolute Platonism)가 있다고 구분한다. 가령, 제한된 플라톤주의는 체르멜로-러셀의 패러독스에 의해서 무너지지 않는다. 그러나 절대화된 플라톤주의는 체르멜로-러셀의 패러독스 때문에 더 이상 유지되기 어렵다. 베르나이스는 플라톤주의 기하학과 직관주의 산술의 상호보완성을 강조하였다. 기하학은 플라톤주의적 배경을 가지고 있고, 산술은 직관주의적 배경을 가지고 있다고 본 것이다. 따라서 두 가지의 배경이 모두 필요하다는 것이 베르나이스의 결론이다. 이러한 논의는 타당하다. 그래서 플라톤주의와 직관주의는 서로를 보완해 줄 수 있다. 베르나이스에 의하면, 플라톤주의와 직관주의가 서로를 부인하는 것은 곧 스스로에게 폭력을 행사하는 것과도 같다.[319] 수학신학에서 플라톤주의적 존재론과 직관주의적 인식론은 양립가능하다.

집합론에서 괴델의 제2불완전성 정리는 무한에 관한 중요한 수학적 통찰 및 신학적 통찰을 제공할 수 있다. 괴델의 제2불완전성 정리에 의하면 체르멜로-프랭켈의 공리적 집합론 *ZFC*은 *ZFC*의 무모순성(consistency)을 증명할 수 없다. 마찬가지로 무한공리(Infinity Axiom)[320]

---

319 P. Benacerraf, and H. Putnam, *Philosophy of Mathematics (2nd ed.)*, (Cambridge : Cambridge University Press, 1983), 269.

320 무한공리는 *ZFC* 공리 내에서 가장 주목할 만한 예외에 속한다. 무한공리가 가정하는 것은 무한집합의 존재성이다. 예를 들면, 무한공리에 의해서 모든 자연수의 집합은 존재를 보장받게 되는 것이다.

$$\exists x(x \neq 0 \wedge \forall y(y \in x \rightarrow \exists z(z \in x \wedge y \in z))$$

가 ZFC의 다른 공리들과 모순이 없다는 것이 증명될 수 없다는 것이 제2불완전성 정리에 의해 도출된다.[321] 그렇다면 무한집합의 존재를 인정하는 것은 결국 믿음의 행위에 달려있다. 종합하면, 괴델의 불완전성 정리는 수학신학의 인식론을 함의한다. 그러므로 수학신학적 진리는 수학적 증명보다 큰 것이다. 동시에 괴델의 선택공리와 일반연속체 가설의 무모순성에 관한 증명은 수학신학의 존재론을 함의한다. 그러므로 수학신학적 대상들은 인간의 감각을 넘어서 실재하는 것이다.

괴델이 새로운 공리가 추가된다는 조건 위에서 CH의 해결가능성을 믿고 있다는 점에 주목해야 한다. 특히 ZF가 무모순일 때 ZF의 공리에 CH의 부정을 추가해도 모순이 없다는 코헨의 독립성 증명 이후에 괴델이 발표한 논문(1964)이라는 점에서 더욱 그 확고한 입장이 두드러진다고 할 수 있다. 이러한 괴델의 입장을 지지하는 우딘(W. Woodin)은 연속체 문제가 해결가능하다고 믿고 있으며, 이를 가능케 해줄 새로운 거대기수의 공리를 추구하고 있다.[322]

---

321 수학을 모순으로부터 구하기 위하여 집합론의 공리화(axiomatization)가 시도되었다. 그래서 그 기초로 집합론이 모순으로부터 자유롭게 되기 위한 공리(axiom)들이 정립되었고 형식시스템으로서의 공리적 집합론이 구성되었다.

322 W. Woodin, "The Continuum Hypothesis, Part I," *Notices of the AMS*, 48(6), 2001, 567-576; W. Woodin, "The Continuum Hypothesis, Part II," *Notices of the AMS*, 48(7), 2001, 681-690.

God and the Infinite:
The Mathematics and Theology of Georg Cantor

제 7 장

초한 수학과 초한 신학

7.1 초한 수학의 현실성과 가능성
7.2 초한 신학의 현실성과 가능성
7.3 수학과 신학의 과제와 공명가능성

7.1 초한 수학의 현실성과 가능성

7.1.1 수학의 공리

전제 없이 학문이 성립될 수 있는가? 역사적으로 신학과 수학은 이 문제에 대하여 부정적인 견해를 표명해 왔다. 다시 말하자면 학문의 대상과 방법은 무한을 다룰 수 있음에도 불구하고, 신학과 수학은 '추상적 전제'를 학문 활동의 출발점으로 설정하였다. 신학자들이 신학적 전제에 대한 믿고 신학을 시작하였다면, 수학자들은 수학적 전제를 믿고 수학을 시작하였다. 신학자와 수학자는 인간의 이성이 함부로 정복하기 어려운 미지의 영역을 향하여 나아가지만 또한 인간의 이성을 사용하여 접근할 수밖에 없는 여정에 참여하는 사람들이다.

수학의 기초(the Foundations of Mathematics)에 대한 형식적 개념화 작업의 결과가 수학의 공리(axiom)의 문제와 직결되어 있다. 수학의 기초가 건실할 때 다음의 수학적 작업 과정이 타당할 수 있다.

(1) 수학적 공리로부터 출발

(2) 수학적 증명

(3) 수학적 명제의 진위 판단

그러나 엄격한 개념과 정확한 표현을 지향하는 수학 내에서도 공리의 선택을 둘러싸고 서로 다른 입장의 수학이 세워질 수 있다. 서로가 주장하는 입장들의 대립과 상충을 통해 발전된 수학을 찾아가는 과정이 있었다. 이러한 면은 수학의 역사에서는 물론이고 신학의 역사에 비추어 볼 때에도 매우 흥미롭고 주목할 만하다.

7.1에서는 견고한 수학의 시스템 구축을 위하여 20세기의 현대 수학자들이 채택하고 있는 공리의 문제를 포함하여 고찰한다. 수학과 신학이 학문 시스템이 되기 위해서는 직관적 인지 대상과 경험적 인지 대상을 증명하려는 시도가 필요하다. 수학의 경우, 유클리드의 원론에서 증명된 삼각형의 성질은 보편성을 획득하였기에 개념을 추상화하는 일과 수학적 추론이 어떤 것인가를 보여주는 작업에 성공한 것으로 평가된다. 또한 직관적이고 경험적으로 당연하게 보인다고 해도, 증명에 의해 확인된 인지 대상이 수학적 명제로 인정될 수 있음을 보여주고 있다.

19세기 후반에 무한을 중심으로 수학의 개념화와 수학의 기초에 대한 놀라운 진보가 시작될 때, 그 중심은 칸토르의 초한 집합론이었다.[323] 푸리에 급수의 수렴에 관한 수학적 견고함을 보이고자 연구하던 중 칸토르는 집합론을 창안하게 되었다. 집합론을 통

323 이와 관련된 역사와 내용에 관하여 다음을 참조하라. V. Pechkaus, "19th Century Logic Between Philosophy and Mathematics," *The Bulletin of Symbolic Logic* 5 (4), (1999), 433-450; A. Fraenkel, Y. Bar-Hillel, A. Levy, *Foundations of Set Theory* (Amsterdam : North-Hlland, 1984); W. Hatcher, *The Logical Foundations of Mathematics* (New York : Pergamon Press, 1982); M. Kline, *Mathematics : The Loss of Certainty* (Oxford : Oxford University Press, 1980); R. Wilder, *Introduction to the Foundations of Mathematics* (New York : John Wiley & Sons, 1965).

하여 그는 수학 내에서 실재로 인정하기를 주저했던 무한 집합을 다룰 수 있었다. 그리고 칸토르는 무한 집합 사이에 기수(cardinality)의 개념을 도입하여, 두 무한 집합 사이에 1-1 대응이 성립하는 경우, 두 집합의 크기 또는 기수가 같음을 증명했다.

예를 들면, 자연수의 전체 집합은 유리수의 전체 집합 내에 포함된다. 그러나 두 집합 사이에 1-1 대응이 존재한다. 그러므로 자연수의 전체 집합과 유리수의 전체 집합의 크기는 같다고 할 수 있다. 여기에서 자연수의 전체 집합의 기수를 $\aleph_0$라고 하면, 유리수의 전체 집합의 기수도 $\aleph_0$라는 것이다.

하지만 실수의 전체 집합은 자연수의 전체 집합과 1-1 대응이 성립하지 않는다. 실수의 전체 집합에 순서를 부여하여 첫째 원소, 둘째 원소, … 이러한 방식으로 전체를 다 셀 수가 없기 때문이다. 그래서 실수의 전체 집합의 기수는 $\aleph_0$ 보다 큰 $2^{\aleph_0}$에 해당한다.

$$2^{\aleph_0} > \aleph_0$$

또한 실수를 직선상의 점들로 볼 때, 그 점들은 2차원 평면과 3차원 공간의 점들과 1-1 대응이 성립한다. 일반화하여 n차원 공간의 점들과도 1-1 대응이 성립한다. 믿을 수 없는 결론이 도출된 셈이다. 여기에서 n차원 공간의 기수도 $2^{\aleph_0}$에 해당된다. 실수의 세계 내에서는 직선상의 점과 2차원 평면과 3차원 입체의 공간 사이에 1-1 대응이 존재하며 그 크기도 동일하다는 것이다. 여기에서 만일 신학의 세계를 도입해서 본다면, 신학의 세계 내에서는 1차원 공간, 2차원 공간, 3차원 공간, 그리고 n차원 공간 사이에 1-1

대응이 존재하며 동일한 크기가 보장될 수 있다. 이 주장은 실수의 세계로서의 신학의 세계를 전제하면, 차원을 넘어서는 동일성이 존재할 수 있다는 것을 보여주는 것이다.

칸토르의 혁명적인 인지 체계는 처음에 수학자들에게 공격의 대상이 되기도 했다. 그래서 칸토르의 선생이었던 크로네커(L. Kronecker)로부터 가혹한 비판을 받았던 것이다. 그러나 탁월한 장점을 지닌 집합론은 수학의 토대로 자리잡게 되었다. 수학자들은 집합론을 근간으로 하여 자연수와 자연수의 산술 개념을 명료화했고, 이를 근거로 정수, 유리수, 실수를 구성하여 해석학의 엄밀성을 확립할 수 있었다. 그래서 20세기를 맞으며 수학자들은 집합론이야말로 수학의 기초이며 그 토대 위에 견고한 수학 시스템을 구축할 수 있을 것으로 믿어 의심치 않았던 것이다. 오늘날 현대 수학의 아버지로 불리는 힐베르트(D. Hilbert)는 칸토르가 제공한 세계가 수학자들에게 '파라다이스'라는 표현을 동원하여 옹호했다.

7.1.2 집합론의 패러독스

집합론 내부에서 패러독스가 발견되면서 집합론은 위기를 맞게 되었다.[324] 최초의 패러독스는 부랄리-포르티(1897)의 패러독스인데, 칸토르와 부랄리-포르티에 의해서 발견되었다. 모든 순서수의

324 W. Tait, "Cantor's Grundlagen and the Paradoxes of Set Theory," *Between Logic and Intuition*, G. Sher, R. Tieszen (eds.) (Cambridge : Cambridge University Press, 2000), 269-290.

모임은 집합이 될 수 없다는 패러독스를 발견했다.[325] 그는 순서수 전체로 구성된 집합을 Ω라고 하면, 다음과 같은 모순이 발생함을 보인 것이다.

$$\Omega < \Omega+1$$

(1) $(\Omega, \leq)$는 정렬집합이다.

(2) 그러므로 전체 순서수의 클래스를 σ라고 하면,
$\Omega=\{\alpha\in\Omega \mid \alpha < \sigma\}$이다. σ는 최대 순서수이다.

(3) $\sigma < \sigma+1$이므로, 최대 순서수인 $\sigma+1\leq\sigma$에 대하여 모순이다.

부랄리-포르티의 패러독스와 동일한 패러독스에 관하여 칸토르는 1899년 데데킨트에게 보낸 편지 내에서 다루고 있다.[326] 모든 순서수로 이루어진 클래스는 진부분 클래스(a proper class)이다. 이는 칸토르 집합론의 내포공리(comprehension axiom)가 일으키는 모순과 관련된다.

---

325 C. Burali-Forti, "A question on transfinite numbers(1897)," J. van Heijenoort(ed.), *From Frege to Gödel : A Source Book in Mathematical Logic 1879~1931* (Cambridge : Harvard University Press, 1967), 102-111.

326 G. Cantor, "Letter to Dedekind(1899)," J. van Heijenoort(ed.), *From Frege to Gödel : A Source Book in Mathematical Logic 1879~1931* (Cambridge : Harvard University Press, 1967), 113-117.

$$\exists y \forall x \ (x \in y \leftrightarrow \varphi(x))$$

여기에서 $\varphi(x)$은 집합론 언어 내의 논리식이고, x의 속성을 나타낸다.[327] 만약 모든 클래스가 집합이면, 특히 모든 순서수의 클래스가 집합이면, 부랄리-포르티의 모순이 발생하게 된다.[328] 그래서 폰 노이만(von Neumann)과 괴델은 집합론에서 모든 집합으로 이루어진 모임을 '클래스'(class)라고 하여 집합과 구분하였다. 클래스는 모임의 멤버로 생각할 수 없는 대상이다. 집합은 클래스가 될 수 있으나, 클래스는 집합이 될 수 없다. 클래스 개념을 통하여 '모든 집합의 집합'에서 발생하는 칸토르의 패러독스를 피할 수 있다.

특히, 영국의 수학자 러셀(B. Russell 1906)은 칸토르가 데데킨트에게 보낸 편지(1899) 내에서 암시한 문제를 형식화하여 집합론의 치명적인 결함을 보여주는 패러독스를 지니고 있음을 증명했다.[329] 이미 칸토르는 [1891]에서 증명한 사안과 관련되어 있다.[330] 모든 집합 z에 대하여,

---

327 내포공리는 공리 스키마(axiom schema)에 해당된다. 하나의 단일한 명제문장이 아니라 φ를 모든 논리식에 대하여 바꾸어 사용할 수 있는 명제문장으로 구성된 무한집합이기 때문이다.

328 이 모순을 피하기 위한 *ZFC*의 공리가 '분리공리'이다.

329 W. Tait, "Cantor's Grundlagen and the Paradoxes of Set Theory," *Between Logic and Intuition*, G. Sher, R. Tieszen (eds.) (Cambridge : Cambridge University Press, 2000), 269-290.

330 [1891] G. Cantor, "Über eine elementare Frage der Mannigfaltigkeitslehre," *Jahresbericht der Deutschen Mathematiker-Vereinigung*, Vol. 1 (1891), 75-78; G. Cantor, "Über eine elementare Frage der Mannigfaltigkeitslehre," *Gesammelte Abhandlungen mathematischen und philosophischen Inhalts*, E. Zermelo (ed.) (Berlin : Springer-Verlag, 1932/2013), 278-280.

$$|z| < |P(z)|.$$

여기에서 $P(z)$는 z의 부분집합 전체의 집합이다. 그러므로 모든 기수에 대하여 더 큰 기수가 존재하기 마련이다. 즉 최대 기수는 존재하지 않는다. 만약 최대 기수 $|x|$가 존재한다면, 다음이 성립한다.

$$|P(x)| < |x|$$

이는 앞의 칸토르의 정리 $|x| < |P(x)|$에 의해서 모순이다. 러셀은 여기에서 암시된 집합의 크기(size) 문제를 구체화하고 형식화하여 패러독스를 증명했다. '모든 집합의 집합'을 허용하면 모순이 발생함을 보여주는 러셀의 패러독스(Russell Paradox)는 다음과 같다.

(1) 모든 집합의 집합 U가 존재한다고 가정하자.

(2) $R = \{S \in U \mid S \notin S\}$을 러셀 집합이라고 정의하자.

(3) 그러므로, $R \notin R$ 이고 $R \in R$ 이다. (모순)

그러므로 러셀의 패러독스는 다음과 같이 표현될 수 있다.

$$\neg \exists y \forall x \ (x \in y \leftrightarrow x \notin x)$$

따라서 모든 집합의 집합은 존재하지 않는다.[331] 모든 것을 포함할 수 있는 것은 없다(Nothing contains everything)는 말을 떠올리게 하는 결과였다.[332]

'모든' 이라는 개념이 패러독스의 진원지가 될 수는' 있으나, 무한의 개념이 패러독스의 진원이 될 수는 없다. 패러독스는 논리적 부족함으로부터 나온 것이다. 그 후 모순 없는 집합론을 만들어 내는 것이 수학자들의 당면한 과제이자 수학기초론의 핵심적인 주제가 되었다.

7.1.3 집합론과 수학 기초론

수학의 시스템 내에서 패러독스 발생의 문제를 해결하기 위한 수학자들의 노력은 크게 세 그룹으로 분류될 수 있다.[333]

---

331 There does not exist a set of all sets.

332 P. Halmos, *Naive Set Theory* (New York : D. Van Nostrand Company, Inc., 1960), 6.

333 수학기초론과 수학의 본질에 관하여 다음을 참조하라. J. van Heijenoort (ed.), *From Frege to Gödel : A Source Book in Mathematical Logic 1879~1931* (Cambridge : Harvard University Press, 1967). H. Wang, *From Mathematics to Philosophy* (London : Routledge & Kegan Paul, 1974); H. Putnam, & P. Benacerraf, *Philosophy of Mathematics* (Cambridge : Cambridge University Press, 1983); W. Hatcher, *The Logical Foundations of Mathematics* (New York : Pergamon Press, 1982); P. Davis & R. Hersh, *The Mathematical Experience* (Boston : Houghton Mifflin Company, 1981); S. Körner, *The Philosophy of Mathematics*, 『수학철학 : 논리주의 · 형식주의 · 직관주의의 이해와 비판』최원배 옮김 (서울 : 나남, 2015). J. Dawson Jr., *Logical Dilemmas :*

(Ⅰ) 러셀 등의 논리주의(logicism) : 논리주의자에 의하면 항진 명제로서의 수학은 논리로 환원될 수 있다. 수학의 대상은 순수 논리언어 내에만 존재하는 것이다. 논리주의자의 수학은 논리 안에 포함되는 것이다.[334)]

(Ⅱ) 힐베르트 등의 형식주의(formalism) : 형식주의자에 의하면 기호들의 공리와 추론규칙을 통하여 유한 과정에 의해 증명되는 시스템으로서의 수학은 일종의 게임과 같다. 수학의 대상은 형식언어 내에서 형식화된 것이다. 형식주의자의 수학은 내용의 의미가 배제된 기호들의 형식시스템이다.

(Ⅲ) 브라우베르 등의 직관주의(intuitionism) : 직관주의자에 의하면 수학은 직관에 의한 구성 시스템이다. 수학의 대상은 자연수로부터 직관에 의해 구성될 수 있는 것이다. 직관주의자의 수학은 유한한 구조에서 이루어지는 연산으로 구성된다.[335)]

The Life and Work of Kurt Gödel, 『논리적 딜레마 : 쿠르트 괴델의 생애와 업적』김병한 박창균 현우식 옮김 (서울 : 경문사 : 2016), 45-66.

334 W. Tait, "Frege versus Cantor and Dedekind : On the Concept of Number," *Frege, Russell, Wittgenstein : Essays in Early Analytic Philosophy*, W. Tait (ed.) (in Honor of Leonard Linsky) (Lsalle : Open Court Press, 1996), 213-248.

335 힐베르트와 브라우베르의 비판적 중도 입장에 관하여는 H. Weyl, *Philosophy of Mathematics and Natural Science* (Princeton : Princeton University Press, 1949)를 참조하라.

이 가운데 가장 널리 수용되었던 입장은 힐베르트의 형식주의(formalism)였다. 형식주의에 의하면, 논리적 진술과 수학적 진술은 언어의 모호성과 직관적 지식의 무의식적 사용을 피하기 위해서 기호로 표현되어야 한다. 그리고 논리학의 모든 원리들을 이끌어 내기 위해 공리라고 불리는 기본적 명제문장(statements)을 채택하고, 그것에 의해 다른 명제문장이 연역되는 명확한 법칙(rule)을 정해야 한다. 사실상 이 과정은 이미 논리주의 그룹으로 분류되는 프레게(G. Frege), 러셀(B. Russell), 화이트헤드(A. N. Whitehead) 등의 수학자들에 의해서 주장되고 있었다.[336)]

그렇다면 힐베르트가 주장하는 형식주의의 차이점은 무엇인가? 힐베르트는 논리학의 공리만으로 수학의 기초를 세우는 일은 충분하지 않으므로 결국 불가능하다고 보았다. 여기에서 힐베르트가 생각하는 수학의 기초는 (1)무모순성, (2)완전성, (3)결정가능성을 포함하고 있었다. 이 때 힐베르트는 집합론이나 산술을 위한 공리 시스템이 필요하다고 주장했다. 예를 들면, 산술에 대하여는 이미 페아노(Peano)의 공리 시스템이 있었다. 그러므로 집합론을 위한 별도의 공리 시스템이 필요했다.

집합론을 위한 공리 시스템은 체르멜로와 프랭켈에 의해서 발전되었다. 이때 가장 중요하게 고려한 것은 집합론 내에 모순이 발생하지 않도록 시스템을 구축하는 것이었다. 그렇다면 이 공리 시

336 수학기초론에 관하여는 다음을 참조하라. N. Bourbaki, *Elements of History of Mathematics* (Berlin : Springer-Verlag, 1999); E. Beth, *The Foundations of Mathematics : A Study in the Philosophy of Science* (Amsterdam : North-Holland Publishing Company, 1968).

스템 내에서 집합론은 기호화된 명제문장(statements)에 의해서 표현되고 일정한 규칙(rule)에 의해서 증명(proof)됨을 정의할 수 수 있게 된다. 여기에서 증명의 과정에는 직관이 배제되고 기계적인 연역의 유한 반복으로 이루어진다. 이 때, 수학의 형식 시스템은 일종의 컴퓨터 프로그램으로 이해될 수 있다. 즉 프로그램에는 논리의 공리들이 입력되어 있다. 그리고 규칙에 의해서 증명될 수 있다. 마지막으로 증명된 문제들의 진위를 확인할 수 있다.

수학적 작업의 과정과 컴퓨터 프로그램의 과정을 간략히 비교해 보면 다음과 같이 도표화될 수 있다.

(1) 수학적 공리로부터 출발	(1*) 프로그램의 공리로부터 출발
(2) 수학적 규칙에 의한 증명	(2*) 프로그램에 의한 증명
(3) 수학적 명제의 진위 판단	(3*) 프로그램 명제의 진위 판단

그러므로 이러한 방식으로 집합론 내의 여러 패러독스의 문제를 해결하고 증명의 오류를 극복할 수 있다는 것이 형식주의의 입장이다.

힐베르트의 형식주의는 논리주의와 공리주의를 통합하여 현대수학의 발전 방향을 제시한 것이었다.[337] 힐베르트가 강조한 것은 형식적 방법으로 건설된 수학이 모순이 없음을 증명하는 작업이다. 그렇게 된다면 집합론의 패러독스에서 제기된 수학적 기초의

337 현대 수학은 형식주의의 바탕위에서 발전했다. 수학의 대상을 단지 기호들의 나열로 본다는 형식주의에 대한 철학적 비판은 가능하지만 공격의 정당성을 확보해야 한다. R. Wilder, *Introduction to the Foundations of Mathematics,* 264.

결함을 제거할 수 있다고 보았기 때문이다.[338] 그런데 형식 시스템의 무모순성을 논하기 위해서는 다시 언어의 서술에 의존할 수밖에 없다. 힐베르트는 이렇게 형식 시스템 사이의 관계나 속성을 다루는 연구를 메타 수학(metamathematics)이라고 하고, 최소의 유한적(finitary) 메타 수학으로 형식 시스템의 무모순성을 증명할 수 있을 것으로 믿었다.[339] 하지만 괴델의 불완전성 정리(Gödel's Incompleteness Theorems)에 의해서 힐베르트가 생각한 방법으로는 그 목표가 성취될 수 없음이 증명되었다.

1931년 괴델은 불완전성 정리라고 불리는 결과를 발표하여 세계의 수학자들에게 충격을 주었다("On Formally Undecidable Propositions of Principia Mathematica and Related Systems I").[340] 그의 제 1불완전성 정리는 기본 산술을 포함하고 모순이 없는 수학 시스템은 불완전함을 보여주었다. 즉 모순 없는 형식 시스템이 있어서 그 시스템의 공리들이 인지 가능하고 기본적 산술의 설명이 가능하면, 그 형식 시스템은 불완전하다는 것이다. 예를 들어 페아노 공리 시스템은 불완전한 시스템에 해당된다. 왜냐하면 페아노의 공리 시스템 내에서 증명되지 않는 명제가 자연수 모델에서는 진리값을 가진 명제임을 괴델이 보여 주었기 때문이다. 그러므로 괴

338 프로그램의 비유를 통하면 보자면, 프로그램이 어떤 속성을 가지고 있는가의 문제에 해당된다. 가령 프로그램에 오류가 없는가에 대한 대답은 프로그램과 독립적으로 이루어진다.

339 힐베르트가 사용한 유한적 방법(finitary method)이라는 용어의 정의에 대하여 현재까지도 논란이 있다.

340 K. Gödel, *Kurt Gödel Collected Works I : Publications 1929~1936*, S. Feferman, J. Dawson, Jr., S. Kleene, G. Moore, R. Solovay, J. van Heijenoort (eds.), (Oxford : Oxford University Press, 1986), 145-195.

델의 정리는 수학자가 인지할 수 있는 공리 시스템 내에서는 증명할 수 없는 진리 명제가 존재한다는 의미를 가진다. 페아노 공리 시스템은 당연히 산술의 기본인 덧셈과 곱셈의 기본 성질을 포함하고, 체르멜로-프랭켈의 집합론 공리 시스템도 시스템 내에서 자연수와 그 연산에 대한 정의와 진술이 가능하다. 이러한 시스템 내에서 모순이 유도되지 않는다면, 그 시스템 내에서는 증명도 될 수 없고 동시에 반증도 될 수 없는 명제가 존재한다. 이때 그 시스템을 불완전하다고 하는 것이다.

괴델의 제2불완전성 정리는 더욱 놀라운 주장을 담고 있다. 기본 산술 시스템을 포함한 수학 시스템이 무모순의 시스템이라면, 그 시스템 내에서 그 시스템의 무모순성을 증명하는 것이 불가능하다. 이것은 결국 수학의 기본 시스템이 무모순함을 증명하려는 힐베르트의 목표가 성취될 수 없음을 보여주는 것이다.[341] 따라서 현대 수학의 근간이 되는 체르멜로-프랭켈의 집합론은 모순이 없는 시스템이므로 체르멜로-프랭켈의 집합론은 자신의 무모순성을 증명할 수 없다.[342] 그렇지 않다면, 칸토르의 집합론에 일어났던 사건처럼 누군가에 의해서 모순이 발견되어 수정 또는 폐기를 요구하는 상태에 처하게 된다는 것이다. 그러므로 괴델의 불완전성 정

341 괴델의 불완전성 정리가 힐베르트의 계획을 무너뜨린 것이 아니라고 보는 견해도 있다. M. Detlefson, *Hilbert's Program* (Dordrecht : Academic Press, 1986)을 참조하라.

342 이 말은 힐베르트가 원했던 유한적 방법으로는 불가능함을 뜻한다. 겐첸은 불완전성 정리가 나온 후 초한 귀납법(Transfinite Induction)을 사용하여 산술 시스템의 무모순성을 증명했다. G. Gentzen, *Collected Papers* (Amsterdam : North-Holland, 1969).

리는 인지의 한계를 분명하게 보여줌과 동시에 그 한계를 명확히 보여주는 인지의 위대함을 보여 주었다.

불완전성 정리를 증명하기에 앞서, 괴델은 1929년 그의 박사학위논문(*On the Completeness of the Calculus of Logic*)에서 두 개념이 일치함을 증명해 보였다.[343] 즉, 명제 σ가 명제들의 집합 T에서 증명되면 ($T \vdash \sigma$), σ는 T에서 논리적으로 유도되고 ($T \vDash \sigma$), 역으로 σ가 T에서 유도되면, σ는 T에서 증명된다. 이는 정의한 증명과정을 통해 얻는 명제들은, 우리가 얻고자 의도했던 것과 정확히 일치한다는 뜻이 된다. 이 결과를 괴델의 완전성 정리(Completeness Theorem)라고 부른다. 이 완전성 정리에 따르면,

(1) T가 무모순이면 (즉, T에서 어떤 명제와 그 명제의 부정이 동시에 증명되지 않는 경우)

(2) T가 모델을 갖는다 (즉, 어떤 모델이 있어 T의 모든 명제가 그 모델 내에서 참인 경우).

그러므로 ZFC 공리들이 무모순함을 보이는 것은 ZFC의 모델을 찾는 것과 같다. 하지만 앞에서 언급한 괴델의 제2 불완전성 정리로 인해, ZFC의 모델을 찾는 것은 가능하지 않다.

343 K. Gödel, *Kurt Gödel Collected Works I : Publications 1929~1936*, S. Feferman, J. Dawson, Jr., S. Kleene, G. Moore, R. Solovay, J. van Heijenoort (eds.) (New York : Oxford University Press, 1986), 61-101.

괴델의 완전성 정리와 불완전성 정리에 관하여 이상의 내용을 정리하여 도표화하면 다음과 같다.

(2) 형식 수론 (Formal Number Theory)	(1) 술어논리 시스템 (Predicate Calculus)	(3) 수론 공리 시스템 (Number-theoretic Axiom System)
괴델(1931) 불완전성 정리	괴델(1929) 완전성 정리	

* (2) = (1) + (3) 그러므로 (3)은 불완전함이 증명됨.
* 괴델의 제2불완전성 정리에 의하여, *ZFC* 집합론은 *ZFC* 집합론의 무모순성을 증명할 수 없음.

그렇다면 *ZFC* 공리의 정당성을 입증할 수 있는 근거는 무엇인가? 현재 *ZFC* 의 각 공리는 대다수의 수학자들에게 전제된 것이고 유용한 것이다. 각 공리의 속성으로 보면, *ZFC* 는 무모순이며 *ZFC* 공리 위에서 건설되는 수학은 정당하다고 볼 수 있다. 그러나 *ZFC* 가 무모순 하더라도 괴델의 제1불완전성 정리에 의해서 결정불가능한 명제가 존재한다. 즉 증명불가능하며 동시에 반증불가능한 명제가 존재한다는 것이다. 괴델과 코헨(P. Cohen)을 통하여 연속체 가설이 *ZFC* 에서 증명도 될 수 없고 반증도 될 수 없다는 메타수학적 결과를 얻었다.[344] 적어도 연속체 가설은 *ZFC* 의 여타 공리들과는 달리, 긍정 형태나 부정 형태 가운데 어느 것이 올바른 것인지 대답을 얻을 수 없다. 그래서 *ZFC* 를 정규수학의 공리로 인정하는 수학자들 사이에도 연속체 가설을 인정하는 수학

344 연속체 가설은 자연수의 전체 집합의 기수 $\aleph_0$와 실수의 전체 집합의 기수 $2^{\aleph_0}$ 사이에는 다른 기수가 없다는 것이다. 즉 자연수의 전체 집합보다 크기가 크고 실수의 전체 집합보다는 작은 무한 집합은 존재하지 않는다는 가설이다.

자들과 연속체 가설을 부정하는 수학자들로 분리되어 있고 각각의 의견대로 수학이 발전될 수도 있다. 이러한 결정불가능 명제는 집합론 이외에도 대수학, 기하학, 위상수학 등에서도 발견되고 있다. 그러므로 미해결 문제가 결정불가능 문제에 포함되는 것으로 추론해 보는 것은 자연스러운 현상이 되었다.

7.2 초한 신학의 현실성과 가능성

7.2.1 초한을 통하여 신을 연구하는 신학

유한한 인간이 무한이라는 대상을 어떻게 연구할 수 있는가? 수학과 신학은 무한의 속성을 연구한다는 점에서 특히 다른 학문에서 풀기 어려운 문제들에 대하여 해결의 중요한 실마리를 제공할 수 있다. 예를 들어, 신학 내에서는 하나님을 삼위일체의 하나님으로 고백하고 연구한다. 현재까지 이 문제에 관한한 의문의 여지가 없는 설명을 제공하는 데 성공한 신학자는 없다고 해도 지나친 말이 아니다.

칸토르의 초한 집합론에 의하면 무한기수 $\aleph$에 대하여 다음이 성립한다.[345)]

$$\aleph \times \aleph \times \aleph = \aleph^3 = \aleph$$

$\aleph$라는 초한의 세계 내에서 $\aleph$의 삼위일체(Trinity)는 수학으로 표현가능하고 그 논리적 타당성은 성립가능하다. 즉 초한 집합론 내에서는 하나님에 대한 개념을 다음과 같이 전제할 때,

$$God \geq \aleph$$

345 $\aleph_0$보다 같거나 큰 무한기수를 전제한다. 예를 들어, 연속체에 대하여도 성립함을 함의할 수 있다.

성부 하나님과 성자 하나님과 성령 하나님의 삼위일체에 대한 좋은 개념화(conceptualization)와 하나의 메타포(metaphor)가 성립될 수 있다.

$$God \times God \times God = God^3 = God$$

여기에서 무한으로서의 하나님의 삼위일체에 대한 수학적 표현에는 논리적 모순이 없다.

칸토르의 초한 집합론에 의하면 삼위일체에 대한 또 하나의 접근을 가능하게 해 준다. 이를 살펴보기 위하여 간단한 정의가 필요하다. 집합 $A \subseteq X$에 대하여,

$$j_A : A \rightarrow X$$

를 부분집합 A에서 집합X로의 포함함수(inclusion map of A into X)라 하자. 즉 A에 포함된 원소 x에서 X에 포함된 원소 x로 보내는 함수이다. 여기에서 공집합 $\varnothing$에서 X로의 함수

$$j_{\varnothing} : \varnothing \rightarrow X$$

는 포함함수임이 성립하고, 이 함수를 비움함수(empty map)라 하자. 그러면 다음이 성립한다.

(1) $\varnothing \times X = \varnothing$

(공집합 $\varnothing$과 전체집합 X의 곱은 공집합 $\varnothing$과 같다.)

(2) $\varnothing \subseteq \varnothing$

(공집합 $\varnothing$은 공집합 $\varnothing$에 포함된다.)

(3) $j_{\varnothing} = \varnothing$

(비움함수 $j_{\varnothing}$는 공집합 $\varnothing$과 같다)

그렇다면 $I_{\varnothing}: \varnothing \rightarrow \varnothing$은 공집합 $\varnothing$에서 공집합 $\varnothing$으로의 함수이다. 그러므로 여기에서 $f: God \rightarrow \varnothing$가 함수가 될 수 있는 유일한 조건은 다음과 같음을 알 수 있다.

$$God = \varnothing$$

신이라는 집합을 God라고 할 때, 그 집합이 공집합 $\varnothing$이 되는 경우에만 함수는 성립할 수 있다.

이에 근거하여 공집합으로서의 God에 대하여 다음과 같은 비움함수를 생각해 볼 수 있다. 집합 $God = \varnothing$일 때,

$$j_{\varnothing}: God \rightarrow \{god_1, god_2, god_3\}$$

이 비움함수는 유일하다. 즉 하나이다. 이러한 내용을 대수적으로 표현하면 다음과 같다.

$$3^0 = 1$$

결국, 신약성서 빌립보서 2:7에 대한 하나의 수학신학적 해석이 성립할 수 있다.[346] 즉 자기 비움(*kenosis*)으로부터 성부 하나님, 성

자 하나님, 성령 하나님으로의 함수는 성립할 수 있으며, 그러한 함수는 유일하다는 뜻이다.

7.2.2 부분과 전체의 패러독스를 넘어

칸토르의 초한은 부분과 전체의 관계를 신학적으로 새롭게 이해할 수 있도록 해 주었다. 초한의 세계 내에서 부분과 전체는 같을 수 있다. 이 문제는 초한에 대한 개념화가 이루어지기 전에는, 일종의 패러독스로 여겨질 수밖에 없었다. 그래서 갈릴레오 패러독스(Galileo Paradox)라고 불리는 문제도 그 시대에는 부분과 전체의 문제를 갈릴레오가 패러독스로 생각했기 때문에 생긴 문제였다. 갈릴레오 갈릴레이(Galileo Galilei 1564~1642)는 제곱수를 1-1로 대응시키고 정수 만큼 많은 제곱수가 존재한다는 결론에 도달했다.

자연수 전체	자연수의 제곱수 전체
1	1
2	4
3	9
4	16
…	…
전체	부분

346 자기를 비워서 종의 모습을 취하시고 사람과 같이 되셨습니다. (새번역 빌립보서 2:7)

정수만큼 많은 제곱수가 존재한다는 사실이 문제이다. 이 때 갈릴레오는 전체와 부분과 관련하여 무한 집합의 중요한 속성을 발견했다. 무한 집합은 그 보다 작은 부분 무한 집합과 원소가 같을 수 있다는 것이다. 다시 말하면, 무한 집합은 자신의 진부분집합(proper subset)과 1-1 대응이 성립한다. 사실 갈릴레오는 셀 수 있는 무한 집합(countably infinite set)의 속성을 경험한 것이었다. 그러나 부분과 전체가 같다는 명제는 모순으로 받아들일 수밖에 없었다. 유한의 세계 내에서는 도저히 이해할 수도 없고 인정할 수도 없는 명제였기 때문이다. 갈릴레오는 무한에서는 유한과 다른 사건이 발생할 수 있다는 것을 깨달았지만, 그 이유에 대해서는 체계적으로 설명할 수가 없었던 것이다. 즉 무한을 무한으로 다룰 수 있는 시스템이 결여되어 있었다. 갈릴레오는 어떠한 경우에도 전체가 부분보다 크다고 믿었다.

칸토르는 갈릴레오 패러독스의 문제를 패러독스로부터 해방시켰다. 갈릴레오와 달리 칸토르는 집합의 개념을 사용하여 이 문제를 해결하였다. 부분과 전체 사이에 1-1 대응이 성립하고 그 결과 부분과 전체의 기수가 같음이 증명되고 설명되었다. 부분과 전체는 같다. 칸토르는 이러한 일이 패러독스가 아니라 오히려 무한 집합의 핵심적 속성임을 보여주었다. 수학적으로 부분과 전체가 같은 사건이 발생하면 그것은 다름 아닌 무한 세계의 사건이라는 것이다. 결국 칸토르가 동일한 문제에 대하여 새롭고 다른 대답을 제시할 수 있었던 것은 집합론이라는 인지 시스템이 있었기 때문에 가능했다. 칸토르는 집합이라는 다른 차원의 도구를 사용하여 무한을 다룸으로써 부분과 전체의 일치라는 패러독스에서 벗어날 수 있었다.

칸토르의 초한 집합을 신학적 도구로 채택할 때, 그리스도론(Christology)의 부분과 전체, 곧 신과 인간의 관계를 둘러싼 신학적 문제에 대하여 새로운 해석이 가능하다.

부분	전체	부분 = 전체
1 예수	1 하나님	1 예수 = 하나님
2 하나님	2 예수	2 하나님 = 예수
…	…	…

특히 칸토르-베른슈타인 정리(Cantor-Bernstein Theorem)에 의하면,

$$|A| \leq |B| \text{이고 } |B| \leq |A| \text{이면, } |A| = |B| \text{이다.}$$

칸토르-베른슈타인 정리에 비추어 볼 때, 신약성서 요한복음서에서 전개하고 있는 동일화의 증명 논리가 구조적으로 상응됨을 알 수 있다.

(1) “너희는 아버지께서 내[예수] 안에(en) 계시고 또 내가 아버지 안에(en) 있다는 것을 깨달아 알게 될 것이다.” (『요한복음서』 10:38b)

(2) “내[예수]가 아버지 안에(en) 있고 아버지께서 내 안에(en) 계시다는 것을 네가 믿지 않느냐?” (『요한복음서』 14:10a)

(3) “아버지, 아버지께서 내[예수] 안에(en) 계시고, 내가 아버지 안에(en) 있는 것과 같이 그들[제자들]도 하나가 되어서 우리 안에(en) 있게 하여 주십시오.” (『요한복음서』17:21a)

부분 집합이 전체 집합 안에, 다시 전체 집합이 부분 집합 안에, … 이러한 증명 과정의 반복은 무한의 세계 내에서 부분과 전체가 동일함을 입증하는 다른 차원의 1-1 대응에 해당한다. 칸토르의 정리가 타당하다면, 요한복음서의 주장도 타당하다. 그러므로 요한복음서의 그리스도론(Johannine Christology)은 수학신학 내에서 충분히 성립될 수 있다.

또한 초한집합론에 의하면 유한한 대상의 크기와 관련된 문제가 새롭게 설명될 수 있다.

(1) a, b, c를 유한의 기수라고 할 때, 다음이 성립한다.

$$(a < b) \text{ 이면, } (a + c < b + c)\text{이다.}$$

(2) 그러나 여기에서 $c = \aleph_0$ 일 때에는, 다음이 성립한다.

$$(a < b)\text{이면, } (a + \aleph_0 = b + \aleph_0)\text{이다.}$$

즉 무한의 기수 $\aleph_0$을 전제한 세상의 계산에서는 작은 대상 a와 큰 대상 b 사이의 대소관계가 유지될 수 없다는 것을 보여준다. 그렇다면, 유한한 대상이 무한한 대상과 +(합)의 관계를 가질 때, 기존의 유한한 대상 사이의 대소관계는 성립될 수 없으며, 크기를 비교하는 자체가 의미가 없다. 그러므로 유한한 인간이 무한한 신과 합의 관계를 가지고 있다면, 인간은 모두 동일한 크기의 대상으로 이해될 수 있다.

7.2.3 컴팩트화로서의 신학[347)]

무한에 대한 유한화 작업 가운데 가장 주목할 만한 방법은 컴팩트화(compactification)이다. 이 수학적 구상은 우리가 무한을 다룰 때 무한에 어떤 요소를 추가하여, 마치 무한을 다룰 때에 유한을 다루는 것처럼 작업하려는 것이다. 예를 들어, 한 점이 빠진 원이 있다고 하자. 이때 원의 선은 실수의 선이다. 그러므로 이 원은 열린 구간(open interval)의 무한이다. 열린 구간은 셀 수 없는 무한 $\aleph_1$에 해당된다. 여기에 한 점을 추가하면, 이 원은 빈 점이 없는 공간이 되고 다룰 수 있는 대상이 된다. 즉 채워진 원은 닫힌 집합이고 동시에 유계의 무한 집합(closed and bounded infinite set)이 되는 것이다. 이제 유한 덮개(finite cover)를 통하여 무한 집합을 다룰 수 있는 것이다.

무한 집합에 적당한 위상(topology)를 주면 컴팩트 공간이 될 수 있다. 유한 개의 원소로 구성된 덮개로 처리할 수 있으므로 마치 유한처럼 인지된 대상이라고 할 수 있다.[348)] 위상공간의 열린 덮개

347 이 절의 연구 결과는 홍성사 교수께 배운 내용에 기반하였다. 홍성사 "Extensions and Mathematical Extensions," 한태동교수 고희기념논문집』(서울 : 연이문화사, 1995), 13-22.

가 유한 부분 덮개를 가지면 그 위상공간은 컴팩트가 된다.

(1) 위상 공간 (X, T)의 임의의 열린 덮개가 유한 부분 덮개를 가질 때, (X, T)를 컴팩트 공간(compact space)이라고 한다.

(2) 위상 공간 (X, T)의 부분 집합 A의 임의의 열린 덮개가 유한 부분 덮개를 가질 때, A를 X의 컴팩트 부분집합(compact subset)이라고 부르거나, A는 컴팩트라고 한다.[349)]

A가 위상 공간 (X, T)의 부분 집합이다. A의 임의의 가산 열린 덮개(countably open cover)가 유한 부분 덮개를 가질 때, A를 가산 컴팩트라고 할 수 있다.

X가 컴팩트 공간이 아니면, X에 한 점 또는 몇 개의 점을 추가하여 적당한 위상을 주면 컴팩트화 시킬 수 있다. 예를 들어, 위상 공간 (X, T)에서 ∞는 X에 포함되지 않는 한 점이다. 위상 공간 (X_∞, T_∞)가 다음의 두 조건을 만족할 때, 이 위상 공간을 (X, T)의 한 점 컴팩트화(one point compactification)이라고 부른다.[350)]

(1) $X_\infty = X \cup \{\infty\}$, 여기에서 ∞는 무한원점(point at infinity)

348 물론 무한의 대상을 유한의 대상으로 변경시켰다는 의미는 아니다. 컴팩트 공간에 대하여는 이승온·이석종, 『위상수학의 기초』(서울 : 교우사, 2002)를 참조하라.

349 유한 집합은 항상 컴팩트이다.

350 한 점 컴팩트화는 러시아 위상수학자의 이름을 따라 '알렉산드로프 컴팩트화' (Alexandroff compactification)라고 부르기도 한다.

라고 한다.

(2) $T_{\infty} = T \cup \{X_{\infty} - F \mid F$는 X의 닫힌 컴팩트 부분 집합$\}$

이러한 정의에 의하면, 신학은 한 점 컴팩트화의 과정으로 충분히 이해될 수 있다. 즉 신학은 무한 Ω이란 대상을 다룰 때에 무한 Ω 자체를 다룰 수 없지만, 무한원점 ω을 추가하여 $\Omega \cup \{\omega\}$ 컴팩트화를 시도한 후에 무한 Ω_{ω}을 연구하는 시스템이다.

신학을 하나의 시스템이라고 볼 수 있다면, 신학의 모든 유한한 부분 집합이 모델을 가질 때, 신학은 모델을 가질 수 있다. 우리는 이를 신학의 컴팩트 정리(Compact Theorem for Theology)라고 할 수 있으며, 신학은 무한을 다루는 컴팩트화로 정의될 수 있다. 따라서 무한 Ω에 어떠한 ω를 채워서 유한화 작업을 할 것인가는 신학자에게 달려 있고, 그 결과에 따라 신학적 결론은 다양하다. 그렇다면 무한의 신을 연구하는 신학이 다양성을 가지는 것은 타당하다.

7.3 수학과 신학의 과제와 공명가능성[351)]

초한이 남긴 수학과 신학의 과제를 성찰하기 위하여 최근 버클리 대학의 우딘(W. Woodin) 등 캘리포니아 학파에 의해 주장되고 있는 체르멜로-프랭켈 집합론의 공리시스템(*ZFC*)을 넘어선 사영결정(Projective Determinacy) 공리에 대한 주장을 논의하고자 한다.[352)] *ZFC*는 무모순이다. 그러므로 그것에 대한 모델이 존재한다. 그리고 모델 가운데에는 표준적인 모델이 있을 수 있다.

집합론의 명제 σ가 모델 M 내에서 진리이다. 이것은 그 모델에 따른 명제 σ의 '상대적 진리'를 의미한다. 그러나 표준적 모델이란 그 모델에서 진리인 명제들이 가지는 '집합론 내에서의 절대적 진리성'을 고려한 모델을 의미한다. 즉 플라톤적 사상에서 표준적 모델을 표현하자면, 모순이 없는 이데아의 세계에 해당한다고 볼 수 있다.[353)] 그런데 괴델의 제2불완전성 정리는 '*ZFC*는 모순이 없다'는 명제문장의 형식화된 명제가 *ZFC*에서 모두 증명될 수 없

351 이 절의 일부는 다음의 연구를 기반으로 하여 심화한 것이다. 현우식·김병한, "신학과 수학에서의 진리와 믿음 : 사영결정공리의 신학적 함의," 『신학사상』 123(2003) : 263-291.

352 W. Woodin, "The Continuum Hypothesis, Part I," *Notices of the American Mathematical Society*, 48(6), (2001), 567-576; W. Woodin, "The Continuum Hypothesis, Part II," *Notices of the American Mathematical Society*, 48(7), (2001), 681-690. 우딘은 캘리포니아 학파의 집합론자들로 불리는 J. Steel, D. Martin 등을 대변한다.

353 이 문제에 관하여는 J. Polkinghorne, *Belief in God in an Age of Science*, 6장을 참조하라.

음을 보여주었다. 절대적 진리성을 포함한 명제들도 제2불완전성 정리에 의해 모두 증명될 수 있는 것은 아니다. 즉 ZFC가 수학적 진리를 모두 설명할 수 있는 것은 아니다. ZFC의 공리들은 대다수의 수학자들에게 수학의 기초를 구성하는 명제로 받아들여지고 있다.[354] 그러나 ZFC를 넘어서는 명제의 진리성, 즉 ZFC에서 유도되지 않는 명제문장의 표준적 모델에서의 진위는 어디에 근거할 수 있는 것인가? 여기에서는 수학의 표준적 모델을 묘사하는 ZFC를 넘어선 공리를 발견했다고 주장하는 캘리포니아 학파의 의견에 관하여 논의하고 그 신학적 함의를 고찰할 것이다.

7.3.1 거대기수

집합들의 크기는 기수(cardinality)로 나타낼 수 있다. 현대의 집합론자들은 거대기수라 불리는 매우 큰 기수들을 다룬다. 그 기수들은 다음의 세 가지 조건을 만족하는 기수들이다.[355]

(1) 자연수의 전체 집합의 기수인 $\aleph_0$보다 크고,

(2) 정규기수(regular cardinal)이며,[356]

---

354 물론 브라우베르(Brouwer)등의 직관주의자들처럼 선택공리를 받아들이지 않는 경우도 있다. A. Fraenkel et al. *Foundations of Set Theory* 를 참조하라.

355 정규 기수나 거대 기수(large cardinal)에 대해 집합론 교과서들을 참조하라. K. Kunen, *Set Theory* (Amsterdam : North-Holland, 1983); T. Jech, *Set Theory* (New York : Academic Press, 1978).

356 무한 집합의 기수 κ가 크기가 κ보다 작은 집합을 κ보다 작은 횟수로 합하여 κ 크기의 집합을 만들 수 없으면, 정규 기수(regular cardinal)라 부른다.

(3) 자신보다 작은 어떤 기수에 대해서도 그것의 멱집합(power set)의 기수보다 크다.

이렇게 정의되는 거대기수는 매우 중요하고도 신비한 성질을 갖는다. 거대기수를 통해 ZFC의 모델을 만들 수 있는데, 이 모델에 의하면 거대기수가 존대한다는 증명을 ZFC에서 할 수 없다는 결과를 얻는다. 그 내용은 다음과 같다.

먼저 '거대기수 κ가 존재한다'는 명제를 λ라 하자. 그렇다면 ZFC에서 명제 λ로부터 ZFC의 모델을 구성할 수 있고, 이 것은 괴델의 완전성 정리에 의해 ZFC가 무모순이라는 뜻이다. 이제 'ZFC가 무모순이다'라는 문장의 형식화된 명제를 $CON(ZFC)$라고 하자. 이상을 식으로 정리하면 다음과 같다.

(1) $ZFC+\lambda \vdash \mathrm{CON(ZFC)}$

여기에서 $ZFC \vdash \lambda$이면, $ZFC \vdash CON(ZFC)$가 되어 괴델 정리에 모순이다. 따라서 ZFC 내에서 λ를 증명할 수 없다. 그렇다면 다음 가능성은, 연속체 가설의 경우처럼, $ZFC+\lambda$가 무모순임을 보일 수는 없느냐는 것이다. 이를 식으로 정리하면 다음과 같다.

(2) $ZFC \vdash CON(ZFC) \rightarrow CON(ZFC+\lambda)$

그러나, 만일 (2)가 성립하면, (1)에 의해 다음이 성립하게 된다.

(3) $ZFC+\lambda \vdash \ CON(ZFC+\lambda)$

마찬가지로 괴델의 제2 불완전성 정리에 모순이 된다. 따라서, (2)가 성립하지 않는다. 그래서 $ZFC+\lambda$가 무모순하다는 것을 보일 수 없다. 다른 한편으로 ZFC에서 λ의 부정, 즉 거대기수가 존재하지 않는다는 증명을 할 가능성은 열려있다.

거대기수는 존재하는가? 현대 집합론학자들은 거대기수가 존재하지 않는 것을 증명하는 연구에 착수하지는 않으나, 거대기수가 실재할 것이라고 믿고, 거대기수와 그에 따른 연구에 매진하고 있다. 이 현상은 거대기수의 존재가 표준적 집합론에서 진리일 것이며, 그 결과로 ZFC에서 대답할 수 없는 비결정 문제들에 대한 답변이 가능하리라 본다는 것을 의미한다. 하비 프리드만(Harvey Friedman)은 수학자와 일반인이 이해할 수 있는 기초적인 정수에 관한 산술의 한 명제가 ZFC에서는 증명되지 않으면서도, 거대기수의 존재를 가정한 상태에선 증명할 수 있음을 보여 관심을 끌고 있다.[357)]

거대기수와 관련된 최신의 연구동향은 믿음이란 요소가 수학 연구에 있어서 차지하고 있는 위치를 명확히 보여주고 있다. 현대 신학에서 '신의 존재' 자체가 연구의 증명의 대상이 아니듯이, '거대기수의 존재' 자체는 증명의 대상이 아닌 것이다. 다만 그것을 실재한다고 믿고, 그 근거 위에서 후속적인 연구가 진행되고 있는

357 다음을 참조하라. M. Davis, "Book Review - 'Logical Dilemmas : The Life and Work of Kurt Gödel' by J. Dawson," *Notices of the American Mathematical Society*, 48, 807-813.

것이다. 특정한 대상의 존재에 대하여 믿음을 가지고 있고, 그 믿음의 내용을 논리적으로 다룬다는 점에서 신학과 수학 사이에는 특별한 공명이 존재한다.

7.3.2 사영결정공리

사영결정공리는 ZFC를 벗어난 명제이다. 사영결정공리를 논의하기 전에 먼저 필요한 정의들을 간략히 소개할 필요가 있다. 실수집합의 n-차원 공간 R^n의 열린집합[358]에서 유한 횟수로, 사영하거나 여집합을 취하여 얻어진 집합을 '사영집합(projective set)'이라 부른다.[359]

집합 A를 $[0,1] = \mathrm{x} \in \mathrm{R} | 0 \leq \mathrm{x} \leq 1$의 부분집합이라 하자. 두 사람 I, II가 (무한)시행하는 게임 G_A를 다음과 같이 정의한다.

---

358 열린집합(open set), 닫힌집합(closed set)은 위상수학(Topology)의 기본 개념이다. 점 x가 R^n의 원소일 때, x를 중심으로 하고 반경이 ε인 n-차원 공을 $D(x, \varepsilon) = \{y \in R^n | d(x, y) < \varepsilon\}$ (여기서 $d(x, y)$는 x와 y 사이의 거리이다)라고 하자. A가 R^n의 부분집합일 때, 모든 A의 원소 z에 대해서 적당한 ε이 있어서, $D(z, \varepsilon)$이 전부 A에 포함되면 A를 열린집합이라 한다. B가 열린집합의 여집합일 때 B를 닫힌집합이라 부른다.

359 $A' = < \mathrm{x}_1, \cdots, \mathrm{x}_{n-1} > \in \mathrm{R}^{n-1} | \exists \mathrm{x}_n < \mathrm{x}_1, \cdots, \mathrm{x}_{n-1}, \mathrm{x}_n > \in \mathrm{A}$는 R^n의 부분집합인 A를 사영하여 얻는 집합이다. 예를 들어 $< \mathrm{x}_1, \cdots, \mathrm{x}_{n-1} > \in \mathrm{R}^{n-1} | < \mathrm{x}_1, \cdots, \mathrm{x}_{n-1} > \notin \mathrm{A}'$는 A'의 여집합이므로 A가 열린집합이었다면, A' 사영집합이다.

(1) I이 시작해서 ε_1을 0이나 1에서 정한다.

(2) II가 다음으로 ε_2를 0이나 1에서 정한다.

(3) 계속해서 I은 홀수 i회에서 ε_i을 0이나 1에서 정하고, II는 짝수 i회에서 ε_i을 0이나 1에서 정한다.

만일 0과 1사이의 수 $\sum_{i=1}^{\infty}\epsilon_i 2^{-i}$가 A에 속하면 I이 이기고, 그렇지 않으면 II가 이긴다. 만일 A가 $\{1\}$이라 할 경우, I이 모든 경우 1을 택해도, II가 한번이라도 0을 선택한다면 II가 이기게 된다. 이런 식으로 I 이나 II에게 있어서 '승리 전략' 이라는 용어를 정의할 수 있다. 경기자 I 또는 경기자 II의 승리전략을 세울 수 있다면 게임 G_A가 결정가능하다고 말한다.

> 사영결정 공리. 집합 A가 $[0, 1]$의 임의의 사영 부분집합일 때, 게임 G_A는 결정가능하다.

거대기수와 관련이 없어 보이는 이 사영결정 공리는 실은 거대기수와 깊은 관련을 맺고 있다. 우딘 교수의 이름을 딴, 우딘 거대기수가 무한히 많이 존재하면 사영결정공리가 성립한다는 매우 중요한 정리가 있다. 또한 사영결정 공리가 성립하면 모든 자연수 k에 대해, 'ZFC+ 우딘 기수가 k개 있다' 가 무모순이다. 이것은 거대기수의 경우와 마찬가지로 사영결정 공리도 ZFC를 벗어난 명제임을 보여준다.

그런데 캘리포니아 집합론학자들이 사영결정 공리가 옳다고 하는 이유는, 이 사영결정 공리를 ZFC에서 가정함으로 ZFC에서 결정할 수 없는 많은 실수의 성질들을 결정해 주기 때문이다.[360] 예를 들면, 사영결정 공리 하에서, 모든 사영집합은 측도가능(measurable)하며 모든 셀 수 없는 무한 사영집합은 셀 수 없는 닫힌 집합을 부분집합으로 갖는다.[361] 이러한 문제들을 ZFC에서 해결하려다 성공하지 못했던 학자들은, 하나의 공리를 첨가하는 것으로 여러 가지 관련된 문제들이 깨끗하게 해결되는 것을 보고, 그 공리는 옳은 공리라고 생각했다.[362] 즉 새로운 공리를 추가하여 연속체의 실재를 다룰 수 있다고 본 괴델의 입장과 동일하다.

반면, 쉘라는 다음과 같은 이유로 캘리포니아 학파의 주장을 강하게 부정하고 있다.

(1) 공리를 첨가하여 문제를 깨끗하게 해결하는 것이 그 공리가 올바른 공리이기 때문에 그렇다는 충분한 이유가 될 수 없다.

---

360 W. Woodin, "The Continuum Hypothesis, Part I," *Notices of the American Mathematical Society*, 48(6), (2001), 567-576; W. Woodin, "The Continuum Hypothesis, Part II," *Notices of the American Mathematical Society*, 48(7), (2001), 681-690 참조.

361 셀 수 있는 집합은 크기가 $\aleph_0$보다 작거나 같은 집합이고, 그 외의 무한 집합은 모두 셀 수 없는 집합이다.

362 S. Shelah, "Logical Dilemmas," *Bulletin of the American Mathematical Society*, 40 (2003), 212. 반면 쉘라는 캘리포니아 학파를 반박하는 글을 공개하고 있다.

(2) 그들이 그 공리를 선택하게 된 동기에는 실수와 관련된 문제들에 대한 관심이 자리 잡고 있는데, 만일 다른 분야의 문제들에 관심을 갖는다면, 또 그 문제에 적합한 사영결정 공리와 다르거나 반대할 수 있는 공리를 생각하게 될 것이다.

(3) 실수에 관한 문제들로 국한한다고 하더라도 하나의 공리만 옳다고 인정할 때 여러 의미 있는 구분들이 사라지게 된다. 하지만 유일한 표준적 모델의 존재를 전제한다면, 쉘라의 반박은 설득력을 잃게 된다. 우딘은 실수의 성질을 해결해 주는 것 외에도 거대기수와 관련된 공리나, 마틴(D. Martin)의 위상수학적 공리의 연관성을 들어 사영결정 공리의 정당성을 입증하려 한다.[363]

우리는 기본적으로 사영결정 공리에 대한 우딘의 주장을 다음과 같은 이유로 지지한다.

(1) 수학, 특히 해석학(Analysis)에서 전통적으로 중요시 다루어 오던 실수의 부분집합은 보렐집합(Borel Set)이다.

(2) 보렐집합은 사영집합과 마찬가지로, 열린 집합들의 합집합

363 우딘은 더 복잡한 집합론적 구조 하에서 스타 공리(Star Axiom)도 옳은 공리라고 주장하고 있으며, 그 공리는 더 강력한 성격의 공리이므로 $2^{\aleph_0} = \aleph_2$가 유도되므로 연속체 가설은 거짓이라는 답을 제공한다.

이나 교집합들을 취하는 방법을 반복하여 얻어지는데, 사영집합과 거의 차이가 없는 것처럼 보인다.

(3) *ZFC*내에서, 모든 보렐집합이 사영집합임을 보일 수 있다.[364)]

(4) 그러므로 보렐집합에서 성립하는 것이 사영집합에서도 성립한다고 보는 것이 타당하다.

(5) 그러나 보렐집합에 대한 성질은 *ZFC*내에서 대부분 결정가능하지만, 사영집합에 대한 성질은 그렇지 않다. 예를 들어, 보렐집합이 측도가능한 것은 *ZFC*내에서 쉽게 알 수 있다. 그래서 사영집합도 측도가능하다고 볼 수 있다. 물론 그것의 증명은 사영결정 공리를 받아들일 경우에만 가능하다.

(6) 마틴(D. Martin)은 *ZFC*에서 보렐집합이 결정된다는 것을 보였다.[365)] 즉 이것은 사영집합이 보렐집합과 유사한 것이므로, 사영집합이 결정된다는 사영결정 공리가 "옳다"라는 강력한 근거가 될 수 있다.

---

364 사영집합이지만 보렐집합이 아닐 수 있다.

365 D. Martin, "Borel Determinacy," *Annals of Mathematics*, 102 (1975), 363-371.

최근 캘리포니아 학파 구성원들은 사영결정 공리가 바른 공리라는 것임을 공통적으로 언급하고 있다. 그들이 이같이 주장하는 근거는 사실상 수학자들이 증명과정을 통해 진리를 입증하려했던 기존의 방식과는 확연히 다른 것이다. 그들은 일종의 믿음을 가지고 이 사영결정 공리를 받아들인다. 이 공리들은 우선 ZFC 상에서 결정되는 것이 아니므로, ZFC 안에서 이루어지는 전통적인 증명으로 진위를 결정할 수 없다. 그러므로 이것의 정당성은 결국 지금까지 수학에서는 수행되지 않았던 '새로운 경험'을 통해 확보될 수 있다는 것이다. 그 경험이란 사영결정 공리에 대한 믿음에서 출발하여 그것을 바탕으로 한 연구과정을 통해서 사영결정 공리의 정당성이 더 명확해 질 수 있다는 것을 뜻한다. 이것은 믿는 내용에서 출발하여 연구의 정당성과 보편타당성을 확보하는 신학의 방법론과 공명될 수 있음을 함의한다.

7.3.3 수학과 신학의 영원한 과제

칸토르 이후의 수학자와 신학자는 무한을 다룰 때, 칸토르의 사유양식과 술어와 논리를 의식하게 되었다. 그리고 칸토르에 의해서 수학자와 신학자는 무한의 부분이나 그 언저리를 보는 해석학적 방식이 아니라, 무한의 전체를 볼 수 있는 집합론적 방식 즉 메타 과학(metascience) 방식을 터득하게 되었다. 그는 선재하는 무한을 보는 방법과 해석의 새로운 인지시스템을 생성하여 세상에 선사한 것이다. 이 점에서 우리가 가무한(potential infinity)을 넘어 실무한(actual infinity)을 체계저이고 논리적으로 연구할 수 있도록 길을 제시하고, 신의 영역을 볼 수 있는 창문을 열어 준 칸토르의 공로를 기리는 것이 마땅하다.

칸토르는 유한한 인간을 향하여 무한에 대한 전체적 시각(global vision)을 제공해 주었다. 동시에 그는 무한의 세계를 온전히 인지하는 일에서 유한한 인간의 한계를 깨닫게 해 주었다. 칸토르의 연속체 문제는 단지 인간 능력의 한계를 보여주는 것으로만 설명될 수 없다. 연속체 문제야말로 가장 창의적인 발견에 해당하기 때문이다. 칸토르는 유한한 인간이 초한을 통과하여 절대 무한으로서의 신이 될 수 없음을 누구보다 잘 알고 있었던 수학자이자 신학자였다. 그는 철저히 자기를 성찰했고, 무한과 신을 진정으로 사랑했다. 그래서 그는 사랑하는 그 진리에 대하여 자유롭게 대면했고, 모든 정성을 다하여 탐구하는 지적 여정을 향유했다.

신학과 수학의 과제란 무엇인가? 신학의 과제가 신학의 세계에서 믿는 내용에 대한 합리적 질의와 응답이라면, 수학의 과제는 수학의 세계에서 믿는 내용에 대한 질의와 응답이다. 이러한 질의와 응답의 과정에서 의미를 추구하는 해석시스템이 형성된다. 여기에서 신학과 수학은 자체 시스템 내에서 증명되기 이전의 명제 또는 공리를 다루고 있는 시스템에 해당된다. 그러므로 특별히 무한이라는 추상적 진리를 다루는 수학자와 신학자는 다음의 속성과 의미에 대하여 늘 숙고하고 성찰하는 것이 필요하다.

(1) 모순성(inconsistency)

(2) 증명불가능성(unprovability)

(3) 불완전성(incompleteness)

수학이 공리에 대한 믿음에서 시작하고, 공리를 사용하면서 더욱 분명한 의미를 찾아가는 과정은 사이언스(science)로서의 신학시스템이 가지는 정당성을 함의한다. 전제로서의 공리와 연속체 문제의 독립성 등과 관련하여 볼 때, 신학과 수학의 영역 내에서 다음이 허용되고 있으며, 또한 타당하게 여겨지고 있음을 발견할 수 있다.

(1) 증명되기 이전의 대상이 믿음의 대상이 될 수 있다.
(2) 믿음의 대상이 이해의 대상이 될 수 있다.
(3) 이해의 대상이 증명되기 이전의 대상이 될 수 있다.

이 연구의 결과는 수학과 신학이 공명할 수 있는 다음과 같은 종합적 결론을 함의한다.

(1) 시스템의 차원에서 볼 때, 수학과 신학은 초한(*transfinitum*)에 대한 믿음과 언어와 규칙을 전제로 구성된 학문이다. 그래서 수학과 신학은 공명가능한 무한의 시스템이다.

(2) 메타 차원에서 볼 때, 수학과 신학은 자체 한계를 증명하고 자체 한계를 초월하는 메타 속성을 공유하고 있다. 그래서 수학과 신학은 공명가능한 메타시스템이다.

(3) 방법론적인 차원에서 볼 때, 신학과 수학은 경험으로부터 자유로운 인지적 요인(cognitive factor)과 추상적 요인(abstract factor)에 근거한 학문적 출발점을 공유한다. 그래서 수학과 신학은 공명가능한 추상학 시스템이다.

(4) 규범의 차원에서 볼 때, 신학이 성서(Bible)라는 규범을 통하여 신학적 진리와 의미를 풀어내고자 한다면, 수학은 공리(axiom)라는 규범을 통하여 수학적 진리와 의미를 풀어내고자 한다. 여기에서 성서와 공리가 텍스트(text)에 해당된다면, 적용되는 모든 환경(environment)이 컨텍스트(context)에 해당된다. 그래서 수학과 신학은 공명가능한 해석학 시스템이다.

(5) 논리적 차원에서 볼 때, 수학과 신학은 논리시스템을 가지고 있으며 증명(proof)의 논리와 모델(model)의 논리를 통하여 종합적으로 판단하는 시스템이다. 그래서 수학과 신학은 공명가능한 논리시스템이다.

최근의 과학신학자들은 신과 인간의 관계에 대한 문제는 물론이고 신과 자연의 관계에 대한 문제를 본격적으로 연구하고 있다. 그래서 신학은 이미 인접학문들과의 대화를 넘어서, 자연과학과의 깊이 있고 건설적인 대화를 시도하고 있다. 이러한 소임을 이루기 위해서는 신학자들이 칸토르의 모범을 따라서 수학자들과의 대화에 동참할 필요가 있다. 신학자는 과학의 언어학자로서의 수학자와의 대화를 통하여 과학의 여러 분야와의 대화를 진전시키고, 보다 폭넓은 학문적 공헌을 이루기 위해 봉사하는 역할을 수행할 수 있을 것이다.

신학자와 수학자가 칸토르처럼 겸허하게 그리고 열린 자세를 지향한다면, 신과 무한을 향한 인지의 연속성과 인지의 불연속성의 사이에서 의미 있고 도움을 줄 수 있는 건실한 상호작용을 할 수 있다. 무한과 신을 이해하기 위해서 우리는 칸토르와의 인지적 상호작용을 통해 특별한 영감(inspiration)을 제공 받을 수 있고, 수학과 신학을 수렴하는 인지시스템의 놀라운 발연성(contingency)을 볼 수 있다.

참고문헌

1. 칸토르의 문헌

[1872] G. Cantor, "Über die Ausdehnung eines Satzes aus der Theorie der trigonometrischen Reihen," *Gesammelte Abhandlungen mathematischen und philosophischen Inhalts*, E. Zermelo (ed.) (Berlin : Springer-Verlag, 1932/2013), 92-102.

[1872] G. Cantor, "Über die Ausdehnung eines Satzes aus der Theorie der trigonometrischen Reihen," *Mathematische Annalen*, 5 (1872), 123-132.

[1874] G. Cantor, "Über eine Eigenschaft des Inbegriffes aller reellen algebraischen Zahlen," *Gesammelte Abhandlungen mathematischen und philosophischen Inhalts*, E. Zermelo (ed.) (Berlin : Springer-Verlag, 1932/2013), 115-118.

[1874] G. Cantor, "Über eine Eigenschaft des Inbegriffes aller reellen algebraischen Zahlen," *Journal für die reine und angewandte Mathematik*, 77 (1874), 258-262.

[1874] G. Cantor, "On a Property of the Set of Real Algebraic Numbers," *From Kant to Hilbert : A Source Book in the Foundations of Mathematics,* W. Ewald (ed.) (Oxford : Oxford University Press, 1996), 839-843.

[1878] G. Cantor, "Ein Beitrag zur Mannigfaltigkeitslehre," *Gesammelte Abhandlungen mathematischen und philosophischen Inhalts*, E. Zermelo (ed.) (Berlin : Springer-Verlag, 1932/2013), 119-133.

[1878] G. Cantor, "Ein Beitrag zur Mannigfaltigkeitslehre," *Journal für die reine und angewandte Mathematik*, 84 (1878), 242-258.

[1879] G. Cantor, "Über eine Satz aus der Theorie der stetigen Mannigfaltigkeiten," *Gesammelte Abhandlungen mathematischen und philosophischen Inhalts*, E. Zermelo (ed.) (Berlin : Springer-Verlag, 1932/2013), 134-138.

[1880] G. Cantor, "Über unendliche, lineare punktmannigfaltigkeiten II," *Gesammelte Abhandlungen mathematischen und philosophischen Inhalts*, E. Zermelo (ed.) (Berlin : Springer-Verlag, 1932/2013), 145-148.

[1880] G. Cantor, "Über unendliche, lineare punktmannigfaltigkeiten II," *Mathematische Annalen*, 17 (1880), 355-358.

[1883] G. Cantor, "Foundations of a General Theory of Manifolds : A Mathematico-Philosophical Investigation into the Theory of the Infinite," *From Kant to Hilbert : A Source Book in the Foundations of Mathematics*, W. Ewald (ed.) (Oxford : Oxford University Press, 1996), 878-920.

[1883] G. Cantor, "Grundlagen einer allgemeinen Mannichfaltigkeitslehre, ein mathematisch-philosophischer Versuch in der Lehre des Unendlichen," *Gesammelte Abhandlungen mathematischen und philosophischen Inhalts,* E. Zermelo (ed.) (Berlin : Springer-Verlag, 1932/ 2013), 165-208.

[1883] G. Cantor, "Mittag-Leffler(1883.12.23.)," *Georg Cantor – Briefe*, H. Meschkowski und W. Nilson (ed.), (Berlin : Springer-Verlag, 1991) 159-161.

[1883] G. Cantor, *Grundlagen einer allgemeinen Mannichfaltigkeitslehre, ein mathematisch-philosophischer Versuch in der Lehre des Unendlichen* (Leipzig : Teubner, 1883).

[1884] G. Cantor, "Über unendliche, lineare punktmannigfaltigkeiten VI," *Gesammelte Abhandlungen mathematischen und philosophischen Inhalts,* E. Zermelo (ed.) (Berlin : Springer-Verlag, 1932/2013), 210-246.

[1884] G. Cantor, "Über unendliche, lineare punktmannigfaltigkeiten VI," *Mathematische Annalen*, 23 (1884), 453-488.

[1884] G. Cantor, "Mittag-Leffler(1884.1.31.)," *Georg Cantor – Briefe*, H. Meschkowski und W. Nilson (ed.), (Berlin : Springer-Verlag, 1991),171-172.

[1884a] G. Cantor, "De la puissance des ensembles parfaits de points," *Acta Mathematica*, 4 (1884), 381-392.

[1884a] G. Cantor, "De la puissance des ensembles parfaits de points," *Gesammelte Abhandlungen mathematischen und philosophischen Inhalts*, E. Zermelo (ed.) (Berlin : Springer-Verlag, 1932/2013), 252-260.

[1885] G. Cantor, "Franzelin(1885.12.17.)," *Georg Cantor – Briefe*, H. Meschkowski und W. Nilson (ed.), (Berlin : Springer-Verlag, 1991), 252-253.

[1885] G. Cantor, "Über die verschiedenen Standpunkte in bezug auf das aktuelle Unendliche," *Gesammelte Abhandlungen mathematischen und philosophischen Inhalts*, E. Zermelo (ed.) (Berlin : Springer-Verlag, 1932/2013), 370-377.

[1886] G. Cantor, "Franzelin(1886.1.22.)," *Georg Cantor – Briefe*, H. Meschkowski und W. Nilson (ed.), (Berlin : Springer-Verlag,

1991), 254-257.

[1886] G. Cantor, "Franzelin(1886.1.29.)," *Georg Cantor – Briefe*, H. Meschkowski und W. Nilson (ed.), (Berlin : Springer-Verlag, 1991), 258.

[1887/88] G. Cantor, "Über die verscheidenen Standpunkte in bezug auf das aktuelle Unendliche," *Zeitschrift für Philosophie und philosophische Kritik*, 91(1887), 81-125; 92(1888), 240-265.

[1887] G. Cantor, "Mitteilungen zur Lehre vom Transfiniten," *Gesammelte Abhandlungen mathematischen und philosophischen Inhalts*, E. Zermelo (ed.) (Berlin : Springer-Verlag, 1932/2013), 378-439.

[1887] G. Cantor, "Mitteilungen zur Lehre vom Transfiniten," *Zeitschrift für Philosophie und philosophische Kritik*, 91 (1887), 81-125.

[1888] G. Cantor, "Gutberlet(1888.5.1.)," *Georg Cantor – Briefe*, H. Meschkowski und W. Nilson (ed.), (Berlin : Springer-Verlag, 1991), 314.

[1891] G. Cantor, "Über eine elementare Frage der Mannigfaltigkeitslehre," *Jahresbericht der Deutschen Mathematiker-Vereinigung*, Vol. 1, 75-78.

[1891] G. Cantor, "Über eine elementare Frage der Mannigfaltigkeitslehre," *Gesammelte Abhandlungen mathematischen und philosophischen Inhalts*, E. Zermelo (ed.) (Berlin : Springer-Verlag, 1932/2013), 278-280.

[1894] G. Cantor, "Hermite(1894.1.24.)," *Georg Cantor – Briefe*, H. Meschkowski und W. Nilson (ed.), (Berlin : Springer-Verlag, 1991), 350-351.

[1895] G. Cantor, "Beiträge zur Begrundung der transfiniten Mengenlehre I (1895)," *Gesammelte Abhandlungen mathematischen und philosophischen Inhalts*, E. Zermelo (ed.) (Berlin : Springer-Verlag, 1932/2013), 282-311.

[1895] G. Cantor, "Beiträge zur Begrundung der transfiniten Mengenlehre I," *Mathematische Annalen*, 46 (1895), 481-512.

[1897] G. Cantor, "Beiträge zur Begrundung der transfiniten Mengenlehre II (1897)," *Gesammelte Abhandlungen mathematischen und philosophischen Inhalts,* E. Zermelo (ed.) (Berlin : Springer-Verlag, 1932/ 2013), 312-351.

[1897] G. Cantor, "Beiträge zur Begrundung der transfiniten Mengenlehre II," *Mathematische Annalen*, 49 (1897), 207-246.

[1899] G. Cantor, "Letter to Dedekind (1899)," *From Frege to Gödel : A Source Book in Mathematical Logic*, Jean van Heijenoort (ed.), (Cambridge : Harvard University Press, 1967), 113-117.

[1932] G. Cantor, *Gesammelte Abhandlungen mathematischen und philosophischen Inhalts,* E. Zermelo (ed.) (Berlin : Springer-Verlag, 1932/2013).

[1937] G. Cantor & R. Dedekind, *Briefwechsel Cantor-Dedekind*, E. Noether & J. Cavailles (eds.) (Paris : Hermann, 1937).

[1955] G. Cantor, *Contributions to the Founding of the Theory of Transfinite Numbers*, P. Jourdain (trans.) (New York : Dover Publications, 1955). [1895]와 [1897]의 영역본

[1979] G. Cantor, "Über eine Satz aus der Theorie der stetigen Mannigfaltigkeiten," *Nachrichten von der Königlichen Gesellschaft der Wissenschaften und der Georg-Augusts*

Universität zu Göttingen, 127-135.

[1991] G. Cantor, *Georg Cantor – Briefe*, H. Meschkowski und W. Nilson (ed.), (Berlin : Springer-Verlag, 1991).

[2005] G. Cantor, "Selections from Contributions to the Founding of the Theory of Transfinite Numbers," *God Created the Integers : The Mathematical Breakthroughs that Changed History*, S. Hawking(ed.), (London : Running Press, 2005), 971-1039.

2. 칸토르 연구 문헌

Achtner, W., “Infinity as a Transformative Concept in Science and Theology,” *Infinity : New Search Frontiers*, M. Heller & W. Woodin (eds.) (Cambridge : Cambridge University Press, 2011), 19-51.

Aczel, A., *Mystery of Aleph*, 『무한의 신비 : 수학, 철학, 종교의 만남』 신현용·승영조 옮김 (서울 : 승산, 2002).

Albertini, T., “Mathematics and Astronomy,” *Introducing Nicholas of Cusa : A Guide to a Renaissance Man*, C. Bellitto, T. Izbicki, G. Christianson (eds.) (New York : Paulist Press, 2004), 373-406.

Anglin, W., *The Philosophy of Mathematics : The Invisible Art* (Lampeter : The Edwin Mellen Press, 1997).

Anselm of Canterbury, [1078] *Proslogion.* M. Charlesworth (trans.), *The Major Works.* B. Davies & G. Evans (eds.). (Oxford : Oxford University Press, 1994), 82-104.

Anselmus, [1078] “Contra Gaunilonem.” “안셀무스의 가우닐로에 대한 답변.” 『신 존재 증명』 전경연 옮김 (서울 : 한들출판사, 1997), 66-86, 157-172.

Anselmus. [1078] *Proslogion,* 『모놀로기온 & 프로슬로기온』 박승찬 옮김 (서울 : 아카넷, 2002).

Aquinas, Thomas, 『신학대전』 정의채 옮김 (서울 : 바오로딸, 2014).

Aquinas, Thomas, *Summa Theologiae* (London : Eyre & Spottiswoode, 1964).

Augustinus, 『고백록』 선한용 옮김 (서울 : 대한기독교서회, 1990).

Augustinus, 『자유의지론』 성염 옮김 (왜관 : 분도출판사, 1998).

Augustinus, 『참된 종교』 성염 옮김 (왜관 : 분도출판사, 1989).
Augustinus, 『고백록』 김광채 옮김 (서울 : 기독교문서선교회, 2004).
Augustinus, 『고백록』 최민순 옮김 (서울 : 성바오로출판사, 1991).
Augustinus, 『그리스도교 교양』 성염 옮김 (왜관 : 분도출판사, 1989).
Augustinus, 『신국론』 성염 옮김 (왜관 : 분도출판사, 2004).
Augustinus, 『질서론』 김영국 옮김 (서울 : 소망사, 1990).
Augustinus, *Christian Doctrine*. J. Shaw (trans.) (Edinburgh : T & T Clark, 1993).
Augustinus, *Christian Instruction,* J. Gavian (trans.) (Washington, D. C. : The Catholic University of America Press, 1985).
Augustinus, *Confessions*, V. Bourke (trans.) (Washington, D. C. : The Catholic University of America Press, 1991).
Augustinus, *Confessions,* W. Watts (trans.) (Cambridge : Harvard University Press, 1912).
Augustinus, *On the Holy Trinity,* A. Haddan (trans.) (Edinburgh : T & T Clark, 1991).
Augustinus, *On the Literal Meaning Interpretation of Genesis : An Unfinished Book,* R. Teske, S. J. (trans.) (Washington, D. C. : The Catholic University of America Press, 1991).
Augustinus, *Sancti Aurelii Augustini Opera Omnia* (Parisiis, 1838).
Augustinus, *Soliloquies,* C. Starbuck (trans.) (Edinburgh : T & T Clark, 1993).
Augustinus, *The City of God,* M. Dods (trans.) (Edinburgh : T & T Clark, 1993).
Augustinus, *The Free of Choice of the Will*, R. Russell (trans.) (Washington, D. C. : The Catholic University of America Press,

1991).

Augustinus, *The Literal Meaning of Genesis*, J. Taylor, S. J. (trans.) (New York : Paulist Press, 1982).

Augustinus, *The Literal Meaning of Genesis, On Genesis*. E. Hill, O.P., M. O'Connell (trans.) (New York : New City Press, 2006).

Augustinus, *The Trinity,* S. Mckenna (trans.) (Washinton, D. C. : The Catholic University of America Press, 1988).

Barrow, J., *Pi in the Sky : Counting, Thinking and Being*, 『수학, 천상의 학문』 박병철 옮김 (서울 : 경문사, 2004).

Barrow, J., *The Infinite Book : The Short Guide to the Boundless, Timeless and Endless* (New York : Vintage Books, 2005).

Barth, K., [1931] *Fides Quaerens Intellectum : Anselms Beweis der Existenz Gottes im Zusammenhang seines theologischen Programms*, 『이해를 추구하는 믿음 : 안셀무스의 신학적 체계와의 연관성 속에서의 신 존재 증명』 김장생 옮김 (서울 : 한국문화사, 2013).

Bell, E., "Paradise Lost : Georg Cantor," *Men of Mathematics* (New York : Simon and Schuster, 1986), 555-579.

Berlinski, D., *Infinite Ascent*, 『수학의 역사』 김하락·류주환 옮김 (서울 : 을유문화사, 2007).

Bernays, P., *Axiomatic Set Theory* (New Yori : Dover Publications Inc., 1991).

Beth, E., *The Foundations of Mathematics : A Study in the Philosophy of Science* (Amsterdam : North-Holland Publishing Company, 1968).

Boolos, G., "Must We Believe in Set Theory?" *Between Logic and Intuition* G. Sher, R. Tieszen (eds.) (Cambridge : Cambridge

University Press, 2000), 257-268.

Bourbaki, N., *Elements of History of Mathematics* (Berlin : Springer-Verlag, 1999).

Bourbaki, N., *Theory of Sets* (Addison-Wesley Publishing Company, 1968).

Bourbaki, N., *General Topology* (Addison-Wesley Publishing Company, 1966).

Bovell, C., "Two Examples of How the History of Mathematics Can Inform Theology," *Theology and Science* 8 (1), (2010), 69-85.

Boyer, C., & U. Merzbach, *A History of Mathematics*, 『수학의 역사』 양영오 · 조윤동 옮김 (서울 : 경문사, 2000).

Bradley, J., "Theology and Mathematics - Key Themes and Central Historical Figures," *Theology and Science* 9 (1), (2011), 5-26.

Brient, E., "How Can the Infinite be the Measure of the finite? : Three Mathematical Metaphors from *De docta ignorantia*," *Cusanus : The Legacy of Learned Ignorance*, P.Casarella (ed.) (Washington, D.C. : The Catholic University of America Press, 2006), 210-225.

Burali-Forti, C., "A question on transfinite numbers," van Heijenoort, J.(ed.), *From Frege to Gödel : A Source Book in Mathematical Logic 1879~1931* (Cambridge : Harvard University Press, 1967), 102-111.

Burgess, J. "Forcing," *Handbook of Mathematical Logic,* J. Barwise (ed.) (Amsterdam : North-Holland Publishing Company, 1977), 403-452

Campion, N. "Augustine and Astronomy." *Augustine and Science.* J. Doody, A. Goldstein, K. Paffenroth (eds.) (New York : Lexington

Books, 2013).

Cassirer, E., 『르네상스 철학에서의 개체와 우주』 박지형 옮김 (서울 : 민음사, 1996).

Chadwick, H., *Augustine : A Very Short Introduction* (Oxford : Oxford University Press, 2001).

Cohen, P., "Independence Results in Set Theory," *Symposium on the Theory of Models* (Amsterdam : North-Holland Publishing Company, 1965), 39-54.

Cohen, P., *Set Theory and the Continuum Hypothesis* (New York : Dover Publications, 2008).

Collins, F., *The Language of God : A Scientist Presents Evidence for Belief* (New York : Free Press, 2006).

Collins, R., *The Sociology of Philosophies : A Global Theory of Intellectual Change* (The Belknap Press of Harvard University Press, 1998).

Conway, J., & R. Guy, *The Book of Numbers*, 『수의 바이블』 이진주·황용석 옮김 (서울 : 한승, 2003).

Copleston, F., *A History of Philosophy 2 : Mediaeval Philosophy Augustine to Scotus* (Westminster, The Newman Press, 1962).

Copleston, F., *A History of Philosophy 3 : Ockham to Suarez* (Westminster, The Newman Press, 1962).

Crocco, G., "Gödel on Concepts," *History and Philosophy of Logic,* Vol.27 (2006) : 171-191.

Dales, H., & G. Oliveri (eds.), *Truth in Mathematics* (Oxford : Oxford University Press, 1998).

Davis, M., "What Did Gödel Believe and When did He Believe It?" *The*

Bulletin of Symbolic Logic, Vol.11, No.2, (2005) : 194-206.

Dauben, J., “Conceptual Revolutions and the History of Mathematics : Two Studies in the Growth of Knowledge,” *Revolutions in Mathematics,* D. Gilles (ed.) (Oxford : Oxford University Press, 1992), 49-71.

Dauben, J., “Georg Cantor and Pope Leo XIII : Mathematics, Theology and the Infinite,” *Journal of the History of Ideas* 38 (1), (1977) : 85-108.

Dauben, J., “Georg Cantor, Paper on the ‘Foundations of a General Set Theory,” *Landmark Writings in Western Mathematics 1640~1940,* I. Grattan-Guinness (ed.) (Amsterdam : Elsevier, 2005), 600-612.

Dauben, J., “The Development of Cantorian Set Theory,” *From Calculus to Set Theory, 1630~1910,* I. Grattan-Guinness (ed.) (Princeton : Princeton University Press, 1980), 181-219.

Dauben, J., *Georg Cantor : His Mathematics and Philosophy of the Infinite* (Princeton, Princeton University Press, 1979).

Davies, B. “Anselm and the ontological argument.” *The Cambridge Companion to Anselm*, B. Davies & B. Leftow (eds.) (Cambridge : Cambridge University Press, 2004), 153-174.

Davis, M., “Book Review - ‘Logical Dilemmas : The Life and Work of Kurt Gödel’ by J. Dawson,” *Notices of the American Mathematical Society*, 48, 807-813.

Davis, P., & R. Hersh, *The Mathematical Experience* (Boston : Houghton Mifflin Company, 1981).

Dawson Jr., J., *Logical Dilemmas:The Life and Work of Kurt Gödel* (Wellesley, A K Peters, 1997).

Dawson Jr., J., *Logical Dilemmas:The Life and Work of Kurt Gödel*, 『논리적 딜레마 : 쿠르트 괴델의 생애와 업적』 김병한 박창균 현우식 옮김 (서울 : 경문사 : 2016).

Detlefson, M., *Hilbert's Program* (Dordrecht : Academic Press, 1986).

Dunham, W., *Journey Through Genius*, 『수학의 천재들』 조정수 옮김 (서울 : 경문사, 2004).

Evans, G. "Anselm's life, works and immediate influence." *The Cambridge Companion to Anselm*, B. Davies & B. Leftow (eds.) (Cambridge : Cambridge University Press, 2004), 1-27.

Eves, H., *Great Moments in Mathematics,* 『수학의 위대한 순간들』 허민 · 오혜영 옮김 (서울 : 경문사, 1994).

Ewald, W. (ed.), *From Kant to Hilbert : A Source Book in the Foundations of Mathematics* (Oxford : Oxford University Press, 1996).

Feferman, S., "Infinity in Mathematics : Is Cantor Necessary?" *In the Light of Logic* (Oxford : Oxford University Press, 1998), 28-73.

Ferreiros, J., "What Fermented in Me for Years" : Cantor's Discovery of Transfinite Numbers, *Historia Mathematica* 22 (1995) : 33-42.
Follesdal, D., "Gödel and Husserl," *From Dedekind to Gödel : Essays on the Development of the Foundations of Mathematics,* Jaakko Hintikka(ed.) (Amsterdam : Kluwer Academic Publishers, 1995), 440-441.

Flantinga, A., *God and Other Minds : A Study of the Rational Justification of Belief in God* (Ithaca : Cornell University Press, 1990).

Flantinga, A., *The Nature of Necessity* (New York : Oxford University

Press, 1979).

Fraenkel, A., Y. Bar-Hillel, *A. Levy, Foundations of Set Theory* (Amsterdam : North-Holland : 1984).

Friedman, H., "My Forty Years on His Shoulders," *Kurt Gödel and the Foundations of Mathematics*, M. Baaz, C. Papdimitriou, H. Putnam, D. Scott, C. Harper, Jr. (eds.) (Cambridge : Cambridge University Press, 2011), 399-432.

Gentzen, G., *Collected Papers* (Amsterdam : North-Holland, 1969).

Gillies, D. (ed.), *Revolutions in Mathematics* (Oxford : Oxford University Press, 1992).

Gilson, E. 『중세철학』 이효상 옮김 (서울 : 동아출판사, 1968).

Glymour, C., *Thinking Things Through : An Introduction to Philosophical Issues and Achievements* (Cambridge : The MIT Press, 1997).

Gödel, K., "An interpretation of the intuitionistic propositional calculus," *Kurt Gödel Collected Works I : Publications 1929~1936*, S. Feferman, J. Dawson, Jr., S. Kleene, G. Moore, R. Solovay, J. van Heijenoort (eds.), (Oxford : Oxford University Press, 1986), 301-303.

Gödel, K., "Consistency Proof for the Generalized Continuum Hypothesis," *Proceedings of the National Academy of Sciences of the United States of Ameirca,* 25(4), 1939, 220-224.

Gödel, K., "On a hitherto unutilized extension of the finitary standpoint," *Kurt Gödel Collected Works II : Publications 1938~1974*, S. Feferman, J. Dawson, Jr., S. Kleene, G. Moore, R. Solovay, J. van Heijenoort (eds.) (Oxford : Oxford University Press, 1990), 241-251.

Gödel, K., "On intuitionistic arithmetic and number theory," *Kurt Gödel Collected Works I : Publications 1929~1936*, S. Feferman, J. Dawson, Jr., S. Kleene, G. Moore, R. Solovay, J. van Heijenoort (eds.) (Oxford : Oxford University Press, 1986), 286-295.

Gödel, K., "Ontological proof(1970)," *Kurt Gödel Collected Works III : Unpublished Essays and Lectures*, S. Feferman, W. Goldfarb, C. Parsons, R. Solovay (eds.) (New York : Oxford University Press, 1995), 403-404.

Gödel, K., "Some Basic Theorems on the Foundations of Mathematics and Their Implications," *Kurt Gödel Collected Works III : Unpublished Essays and Lectures*, S. Feferman, J. Dawson, Jr., W. Goldfarb, C. Parsons, R. Solovay (eds.) (Oxford : Oxford University Press, 1995), 304-323.

Gödel, K., "The completeness of the axioms of the functional calculus of logic (1930)," *Kurt Gödel Collected Works I : Publications 1929~1936*, S. Feferman, J. Dawson, Jr., S. Kleene, G. Moore, R. Solovay, J. van Heijenoort (eds.) (New York : Oxford University Press, 1986), 102-121.

Gödel, K., "The consistency of the axiom of choice and of the generalized continuum hypothesis(1938)," *Kurt Gödel Collected Works II : Publications 1938~1974*, S. Feferman, J. Dawson, Jr., S. Kleene, G. Moore, R. Solovay, J. van Heijenoort (eds.) (New York : Oxford University Press, 1990), 26-27.

Gödel, K., "The Consistency of the Axiom of Choice and of the Generalized Continuum Hypothesis," *Proceedings of the National Academy of the United States of America*, 24(12), 1938, 556-557.

Gödel, K., "The consistency of the generalized continuum hypothesis(1939)," *Kurt Gödel Collected Works II : Publications 1938~1974*, S. Feferman, J. Dawson, Jr., S. Kleene, G. Moore, R. Solovay, J. van Heijenoort (eds.) (New York : Oxford University Press, 1990), 27.

Gödel, K., "What is Cantor's Continuum Problem?(1964)," *Kurt Gödel Collected Works II : Publications 1938~1974*, S. Feferman, J. Dawson, JR., S. Kleene, G. Moore, R. Solovay, J. van Heijenoort(eds.)(Oxford : Oxford University Press, 1990), 254-270.

Gödel, K., "What is Cantor's Continuum Problem?" *The American Mathematical Monthly*, 54(9), 1947, 515-525.

Gödel, K., *Kurt Gödel Collected Works V : Correspondence H-Z*, S. Feferman, J. Dawson, Jr., W. Goldfarb, C. Parsons, W. Sieg (eds.), Oxford : Oxford University Press, 2003).

Goldblatt, R., "Mathematical Modal Logic : A View of its Evolution," Dov G. Gabbay & John Woods(eds.), Handbook of the History of Logic 7 : Logic and the Modalities in the Twentieth Century (Amsterdam Elsevier, 2006).

Graham, L., "The Power of Names," *Theology and Science* 9 (1), (2011), 157-164.

Grattan-Guinness, I., "Towards a Biography of Georg Cantor," *Annals of Science* 27 (1971), 345-391.

Grattan-Guinness, I., *The Search for Mathematical Roots, 1870~1940 : Logics, Set Theories and the Foundations of Mathematics from Cantor through Russell to Gödel* (Princeton : Princeton University

Press, 2000).

Hallett, M., *Cantorian Set Theory and Limitation of Size* (Oxford : Clarendon Press, 1984).

Halmos, P., *Naive Set Theory* (New York : D. Van Nostrand Company, Inc., 1960).

Hartshorne, C., “What did Anselm Discover?” *The Many-Faced Argument; Recent Studies on the Ontological Argument for the Existence of God,* J. Hick & A McGill (eds.) (New York : Macmillan Company, 1967), 321-333.

Hartshorne, C., *The Logic of Perfection* (LaSalle : Open Court Publishing Company, 1962).

Hatcher, W. *The Logical Foundations of Mathematics* (New York : Pergamon Press, 1982).

Hawking, S., & L. Mlodinow, *The Grand Design* (New York : Bantam Books, 2010).

Heller, M. and W. Woodin (eds.) *Infinity : New Search Frontiers,* (Cambridge : Cambridge University Press, 2011).

Hellner, M., “From Now to Infinity,” *Spiritual Information : 100 Perspectives on Science and Religion*, C. Harper Jr. (ed.) (Philadelphia : Templeton Foundation Press, 2005), 228-231.

Hersh, R., *What is Mathematics, Really?* (Oxford : Oxford University Press, 1997).

Heyting, A., “The Intuitionist foundations of mathematics,” *Philosophy of Mathematics : Selected Readings*, P. Benacerraf, H. Putnam (eds.), Cambridge : Cambridge University Press, 1983, 52-61.

Hick, J. and A McGill, (eds.) *The Many-Faced Argument; Recent Studies on the Ontological Argument for the Existence of God* (New York : Macmillan Company, 1967).

Hick, J., *The Existence of God* (New York : Macmillan Company, 1967).

Hilbert, D., "On the Infinite," (1925), *From Frege to Gödel : A Source Book in Mathematical Logic 1879~1931,* Jean van Heijenoort(ed.) (Cambridge : Harvard University Press, 1967), 367-392.

Hinkis, A., *Proofs of the Cantor-Bernstein Theorem : A Mathematical Excursion* (Boston : Birkhäuser, 2013).

Hodges, W., *Model Theory* (New York : Cambridge University Press, 1997).

Hrbacek, K., & T. Jech, *Introduction to Set Theory* (London : Taylor & Francis, 1999).

Jech, T., "About the Axiom of Choice," *Handbook of Mathematical Logic*, J. Barwise (ed.) (New York : North-Holland Publishing Company, 1977), 345-370.

Jech, T., "무한의 현대사," 현우식 옮김, 『한국수학사학회지』 12 (2), (1999) : 159-165.

Jech, T., *Set Theory* (New York : Academic Press, 1978).

Jourdain, P., "Introduction," G. Cantor, *Contribution to the Founding of the Theory of Transfinite Numbers* (New York : Dover Publications, 1955),1-82.

Kanamori, A., "The Mathematical Development of Set Theory from Cantor to Cohen," *The Bulletin of Symbolic Logic* 2 (1), (1996), 1-71.

Kanamori, A., "Gödel and Set Theory," *The Bulletin of Symbolic Logic*, 13(2), 2007, 153-188.

Kleene, S., *Introduction to Metamathematics* (Princeton : D. Van Nostrand Company, 1962).

Klein, F., *Vorlesungen über die Entwicklung der Mathematk im 19. Jahrhundert*, 『19세기 수학의 발전에 대한 강의』 한경혜 옮김 (서울 : 나남, 2012).

Kline, M., *Mathematics : The Loss of Certainty* (Oxford : Oxford University Press, 1980).

Körner, S., *The Philosophy of Mathematics*, 『수학철학 : 논리주의 · 형식주의 · 직관주의의 이해와 비판』 최원배 옮김 (서울 : 나남, 2015).

Kunen, K., *Set Theory* (Amsterdam : North-Holland, 1983).

Kunen, K., *The Foundations of Mathematics* (London : College Publications, 2009).

Küng, H., *Does God Exist? An Answer for Today*, E. Quinn (trans.) (New York : Vintage Books, 1981).

Lavine, S., *Understanding the Infinite* (Cambridge : Harvard University Press, 1994).

Leftow, B., "Arguments for God's Existence." *The Cambridge History of Medieval Philosophy II*, R. Pasnau (ed.) (Cambridge : Cambridge University Press, 2010), 735-748.

Levy, A., *Basic Set Theory* (New York : Springer-Verlag, 1979).

Liebeschütz, H., "Anselm of Canterbury; the philosophical interpretation of faith." *The Cambridge History of Later Greek and Early Medieval Philosophy,* A. Amstrong (ed.) (Cambridge : Cambridge University Press, 1970), 611-639.

Lindberg, D., "Science and the Early Church," *God and Nature : Historical Essays on the Encounter between Christianity and*

Science, D. Lindberg & R. Numbers (eds.) (Berkely : University of California Press, 1986), 19-48.

Lindberg, D., "The Medieval Church Encounters the Classical Tradition : Saint Augustine, Roger Bacon, and the Handmaiden Metaphor," *When Science and Christianity Meets*, D., Linberg & R. Numbers (eds.) (Chicago : The University of Chicago Press, 2003), 7-32.

Livio, M., "Is God a Mathematician?" *Spiritual Information : 100 Perspectives on Science and Religion,* C. Harper Jr. (ed.) (Philadelphia : Templeton Foundation Press, 2005), 217-220.

MacDonald, S., "The divine nature," *The Cambridge Companion to Augustine*, E. Stump & N. Kretzmann (eds) (Cambridge : Cambridge University Press, 2001), 71-90.

Maddy, P., *Realism in Mathematics* (Oxford : Oxford Universiry Press, 1990).

Mann, W., "Augustine on evil and original sin," *The Cambridge Companion to Augustine*, E. Stump & N. Kretzmann (eds) (Cambridge : Cambridge University Press, 2001). 40-48.

Mao, E., *To Infinity and Beyond: A Cultural History of the Infinite* (Boston : Birkhäuser, 1987).

Markus, R., "Augustine. God and Nature," *The Cambridge History of Later Greek and Early Medieval Philosophy*, A. Amstrong (ed.) (Cambridge : Cambridge University Press, 1970), 395-406.

Martin, D., "Borel Determinacy," *Annals of Mathematics*, 102 (1975), 363-371.

McGrath, A., "Mathematics and trans-traditional rationality," *A Scientific Theology 2 : Reality* (Cambridge : Eerdmans, 2002),78-85.

McGrath, A., *Darwinism and the Divine : Evolutionary Thought and Natural Theology* (Oxford : Blackwell, 2011).

Meeks, W., "Equal to God," R. Fortna & B. Gaventa, eds., *Conversation Continues : Studies in Paul and John,* (Nashville : Abingdon Press, 1990), 309-321.

Meschkowski, H., *Probleme des Unendlichen : Werk und Leben Georg Cantors* (Braunschweig : Vieweg und Sohn, 1967).

Moore, G., *Zermelo's Axiom of Choice, Its Origins, Development, and Influence, Studies in the History of Mathematics and Physical Sciences 8* (New York : Springer-Verlag, 1982).

Moore, G., "Early History of the Generalized Continuum Hypothesis : 1878~1938," *The Bulletin of Symbolic Logic*, 17(4), 2011, 489-532.

Moore, G., "Towards a History of Cantor's Continuum Problem," *The History of Modern Mathematics, Vol.I*, D. Rowe, J. McCleary (eds.) (London : Academic Press, 1989), 79-121.

Murawski, R., *Essays in the Philosophy and History of Logic and Mathematics* (Amsterdam : Rodopi, 2010).

Nelson, E., "Rejecting the Realm of Numbers," *Spiritual Information : 100 Perspectives on Science and Religion,* C. Harper Jr. (ed.) (Philadelphia : Templeton Foundation Press, 2005), 213-216.

Netz, R., "The Pythagoreans," *Mathematics and the Divine : A Historical Study*, T. Koetsier & L. Bergmans (eds.) (Amsterdam : Elsevier, 2005), 77-97.

O'Donnell, J., "Augustine : his time and lives," *The Cambridge Companion to Augustine*, E. Stump & N. Kretzmann (eds)

(Cambridge : Cambridge University Press, 2001), 8-25.

Oppy, G., *Arguing about Gods* (Cambridge : Cambridge University Press, 2006).

Parsons, C., "Platonism and Mathematical Intuition in Kurt Gödel's Thought," *The Bulletin of Symbolic Logic,* Vol.1, No.1, (1995) : 44-74.

Pechkaus, V., "19th Century Logic Between Philosophy and Mathematics," *The Bulletin of Symbolic Logic* 5 (4), (1999), 433-450.

Plantinga, A., "Theism and Mathematics" *Theology and Science* 9 (1), (2011), 27-33.

Polkinghorne, J., *One World : The Interaction of Science and Theology* (Princeton : Princeton University Press, 1986).

Richardson, C., "The Enigma of the Trinity," *A Companion to the Study of St. Augustine,* R. Battenhouse (ed.) (New York : Oxford University Press, 1955), 235-256.

Robson, E. & J. Stedall (eds.), *The Oxford Handbook of the History of Mathematics* (Oxford : Oxford University Press, 2009).

Rucker, R., *Infinity and the Mind : The Science and Philosophy of the Infinite* (Princeton : Princeton University Press, 1995).

Russell, B., *History of Western Philosophy* (London : Routledge, 2004).

Russell, B., *Introduction to Mathematical Philosophy* (London : George Allen & Unwin LTD, 1953).

Russell, B., *Introduction to Mathematical Philosophy* (New York : Dover Publications INC., 1993).

Russell, B., *The Principles of Mathematics* (London : George Allen & Unwin LTD, 1956).

Russell, R., "God and Infinity : Theological Insights from Cantor's Mathematics," *Infinity : New Search Frontiers,* M. Heller and W. Woodin (eds.) (Cambridge : Cambridge University Press, 2011), 275-289.

Russell, R., "The God Who Infinitely Transcends Infinity : Insights from Cosmology and Mathematics," *Cosmology From Alpha to Omega* (Minneapolis : Fortress Press), 56-76.

Shapiro, S., "Theology and the Actual Infinite : Burley and Cantor," *Theology and Science* 9 (1), (2011), 101-108.

Shelah, S., "Logical Dilemmas," *Bulletin of the American Mathematical Society*, 40 (2003), 212.

Sheppard, B., *The Logic of Infinity* (Cambridge : Cambridge University Press, 2014).

Shoenfield, J., "Axioms of Set Theory," *Handbook of Mathematical Logic,* J. Barwise (ed.) (Amsterdam : North-Holland Publishing Company, 1977), 321-344.

Smullyan, R., & M. Fitting, *Set Theory and the Continuum Problem* (Oxford : Oxford University Press, 1996).

Smullyan, R., *Diagonalization and Self-Reference* (Oxford : Oxford University Press, 1994).

Sobel, J., *Logic and Theism : Arguments For and Against Beliefs in God* (Cambridge : Cambridge University Press, 2004).

Solin, K., "Mathematics and Religion : On a Remark by Simone Weil," *Logic In Theology,* B. Brozek, A. Loszewski, M. Hohol (eds.) (Krakow : Copernicus Center Press, 2013), 219-236.

Steinhart, E., "A Mathematical Model of Divine Infinity," *Theology and*

Science 9 (1), (2009), 261-272.

Stillwell, J., *Mathematics and Its History* (New York : Spinger Verlag, 1989).

Stillwell, J., *Roads to Infinity : The Mathematics of Truth and Proof* (Massachustts : A K Peters, 2010).

Stoll, R., *Set Theory and Logic* (New York : Dover Publication, 1963).

Tait, W., "Cantor's Grundlagen and the Paradoxes of Set Theory," *Between Logic and Intuition*, G. Sher, R. Tieszen (eds.) (Cambridge : Cambridge University Press, 2000), 269-290.

Tait, W., "Frege versus Cantor and Dedekind : On the Concept of Number," *Frege, Russell, Wittgenstein : Essays in Early Analytic Philosophy*, W. Tait (ed.) (in Honor of Leonard Linsky) (Lsalle : Open Court Press, 1996), 213-248.

Tapp, C., "Infinity in Mathematics and Theology," *Theology and Science* 9 (1), (2011), 91-100.

Thiele, R. "Georg Cantor (1845~1918)," *Mathematics and the Divine : A Historical Study*, T. Koetsier and L Bergmans (eds.) (Amsterdam : Elsevier, 2005), 523-547.

Tillich, P., *A History of Christian Thought : From Its Judaic and Hellenistic Origins to Existentialism*, C. Braaten (ed.) (New York : Touchstone Book, 1968).

Turner, D., *Faith, Reason and the Existence of God* (Cambridge; Cambridge University Press, 2004).

van Atten M., & J. Kennedy, "On the Philosophical Development of Kurt Gödel," *The Bulletin of Symbolic Logic,* Vol. 9, No.4, (2003) : 425-476.

van Heijenoort, J.(ed.), *From Frege to Gödel : A Source Book in Mathematical Logic 1879~1931* (Cambridge : Harvard University Press, 1967).

Vilenkin, N., *In Search of Infinity* (Boston : Birkhäuser, 1995).

Visser, S. and T. Williams, *Anselm* (Oxford : Oxford University Press, 2009).

Voss, S., "Mathematical Theology," *Spiritual Information : 100 Perspectives on Science and Religion*, C. Harper Jr. (ed.) (Philadelphia : Templeton Foundation Press, 2005), 221-227.

Voss, S., "Mathematics and Theology : A Stroll through Garden of Mathaphors," *Theology and Science* 4 (1), (2006) : 33-48.

Wagon, S., *The Banach-Tarski Paradox* (New York : Cambridge University Press, 1985).

Wang, H., "What is Logic?" *The Monist* 77 (3), (1994), 261-277.

Wang, H., *From Mathematics to Philosophy* (London : Routledge & Kegan Paul, 1974).

Weyl, H., *Mind and Nature : Selected Writings on Philosophy*, Mathematics, and Physics (Princeton : Princeton University Press, 2009).

Weyl, H., *Levels of Infinity : Selected Writings on Mathematics and Philosophy* (New York : Dover Publications, Inc., 2012).

Weyl, H., *Philosophy of Mathematics and Natural Science* (Princeton : Princeton University Press, 1949).

Wilder, R., *Introduction to the Foundations of Mathematics* (New York : John Wiley & Sons, 1965).

Wilson, A., *The Infinite in the Finite* (Oxford : Oxford University Press,

1995).

Woodin, W., "The Continuum Hypothesis, the Generic-Multiverse of Sets, and the Ω Conjecture," *Set Theory, Arithmetic, and Foundations of Mathematics : Theorems and Philosophies*, J. Kennedy & R. Kossak (eds.) (Cambridge : Cambridge University Press, 2011), 13-42.

Woodin, W., "The Continuum Hypothesis, Part I," *Notices of the American Mathematical Society*, 48(6), (2001), 567-576.

Woodin, W., "The Continuum Hypothesis, Part II," *Notices of the American Mathematical Society*, 48(7), (2001), 681-690.

Zycinski, J., "Between Mathematics and Transcendence," *Spiritual Information : 100 Perspectives on Science and Religion*, C. Harper Jr. (ed.) (Philadelphia : Templeton Foundation Press, 2005), 208-212.

강응섭, "아우구스티누스의 인간론," 『한국조직신학논총』 19 (2007, 12) : 135- 156.

김승욱, "안셀무스의 신 개념에 나타난 선험논리적 의미," 『중세철학』 13 (2007), 69-118.

김용운, "Cantor 집합론의 배경으로서의 무한론 사상," 『한국수학사학회지』 6 (1), (1990) : 1-16.

김용운 · 김용국, 『집합론과 철학-현대 수학의 철학적 배경』 (서울 : 우성문화사, 1989).

김재진, "안셀무스의 하나님 이해 - Proslogion을 중심으로," 『신학논단』 56 (2009), 129-159.

김현태, 『철학과 신의 존재』 (서울 : 철학과 현실사, 2003).

김형수, 『니콜라우스 쿠사누스의 신 인식과 자기 인식-신 개념을 통한 정신의 인식 가능성-』 (서울 : 누멘, 2012).

다마루 노리요시, “종교에서의 무한과 유한,” 『무한과 유한』 다께우찌 게이 편, 김용준 옮김 (서울 : 지식산업사, 1989), 23-40.

무라다 다모쯔, “수학에서의 무한과 유한-칸토르에서 코헨까지,” 『무한과 유한』 다께우찌 게이 편, 김용준 옮김 (서울 : 지식산업사, 1989), 93-132.

박창균, “Cantor의 무한관,” 『한국수학사학회지』 10 (1), (1997) : 33-37.

이또 슌따로, “수학에서의 무한과 유한-희랍시대부터 칸토르까지,” 『무한과 유한』 다께우찌 게이 편, 김용준 옮김 (서울 : 지식산업사, 1989), 69-92.

이승온, “Implications and Negations” 『한태동교수 고희기념논문집』 (서울 : 연이문화사, 1995), 359-370.

이승온 · 이석종, 『위상수학의 기초』 (서울 : 교우사, 2002).

정주희, 『수리논리와 집합론 입문』 (서울 : 경문사, 2012).

현우식, “아우구스티누스의 수학신학,” 『한국조직신학논총』 40 (2014), 245-274.

현우식, “현대 수학으로 보는 안셀무스의 신의 정의,” 『종교연구』 75 (2), (2015) : 177-192.

현우식, “괴델의 극대 존재론,” 『한국수학사학회지』 27 (6), (2014) : 403-408.

현우식, “괴델이 보는 수학의 토대,” 『한국수학사학회지』 20 (3), (2007) : 17-26.

현우식, “칸토르와 로마 가톨릭 교회,” 『한국수학사학회지』 30 (5), (2017) : 289-304.

현우식, “칸토르의 수학 속의 신학,” 『한국수학사학회지』 24 (3), (2011) : 13-21.

현우식, “쿠르트 괴델의 수학적 신학,” 『한국기독교신학논총』 49 (2007) : 171-196.

현우식, 『신의 존재에 대한 괴델의 수학적 증명』 (서울 : 경문사, 2013).

현우식, 『과학으로 기독교 새로 보기(개정판)』 (서울 : 연세대학교 출판문화원, 2012).

현우식 · 김병한, “신학과 수학에서의 진리와 믿음 : 사영결정공리의 신학적 함의,” 『신학사상』 123(2003) : 263-291.

홍성사, “무한과 수학,” 『현대학문의 조류와 전망』 연세춘추사편 (서울 : 연세대학교출판부, 1978), 114-127.

홍성사, 『집합론』 (서울 : 서강대학교 교육대학원, 1996).

홍성사 “Extensions and Mathematical Extensions,” 『한태동교수 고희기념 논문집』 (서울 : 연이문화사, 1995), 13-22.

홍성사 · 홍영희. “Zermelo 이후의 선택공리,” 『한국수학사학회지』 9 (2), (1996) : 1-9.

찾아보기

ㄱ

ㄴ

ㄷ

ㄹ

ㅁ

ㅂ

ㅇ

ㅋ

ㅌ

ㅍ

— ㅎ —